JN025327

〈市民〉と刑事法

わたしとあなたのための生きた刑事法入門

内田博文・佐々木光明［編］

第5版

日本評論社

〈市民〉と刑事法 第5版

目　次

COLUMN ···

凡例

[法令・条約]

＊法令・条約の略称は、以下のとおりとする。

医療観察法	心神喪失等の状態で重大な他害行為を行った者の医療及び観察などに関する法律
沖縄復帰特別措置法	沖縄の復帰に伴う特別措置に関する法律
感染症法	感染症の予防及び感染症の患者に対する医療に関する法律
刑事収容施設法	刑事収容施設及び被収容者等の処遇に関する法律
刑訴法	刑事訴訟法
刑特法	日本国とアメリカ合衆国との間の相互協力及び安全保障条約第六条に基づく施設及び区域並びに日本国における合衆国軍隊の地位に関する協定の実施に伴う刑事特別法
憲法	日本国憲法
拷問等禁止条約	拷問及び他の残虐な、非人道的な又は品位を傷つける取り扱い又は、刑罰に関する条約
国際組織犯罪防止条約	国際的な組織犯罪の防止に関する国際連合条約
子どもの権利条約	児童の権利に関する条約
児童虐待防止法	児童虐待の防止等に関する法律
児童ポルノ規制法	児童買春、児童ポルノに係る行為等の規制及び処罰並びに児童の保護等に関する法律
再犯防止推進法	再犯の防止等の推進に関する法律
裁判員法	裁判員の参加する刑事裁判に関する法律
裁判迅速化法	裁判の迅速化に関する法律
自動車運転死傷行為等処罰法	自動車の運転により人を死傷させる行為等の処罰に関する法律
社会権規約	経済的、社会的及び文化的権利に関する国際規約
自由権規約	市民的及び政治的権利に関する国際規約
障害者権利条約	障害者の権利に関する条約
食糧法	主要食糧の需給及び価格の安定に関する法律
女子差別撤廃条約	女子に対するあらゆる形態の差別の撤廃に関する条約
人種差別撤廃条約	あらゆる形態の人種差別の撤廃に関する国際条約
ストーカー規制法	ストーカー行為等規制法
精神保健福祉法	精神保健及び精神障害者福祉に関する法律
組織犯罪処罰法	組織的な犯罪の処罰及び犯罪収益の規制等に関する法律
通信傍受法	犯罪捜査のための通信傍受に関する法律
ＤＶ防止法	配偶者からの暴力の防止及び被害者の保護に関する法律
道交法	道路交通法
独占禁止法	私的独占の禁止及び公正取引の確保に関する法律
ピッキング防止法	特殊開錠用具の所持の禁止等に関する法律
不正アクセス禁止法	不正アクセス行為の禁止等に関する法律
プロバイダ責任制限法	特定電気通信役務提供者の損害賠償責任の制限及び発信者情報の開示に関する法律
ヘイトスピーチ解消法	本邦外出身者に対する不当な差別的言動の解消に向けた取組の推進に関する法律
暴力団対策法	暴力団員による不当な行為の防止等に関する法律
麻薬新条約	麻薬及び向精神薬の不正取引の防止に関する国際連合条約
麻薬特例法	国際的な協力の下に規制薬物に係る不正行為を助長する行為等の防止を図るための麻薬及び向精神薬取締法等の特例等に関する法律
リベンジポルノ被害防止法	私事性的画像記録の提供等による被害の防止に関する法律
労働者派遣法	労働者派遣事業の適正な運営の確保及び派遣労働者の就業条件の整備等に関する法律

はじめに
市民が刑事法を学ぶ意義

1　犯罪は個人的な出来事か

犯罪観の変化

　犯罪とは、特殊な個人が犯す個人的な出来事だろうか。それとも、社会に大きなひずみが生じたときに起こる、社会の病気だろうか。どちらの考えを支持するかは、人がどの立場によるかで違ってくる。たとえば、経済的に恵まれた、強い立場にいる人の側からは、「貧しい境遇に育った人のすべてが犯罪を犯すわけではない。社会のひずみにも負けず頑張って立身出世をした人もたくさんいる」、こう説かれることであろう。現在の日本では、このような考えが支配的になっている。これには新自由主義が大きくかかわっている。あらゆるところで、「勝ち組」と「負け組」の選り分けが進んでいる。その結果、「負け組」が犯さざるをえなかった犯罪を社会の病気だとすると、新自由主義は間違った政策だということになる。そこで、個人的な出来事だとすることによって、新自由主義との関係を断ち切ろうとしているのである。

犯罪原因分析の回避

　犯罪の原因を犯罪者個人の特殊性や異常性に押しつけて、国や社会の責任を回避することが日本では図られてきた。犯罪の原因および対策などを研究する刑事（犯罪）学ないし刑事政策という学問分野があるが、原因論が研究テーマとされることはまれで、精力のほとんどは対策論にあてられてきた。社会的に大きな注目を集める犯罪などが起こった場合、マスメディアに登場し、犯罪原因を解説する者の多くは犯罪心理学者や司法精神科医などである。しかし、彼ら、彼女らがたくみに語る犯人の異常な心理・精神を聞いて、読者や視聴者に生まれるのは、自分とは関係ないことだという思いである。国や自治体は不登校も精神障がい問題の枠に閉じ込めようとしている。犯人の異常な心理などもこれと似ているといえないだろうか。道路交通事故でもそれは同様で、自動車事故の責任が国などに及ぶのを避けるために、事故原因の科学的な分析が軽視される傾向にある。

調査よりも捜査を優先

　諸外国では、捜査機関とは別個に、原因究明のための調査機関などが設置され、この調査機関による調査を捜査に優先させている例が少なくない。しかし、日本の場合、調査が捜査から分離されていないことがほとんどである。捜査機関が捜査に必要な限りで調査を行うだけで、この捜査機関による調査に多くを期待することは難しい。減少しつつあるとはいえ、毎年、多くの死傷者が発生している道路交通事故についても、独自の調査機関は設けられていない。交通警察が作成する道路交通事故データは取締りなどの観点からのものがもっぱらで、再発防止のためのデータづくりはまったく行われていない。家庭裁判所が受理した少年保護事件については、審判に先立って、少年の非行性、要保護性などに関する社会調査を行うことが原則とされており、そのために家裁調査官という制度が設けられている。非行少年の立ち直り、再発防止に大きな役割を果たしてきたが、少年法改正にみられる厳罰化の流れのなかで、役割を低下させられている。

繰り返される「悲劇」

　悲惨な道路交通事故が後を絶たない。依然として異常事態だが、事故原因の詳しい分析に基づく科学的な防止策の実施は不十分で、安全な車づくり、救急医療体制の整備、住民主導の道路交通規制など、総合的な事故防止策が未整備なことも指摘されて久しい。事故防止は警察による道路交通規制に依存せしめられ、これを厳罰主義が支えてきた。しかし、交通厳罰主義が事故防止に結びついているかは疑問である。2020年中の死亡者数は2839人で、統計開始以来最小を更新し、初めて3000人を下まわった。4年連続で戦後最少を更新している。これには人口の減少に加え、シートベルト着用者率の向上などによる自動車乗車中死者数の減少が最も寄与している。高齢者の減少も大きいが、その占める割合は56.2％と依然として高い。事故件数、負傷者数をも勘案すると、事故全体のエントロピーの総量は変化していない。異常事態の日常化に感覚を麻痺させられたわたしたちは、総合的な対策を講じることもなく、道路交通事故はなくならないものだと勝手にあきらめてしまっているのではないだろうか。

2　治安政策と表裏一体の福祉政策

日本型福祉の特徴

「プログラム規定説」に基づいて憲法25条を空洞化し、福祉における権利性を否定して、恩恵的な福祉、裁量的な福祉を強調する。そして、国民による国民のための国民の政治ではなく、国家による国民のための政治（「民本主義」）との連続性を強調する。これが日本型福祉の一番大きな特徴ではないかと思われる。ナチス・ドイツへの歴史的反省から戦後ドイツが採用した「社会法治国家」概念との違いは明らかであろう。この恩恵性、裁量性は福祉政策と治安政策とを表裏一体化させる。というのも、弱者が保護の客体にとどまるかぎりは強者の慈悲・同情の対象だが、これらの人々が立ち上がり、権利主体として権利を要求し始めると、強者の慈悲・同情は嫌悪等に転化し、ついには権利要求する弱者に対し不穏分子としてのレッテル貼りが行われ、治安政策の対象となるからである。これが高齢者問題や障がい者問題が治安事象とされる理由である。各地で制定されている青少年健全育成条例では、青少年を健全育成するために青少年を処罰するという奇妙な論理が採用されている。

福祉の後退ないし切り捨て

パート労働など、不安定雇用の拡大は大幅な賃金引き下げと労働条件の後退を招いている。全国一律最低賃金制さえも制定されていない。2021年7月の完全失業率（季節調整値）も男性3.1％、女性2.4％と高水準で推移している。失業者数も2021年7月分は191万人となった。

失業者等の受け皿となる「セーフティネット」も、高度経済成長のもとで量的には充実された戦後の福祉は、構造改革によって大きく転換させられた。公的福祉は劣悪な処遇でよい、それが嫌なら金を出せ、というおよそ社会福祉とはいえない政策展開となっている。

日本は超高齢化社会を迎えているが、「OECD Stat（data extracted on May 2019）」によって、対GDP（国内総生産）に占める社会保障費の割合（2015年）をOECD諸国について国際比較すると、日本は22.4％で、37カ国中20位である。割合はそれほど高くない。

貧困の定義のうち、相対的貧困とは世帯の所得がその国の等価可処分所

得の中央値の半分に満たない状態のことで、日本の場合、2018年の貧困線（等可処分所得の中央値の半分）は127万円とされる。厚生労働省「国民生活基礎調査」を用いた相対的貧困率を推計すると、2018年のそれは15.4％で、OECD諸国ではメキシコ、トルコ、アメリカに次いで高い。国が進めてきた生活保護の「適正実施」は、自死や餓死、急死の増加など、多くの犠牲者まで出す状態をつくり出し、見直しを余儀なくされている。教育機関に対する公財政支出のGDPに占める割合も、日本は、データの存在するOECD加盟国中最も低い。

自己決定・自己責任論

　社会の存在意義が問われている。社会は何のために存在するのだろうか。日本の現状はどうであろうか。力をもつ者が、より強い力を獲得する。財をなす者が、より多くの財を積む。支配する者が、より強固に支配する。そんな方向に向かっているのではないだろうか。これを後押ししているのが「自己責任論」である。自己決定に基づいて行った以上、行為の結果については自己責任を負うべきだ、こう説かれる。「勝ち組」になる自由も、「負け組」になる自由も平等に保障されているのだから、自由競争に敗れた者は切り捨てられても仕方がない。切り捨てられるのが嫌なら、「勝ち組」になるように努力すればよい。一見もっともらしく映るが、この考え方の恐ろしさは、利潤、能率一辺倒の選別基準を強引につくり上げ、選り分けることにより、弱者と強者を人工的につくり出し、弱者を異端者とし、排除しようとすることにある。このような政策は経済、社会の分野から始められたが、いまや、国家的なレベル、国際的なレベルで展開されている。「官から民へ、民ができることは民に」のかけ声のもとに、国民の生命を守り、権利と自由を保障する国の責務が棚上げにされていく。外務省による渡航自粛勧告を無視し、イラクに入国した日本人が武装勢力により誘拐され、人質として日本政府に自衛隊の撤退などが要求されたイラク日本人人質問題（2004年-2005年）でも、この棚上げが問題となった。政府のやり方に従わない者、あるいは、その方針にそむく者は、保護を要求する権利はない。国家はその生命・身体を保護する必要はない。こういう言い方をする政財界人、学者、ジャーナリストが続々出てきた。刑事法の分野でも、自己責任論が横行している。法は「死ぬ自由」も保障すると主張される。しかし、それは「棄民」の思想で、憲法と正面から対立する。憲法により、

国は、政府のやり方に従わない者、あるいはその方針に従わない者についても、その生命を守り、権利と自由を保障する責任を負っているからである。この責任を棚上げにすることは「法治国家」原則に反する。だが、今の日本では、憲法を守るかどうかさえも為政者の裁量に委ねられている。

国家、社会、個人における公共性意識の喪失

　競争原理の浸透により拡大する社会矛盾と、この矛盾を薄める役割を担う福祉の後退などは、国、社会、個人における公共性の喪失を招いている。総選挙の投票率が55.93％（2021年）という数字にみられるように、主権者意識も希薄化し、社会性の面での日本の子どもたちの発達は、諸外国に比べると弱いという指摘も少なくない。国民の間における公共性意識の涵養の必要性が強調される理由であるが、いまや公教育でさえも競争主義に覆われ、エリート教育に傾斜させられている。悪しき平等主義を克服し、教育の効率性を高め、国際的に通用する優れた子どもたちの育成に的をしぼっていかなければならない。このような主張が教育界を引っ張る現状では、公共性意識の涵養が、国主導で進められつつある「愛国心」教育に矮小化させられてしまう危険性に警戒しなければならない。「愛国心」教育の主眼とされているのは、能力主義教育によって学校教育から切り捨てられた大多数の子どもたちの間に生じる不満感を吸収し、反社会的な意識を育てないようにするという役割だからである。

刑罰による求心力の確保

　1990年代に入ってバブル経済が崩壊すると、国民の生活を守れなくなった政府は、これまでと違ったかたちで国家という存在を正当化する必要に迫られた。国民生活の安全を守るための組織として、国家という存在が見直されることになった。国民統合の軸足が、これまでの福祉から安全へと移され、国、社会における遠心力の増大に対応する求心力の確保は、もっぱら刑罰などに依存せしめられることになった。このような「福祉国家から刑罰国家へ」の政策転換のもとで、刑事立法ラッシュの他方で、国家刑罰の効率化、スリム化を図るための刑事政策の「私事化」も進められている。防犯活動への国民の総動員といえようか。「負け組」のみならず「勝ち組」をも襲う「不安感」を解消するために厳罰化を支持している人が多数を占めているといわれる。

3　厳罰主義と敵対刑法

犯罪予防から応報へ

構造改革のもとで、厳罰主義の動きがますます強まっている。しかし、刑罰威嚇を積極的に用いて規範意識を高め、犯罪を防止しようとする積極的一般予防論の立場からでも、このような動きを説明することは苦しい。たとえば、厳罰による少年非行の防止についても、防止できると断言する自信は推進論者にもないからである。かえって、予防効果のない厳罰は、規範意識の鈍麻を招き、有害だとの批判を浴びかねない。そこで、厳罰主義の根拠として、贖罪応報という考え方がふたたび注目を集めることになった。それも、責任なければ刑罰なしという責任原理と結びついた論理的なそれというよりは、情緒的で、煽動に乗りやすい、ときには責任原理も押し流してしまう「国民の応報（処罰）感情」などが援用されるのがもっぱらである。社会復帰の立場に立つ矯正や更生保護との矛盾を高めるなど、国家刑罰権の安定した運用を困難ならしめている。社会から排除され、刑務所に戻りたいために罪を重ねるという高齢受刑者も現われている。

被害者問題の利用

内容が曖昧だという致命的な欠陥にもかかわらず、「国民の応報感情」などが各方面で受け入れられている。被害者問題がたくみに利用されているからである。それが被害者の望みだ、これを無視してよいのか、という論理で、マスメディアの犯罪報道がその普及に大きく力を貸している。被害者の声がマスメディアに登場しない日はないといってもよい。それも、遺族は毎日位牌に手を合わせ、犯人が死刑に処せられることを祈っているといった報道パターンがほとんどである。この枠に収まらない被害者の肉声は黙殺され、取り上げられても、異端者扱いでしかない。しかし、被害者問題は、経済、医療をはじめ、多種多様な側面をもつ。にもかかわらず、問題を刑事の場面に限定し、後はほおかむりをして、被害者を厳しい競争社会、貧しい福祉社会に放り出すことが、真に被害者の保護、救済につながるのであろうか。人によって千差万別で刻々と変化する被害者感情と、バランスのとれた量刑が要求される国家刑罰制度とは相容れない面がある。

悪質事犯というスティグマ

　悪質事犯だからという理由が、厳罰の根拠としてよく用いられている。悪質かつ危険な自動車運転行為による死傷事件については傷害罪・傷害致死罪に準じた処罰が望まれることから、危険運転致死傷罪が設けられた。たとえば、このような用い方である。しかし、悪質事犯か否かに明確な判断基準があるわけではない。被害者・遺族の過酷な厳罰感情が過剰に反映されやすい。遺族からの強い働きかけにより、自動車運転致死罪とされていたものが、起訴段階では危険運転致死罪に切り替えられた例もみられる。基準が不明確にもかかわらず、ひとたび、悪質事犯という烙印が押されてしまうと、厳罰もやむをえない、厳罰でないと納得できないなどの世論が犯罪報道を通じて形成され、求刑、量刑にそれが反映される。悪質かどうかが疑われることはほとんどない。量刑の理由のなかに、「若くして死亡した被害者の無念さ、遺族らの悲嘆と憤りは！」といった類の記述がみられることになる。その異常さが日常化している。

市民からの排除

　1990年以前の厳罰主義をめぐる議論では、加害者も被害者も同じ人間だという平等主義を基盤として、市民のなかに共通の国家に対する不信感がなお存在し、国家対市民という対立軸も想定できた。しかし、1990年以降の厳罰主義の背後にあるのは、能力主義による「悪しき平等主義」の克服である。自己責任に基づいた自由な行為を自発的にコントロールできる強い「市民」であることが、弱い立場にある人にも等しく要求される。フランスの国民的文学作品『レ・ミゼラブル』の主人公のジャン・バル・ジャンのように、それができない加害者は、「市民」から排除され、敵視される結果、対立軸も純粋に国家対市民というかたちではとらえられない。被害者の立場には立っても、加害者の立場に立つことはないと信じて疑わない「市民」は、加害者に対する厳罰を要求し、警察など、国家の側にまわるという事態が生じている。人権は「市民」に保障されたものであって、「市民」から排除された者には及ばない。このような主張さえもみられる。

ファシズム刑法への道

　この「市民」対「非市民」という区別は、刑法理論史的にみれば、罰せられるべきは行為者であるとし、この行為者を人格や性格の反社会性を基

準として「改善可能犯」「改善不可能犯」などに区分することを提案した、新派の社会防衛論に近い発想といえる。もっとも、日本では東京帝国大学教授の牧野英一（1878－1970年）らが代表者となった新派は、刑罰を犯罪防止のための手段とした点で、今日の厳罰主義とは開きがある。新派の社会防衛論はさまざまな国で主張されたが、全面的な実現は市民革命以来の自由と平等の要請によって阻まれた。犯罪の成立について行為者の反社会的な性格、動機等を重視する新派の主観主義が、全体主義のもとで、旧派の応報主義と結合し、ファシズム刑法に転換したのは日本、ドイツ、イタリアなどだけである。日本国憲法には、このような転換を阻止する壁という役割も担わされている。だが、厳罰主義の進行はこの壁を突き崩しつつある。応報主義と主観主義が接近しているが、警戒感はあまり認められない。戦後の日本では、個人主義が定着した結果、国家が刑罰権を濫用するようなことを心配する必要はないとみる者も多い。そうだろうか。

4 専門家の議論

対立させられる専門家と市民

専門家に対しては、市民感覚がわかっていないという非難が向けられている。たとえば、国民の処罰要求に応えて厳罰化等を内容とする刑事立法を迅速に進めるうえで、専門家の議論は妨げとなっている。専門家の議論のためにいたずらに時間を費やすことは無駄で、有害でさえある。法制審議会の論議にも拘束されるべきでない。このような類の非難が、刑事立法ラッシュの推進力となっている。司法への国民参加を推進するための論拠ともなっている。他方、市民に対しては、専門知識などが欠けているという批判が向けられている。責任原理を理解しない素人の議論に対して、責任原理を理解する専門家の議論という図式も、この批判にかかわる。「主権者の声」と祭りあげているものの、政府の市民不信、愚民意識は根強い。司法への国民参加の目玉に鳴り物入りで仕立て上げられた裁判員制度についても、罰則などによる裁判員の管理・規制が企てられている。裁判員裁判の行き過ぎた厳罰主義・必罰主義が高裁で破棄されている。

国益に奉仕する専門家

厳罰化立法の象徴ともいえる危険運転致死傷罪の新設に対して、多数の

専門家は、妥当な立法だと歓迎した。法制審議会などにおける議論の圧倒的不足といった問題意識は見受けられなかった。関心は同罪の成立要件の限定解釈に向けられていたが、その基準は行為原則や責任原則などにではなく、加害者が「市民」なのか「非市民」なのかという立法者意思などに求められていた。責任原理を理解しない素人に近い議論といえる。これらの専門家が、法制審議会や国会などにおける科学的な議論の不在を正当化する役割を果たしているといってもよい。このような専門家における専門性の喪失には、日本の刑事訴訟法学に大きな足跡を残した故田宮裕教授などのパラダイムの転換論も大きく影響している。刑事法における対立軸を国対市民から、「国および市民」対「社会の敵」へと転換すべきだという主張で、そこでは、国の刑事政策についての姿勢も、批判ないしチェックから、追認ないし後押しへと大きく変わることになる。

司法の政治化

　競争によって弱者が没落したり淘汰されるのは仕方のないことで、こうした没落と淘汰を国家の手で人為的に予防したり保護したりするのは、国家を肥大化させ、個人の自覚を妨げて社会の活力を奪うものである。1990年代後半から広がったこのような社会構想によれば、司法の容量を増やすことが急務となる。競争による紛争の著しい増加が予想されるからである。この社会構想の基本理念として、多数決による意思決定という量の「民主主義」、規制緩和の徹底による競争と淘汰の奨励という「市場主義」と並んで、司法による紛争の事後処理という手続面での「法治主義」が強調された理由である。もっとも、司法改革を推進した人たちには呉越同舟という側面がみられたが、基本はこのような考え方だったといってよい。しかし、司法の容量を増やすことは良いことだと単純に言い切れるのだろうか。大きくなった権限を司法はどのように行使するのだろうか。そもそも司法というのは、行政や立法から独立して、国家の暴走を食いとめる、平和や弱者の人権擁護など、質の民主主義を確保するというのが最も大きな役割ではないか。しかし、日本の司法は、戦後もこの役割を怠ってきた。司法改革の原点とすべきはこの点についての真摯な反省だが、2000年代になされた一連の改革が目指しているのは、原理論不在の数の論理である。国の側、強者の側に立って、紛争を迅速かつ効果的に処理することが目指されている。すべての刑事裁判を2年以内に結審し、判決を言い渡すことを義

務づける法案も国会で可決された（裁判の迅速化に関する法律、2003年7月16日）。そのためには被告人の防御権を犠牲にすることもやむをえないとされるが、このようなことで、誤った死刑判決さえも生み出した日本の冤罪を防げるのであろうか。増やすだけではないか。それが被告人のみならず、犯罪被害者にも二重三重の苦しみをもたらすことは議論の対象にもなっていない。

専門家の役割とは

専門性を喪失した職業裁判官と、市民性を喪失した裁判員の合議からなる裁判員制度を支配する理念とはどのようなものか。合議において少数意見が尊重される保障は制度的にも理念的にもない。いま、専門家に求められているのは、素人の議論に迎合することではない。専門性を堅持し、高めることである。歴史的に形成された客観的な価値に基づいて判断し、行動し、市民に説明することが求められている。かつて、ガリレオ・ガリレイは、教会の権威に屈せず、地動説を唱え、無期刑を言い渡された。だが、いかなる権威、権力も、地動説の正しさに蓋をし続けることはできなかった。専門家の役割とはこういうものではないか。しかし、専門家が専門家の良心と責任において真実を真実だと、誤りを誤りだと主張することは、言うは易く、行うは難しである。勇気が必要だが、個人的な勇気だけでは限界がある。自治による身分保障が不可欠で、日本の弁護士には弁護士法でこれが保障されているが、司法改革によって、その弁護士自治さえも制限する動きが表面化してきた。裁判官自治も形骸化が指摘されて久しい。検察官、警察官には自治は認められていない。

5　社会を変える

選別される市民

市民の間でも、さまざまな局面、領域で、つくられた対立の構図が認められる。刑事法の領域に限っても、枚挙に暇がない。被害者の保護、救済と加害者の防御権の保障などとは二律背反で、一方を守るためには、他方を犠牲にしてもやむをえないといった短絡的な議論が横行している。加害者についても、悪質事犯と軽微事犯のように、国家による選別が進んでいる。少年法の改正による厳罰化は、ただでさえ不信感が強かった日本の大

人と子どもの関係を、不信に対し不信で応えるといった悪循環に追い込んでいる。「市民」対「非市民」の区別ともかかわるが、このような選別の行きつく先は何であろうか。興味深い分析がみられる。統治の主体となる一級市民と、統治の客体とされる二級市民に選り分け、自立した強い個人を中心とした前者の市民層によって社会秩序をつくっていこうとする見解がみられる。この見解からは、福祉国家的、平等主義的な日本国憲法はもはや統合の手段たりえないとされ、その改正が主張される。このような分析である。これによれば、加害者のみならず、犯罪被害者も二級市民ということになろう。

個人主義ではなく「孤人」主義

　日本国憲法が依拠する個人主義は、いまや、市民的公共性を喪失した孤独、孤立の「孤人主義」に転じ、迷走の末、自暴自棄に陥る事態さえも生まれている。歴史教育が不十分なためか、客観的な価値が個人の主観的な価値観のなかに埋没せしめられ、価値相対主義が孤人主義と結びつけられている。「わたしには関係ない」「ほっといてくれ」式の傍観者主義や、痛みは共有しない無責任な評論主義も蔓延している。こういうと、だから凶悪な少年犯罪が増えているのか、と受け取られるかもしれないが、増えているというのは誤解である。少年犯罪を取り上げる報道番組が増えたことなどが誤解の原因で、殺人を犯す子どもたちの比率は、40年・50年前の方がはるかに高かったといえる。成人の場合も同様で、問題はむしろ自死にある。日本の場合、自暴自棄は自死に向かっているからである。1992年から増加傾向に転じ、1998年以降は3万人台で推移している。2012年からは減少したものの、依然として高水準である。コロナ禍の影響もあって、2020年は2万1081人で、対前年比912人（約4.5％）増となっている。20歳代が最も大きく、4040人の増加となっている。20歳ないし39歳では死亡原因の第1位を占めている。15歳〜19歳未満でも不慮の事故・自殺が第1位である。にもかかわらず、その重大性が省みられない。自己責任の問題にすりかえられている。

国家に従属させられる市民

　国家あっての市民だとして、国家に従属する新しい「市民」概念も提唱されている。有事法制で強く打ち出された、「国益によって市民の自由と

権利を制限しえる」とする考え方もこれにかかわる。このような考え方は、国連人権規約委員会の最終見解に対抗するという性格をもつ。というのも、日本政府が国連に提出した報告書などを審査した国連社会権規約委員会は、2013年5月末に最終見解を発表したが、この最終見解は、日本政府が社会権規約をいっこうに尊重しないこと、裁判所も法源としての効力を認めようとしないことなどを厳しく批判したからである。自由権規約委員会の2014年8月の最終見解も、同様の懸念を表明しているが、その中心を占めるのは、日本の刑事手続や行刑などに関する懸念である。平和、環境、医療・福祉、教育、人権、その他、国家連合に対抗するための国際的な市民連合の構築の必要性が高まっている。国際的な潮流に背を向けて孤立し、権力者の独善と非合理な論理が支配する閉ざされた国に、日本を引き戻してはならない。

人間回復のために

　傷ついたり、四肢をもがれたり、病気を抱えたり、職を失ったり、貧困にあえいだり、生きる意欲をなくしたり、そういった人たちのためにこそ、社会はある。真の障がいは、社会の側にあるのであって、弱者の側にあるのではない。ボン基本法第1条は「人間の尊厳は不可侵である」と規定しているが、弱者の「人間の尊厳」こそが守られなければならない。現に侵されているのは、強者ではなく、弱者のそれの場合がほとんどだからである。とすれば、犯罪の被害者も加害者も共に「人間回復」が図られなければならない仲間だということにならないか。それだけではない。選り分けられ、分断され、「孤人主義」に陥り、「痛み」を共有する心を失ったわたしたちも、「人間回復」が図られなければならない存在だということになろう。もっとも、「人間の尊厳」概念といえども、国家による操作や誘導の危険から免れることはできない。風化の危険もつきまとう。それを回避するためにも、「人間の尊厳」が法規範化された意味を歴史から学びつづけなければならない。市民が刑事法を学ぶというのも、じつは、自分自身のなかで、この「人間回復」を図るということではなかろうか。

テロで妻を失ったレスリーさんのメッセージ

　2015年11月13日にフランスのパリとサン＝ドニで同時多発テロ事件が発生した。このテロ事件で少なくとも130名が死亡したと報じられている。

アントワーヌ・レスリーさんの妻もその犠牲者の１人となった。このレスリーさんのメッセージをここで紹介しておきたい。わたしたちが求めるのもこのような世界である。

　　金曜の夜、君たちはかけがいのない人の命を奪った。私の最愛の妻であり、息子の母親だった。でも私は君たちに憎しみを与えない。君たちが誰かも知らないし、知りたくもない。君たちは死んだ魂だ。君たちは、神の名において無差別な殺戮をした。もし神が自らの姿に似せて我々人間をつくったのだとしたら、妻の体に撃ち込まれた銃弾の一つ一つは神の心を傷つけていることだろう。

　　だから、私は決して君たちに憎しみという贈り物はあげない。君たちの望み通りに怒りで応じることは、君たちと同じ無恥に屈することになる。君たちは、私が恐れ、隣人を疑いの目で見つめ、安全のために自由を犠牲にすることを望んだ。だが君たちの負けだ。私はまだ私のままだ。

　　今朝、ついに妻と対面した。何日も待ち続けた末に。彼女は金曜の夜に出かけた時のまま、そして私が恋に落ちた12年以上前と同じように美しかった。もちろん悲しみに打ちのめされている。君たちの小さな勝利を認めよう。でもそれは長くは続かない。妻はいつも私たちとともにあり、再び巡り会うだろう。君たちが決してたどり着けない自由な魂たちの天国で。

　　私と息子は２人になった。でも世界中のいかなる軍隊より強い。私が君たちのために割く時間はこれ以上ない。昼寝から目覚めたメルビルのところに行かなければならない。彼は生後17カ月で、いつものようにおやつを食べ、私たちはいつものように遊ぶ。そして幼い彼の人生が幸せで自由であり続けることが君たちを辱めるだろう。彼の憎しみを勝ちとることもないのだから。

参考文献

佐伯千仞『期待可能性の思想』（有斐閣、1947年、復刻版1985年）
風早八十二『政治犯罪の諸問題』（研進社、1948年）
小田中聰樹『希望としての憲法』（花伝社、2004年）
寺久保光良『続・「福祉」が人を殺すとき』（あけび書房、1991年）
庭山英雄ほか編『世界に問われる日本の刑事司法』（現代人文社、1997年）

佐伯啓思『「市民」とは誰か』(PHP新書、1997年)

小浜逸郎『「弱者」とは何か』(PHP新書、1999年)

渡辺治『憲法「改正」は何をめざすか』(岩波ブックレット、2001年)

相澤興一『社会保障構造改革』(大月書店、2002年)

「司法改革」研究会編『「司法改革」はこれでいいのか』(八朔社、2002年)

全国労働組合総連合編『社会保障読本』(学習の友社、2003年)

西原博史『教育基本法「改正」』(岩波ブックレット、2004年)

特集「死刑を考える」現代思想32巻3号(2004年)

厚生労働省『2002年人口動態統計月報集計(概数)の概況』

警察庁『平成14年中における自殺の概要資料』

ジグムント・バウマン(伊藤茂訳)『新しい貧困　労働、消費主義、ニュープア』(青土社、2008年)

浜井浩一『実証的刑事政策論』(岩波書店、2011年)

CHAPTER 1

現代社会の動態と刑事法

16

現代社会の動態と刑事法
SECTION
▶1

マスメディアと**刑事法**

■■■　刑事法について考えるために、マスメディア報道の検討を行う意義　■■■

　わたしたちが、ふだんの生活のなかで、実際に事件や事故に遭遇したり、検証に立ち会ったり、取調べを受けたりすることは、それほど頻繁にあることではない。また、日常的に刑事裁判を傍聴している人も多くないだろう。ましてや、犯罪捜査にあたる警察の活動を常時ウォッチしている人などほとんどいないだろう。それにもかかわらず、わたしたちは、日々発生する犯罪や犯罪発生後に行われる捜査*および刑事裁判について一定のイメージをもっている。わたしたちが有する犯罪観や刑事裁判像の形成に大きな役割を果たしているのが、マスメディアによって報じられる刑事事件や刑事手続に関する報道である。また、近年は、SNS（Social Networking Service）など、インターネットを通じた情報の拡散が日常化するに至っており、刑事事件や刑事手続に関する情報をインターネット経由で得る人も少なくないと思われるが、ネット情報も、マスメディア報道をもとにした二次情報であることが多く、間接的にマスメディア報道の影響を受けているといえる。

　わたしたちが、犯罪や刑事法について考えようとする際に、その前提となる知識やイメージの形成に報道が少なからず影響を与えているとすれば、わたしたちはまず、マスメディア報道がいかなる犯罪観や刑事裁判像を提供しているのか、というところから分析と検討を始めなければならない。そして、

　捜査…犯罪の嫌疑がある場合に、公訴提起や公判審理に向けて警察・検察等の機関が行う準備活動。被疑者の発見や身体の確保と、犯罪事実を証明する証拠の収集とをその内容とする。未だ発生していない将来の犯罪に対する予防活動を含む概念ではない。人権が不当に侵害されないようチェックが必要だが、盗聴などの捜査活動の拡大に伴い、そのチェックが難しくなっている。また任意捜査のチェックは強制捜査より難しいといわれている。

検討の結果、報道が描き出す犯罪や刑事手続のイメージに何らかの偏りがあることが明らかになった場合には、その偏りを修正することを通じて、自らの有する犯罪観や刑事裁判像についてバージョンアップを図る必要がある。犯罪や刑事法制度について、マスメディアの視点とは異なる見方を加えることは、犯罪という社会問題に対する刑事法のかかわり方や本当に意味のある解決の方向性について、冷静で、根拠のある議論を行うための土台をつくるという大きな意義をもっているのである。

犯罪報道の特徴

　捜査の開始に伴って始まるマスメディア報道は、まず、誰が犯罪を行ったのかという点を最大の関心事として、捜査機関による被疑者*の割り出しに焦点を当てて報じられる。そして、被疑者の逮捕*が、報道機関にとっては事件に関する報道の一つの区切りとなっている。被疑者が逮捕されると、「事件は真相解明に向けて動き出した」という分析が行われ、被害者や周辺住民の「犯人が捕まってよかった」というコメントが報じられ、被疑者の生活の様子や成育歴をもとに、動機や「なぜ防げなかったのか」というたぐいの犯罪の発生原因の探求が行われる。そして、動機については被疑者の取調べ*によって明らかにされることが期待され、「被疑者に詳しく事情を聴く」という捜査機関の取調べ方針が伝えられる。

　ある程度大きな事件になると、刑事裁判の経過も報道対象になる。裁判段階の報道でまず大きく取り上げられるのは、裁判の最初に行われる検察官による冒頭陳述*と被告人*による罪状認否*である。冒頭陳述についての報道では、しばしば「検察官が認定した事実によると」という表現がなされるが、このような表現方法がとられるのは、捜査において事件の真相が少なくともある程度解明されたという認識が前提になっているからであろう。また、現在では、刑事裁判における被害者等心情意見陳述制度や被害者等参加制度を利用するなどして、事件の真相を語ることや、謝罪・反省することを被告人に対して求めたり、さらに被告人の処罰・処遇につい

被疑者…24頁参照。
逮捕…被疑者の逃亡、罪証隠滅を防止する目的で、被疑者の身体の自由を拘束し、引き続き短時間その拘束を継続する行為。原則として、裁判官が事前に要件の有無を審査したうえで発付する逮捕令状がなければ行うことができない（憲法33条参照）。
取調べ…32頁参照。
冒頭陳述…公判における証拠調べのはじめに、検察官が、証拠により証明すべき事実を

て積極的に意見を述べる被害者の声も頻繁に報じられる。

憲法が予定する刑事手続像と報道に表わされるそれとの乖離

　以上のようなパターンで行われる犯罪報道によってつくり出される犯罪観、刑事裁判像は、憲法や刑事訴訟法の理念が想定する刑事裁判像とかけ離れている部分があることを否定できない（Chapter2 Section3「市民参加と『日本型刑事裁判』」も参照）。

　刑事裁判においては、すべての人は有罪判決確定まで無罪と推定される（憲法31条）。刑罰は、その対象となる人の人身の自由や、さらに現在の日本の制度では生命を奪うことさえある重大な権利の剝奪であるから、犯人であることが疑いの余地なく確認されてはじめて科すことができる。言い換えれば、有罪であることの証明がなされるまでは、いかなる人に対しても犯罪者としての扱いをしてはならないのである。被疑者・被告人とは、捜査・訴追機関が犯人であるとの疑いをもっている存在にすぎず、その嫌疑が正しいかどうかは、捜査や刑事裁判の途中においては、理論的にも、実体としてもまだまったく明らかになっていない。にもかかわらず、現在の犯罪報道では、早くも逮捕された段階で、犯人が明らかになり、事件が解決したかのようなイメージを抱かせかねない表現がなされていないだろうか。とりわけ、犯罪心理学者と称するコメンテータによる被疑者・被告人の心理を"解明する"コメントや被疑者・被告人の厳罰を求める被害者側の意見は、被疑者・被告人を犯人視する雰囲気づくりに拍車をかける。

　さらに、意外に思われるかもしれないが、刑事訴訟法上、逮捕・勾留は被疑者を取り調べるために行われるのではない。逮捕・勾留は、あくまでも、後に行われる裁判への出頭を確保し、またその人が仮に事件にかかわりがあった可能性がある場合を想定して罪証隠滅を防止することを目的として行われるものである（刑訴法60条）。したがって、いったん被疑者の身体を拘束したら、捜査機関は気の済むまで自由に被疑者を取り調べることができるという結論が、必然的に導かれるわけではない。いや、むしろ被

被告人側および裁判所に対して明らかにすること。冒頭陳述は被告人にとって、検察官が立証しようとしている事実の詳細をあらかじめ知り、適切な防禦の方針をたてる手がかりとなる重要な手続であり、刑事訴訟法上、必ず行わなければならない（刑訴法296条）
被告人…25頁参照。
罪状認否…公判の冒頭手続において、検察官が起訴状を朗読したのち、被告人に対して事件について陳述する機会を与えなければならないが（刑訴法291条）、その際に裁判長が

疑者・被告人には、黙秘権*が保障されていることを考えれば（憲法38条
1項）、逮捕・勾留されている場合であっても取調べを受ける義務はなく、
黙秘権を行使して取調べを打ち切らせることができるという結論に至るほ
うが論理的であるとさえいえる。しかし、捜査の実態に影響されている面
も多分にあるが、犯罪報道において、逮捕・勾留は強制的に取調べを行う
ための捜査手段と位置づけられていないだろうか。

　黙秘権との関係では、さらに、刑事裁判において被告人には真相を語る
責任があるかのような報道の仕方も、黙秘を権利として保障する憲法の考
え方とかけ離れている。また、このような報道は、被告人には無罪を立証
する責任（挙証責任）はないという無罪推定原則の考え方ともそぐわない。

　もちろん、マスメディアも、犯罪報道において表される刑事手続像と憲
法や刑事訴訟法が定める基本原則との乖離状況に対して、まったく無自覚
だったわけではない。とくに、裁判員裁判導入時には、上述のような性質
をもつ犯罪報道は被疑者・被告人に対する有罪の予断や偏見を裁判員に生
じさせるのではないかという懸念が出されたのに対応して、マスメディア
側は自主的な報道ルールを定めることによって、問題の解決に取り組もう
とした。たとえば、日本新聞協会が、2008年1月16日に策定した「裁判員
制度開始にあたっての取材・報道指針」では、第一に、捜査段階の供述は、
「情報提供者の立場によって力点の置き方やニュアンスが異なること、時
を追って変遷する例があることなどを念頭に、内容のすべてがそのまま真
実であるとの印象を読者・視聴者に与えることのないよう記事の書き方等
に十分配慮する」、第二に、「被疑者の対人関係や成育歴等のプロフィルは、
当該事件の本質や背景を理解するうえで必要な範囲で報じる。前科・前歴
については、これまで同様、慎重に取り扱う」、第三に、「事件に関する識
者のコメントや分析は、被疑者が犯人であるとの印象を読者・視聴者に植
え付けることのないよう十分留意する」などの方針が示された。

　しかしながら、裁判員裁判開始10余年を経て、これらの留意点が実現さ
れているとは、残念ながら、いいがたい。現在でも、逮捕直後から、「被

起訴状記載の事実について認めるか否認するかを被告人に対して問うこと。法律上明文の
規定のある手続ではなく、実務上の慣行である。
黙秘権（現行法）…被疑者・被告人の黙秘権保障は、強引な自白追及型の捜査を否定し、
捜査機関に客観的な証拠による有罪立証を求めるうえで欠くことができない。日本国憲法
38条1項を受けて、刑訴法は、被告人のみならず、公判前の被疑者についても、供述を拒
むことができると規定する（311条1項、198条2項）ただ、黙秘権自体は否定しないもの

疑者は○○と供述している」、「共犯者によると、被疑者は○○の犯罪行為を行った」というたぐいの報道がなされ、被害者遺族による厳罰を望む旨のコメントが逮捕時・起訴時・判決前といった手続の節目ごとに報じられている。また、被疑者のプロフィルに関しては、「普段は温厚・丁寧・真面目な一方、威圧的・大声で怒ることもある」といった被疑者の悪性格を強調する「ジキルとハイド」型報道がパターン化している。また、被害者や目撃者など一般の人については「男性」「女性」と表記するのに、被疑者・被告人にはあえて「男」「女」と表記する表現方法にも変化がみられない。しかし、このような表記は、被疑者・被告人に対する負のレッテル貼り効果を生じさせてしまうことを否定できない。

　さらに、明確に否認している被疑者段階の報道で、犯罪心理学者に犯行の動機を推察させるようなコメントを掲載する例は、新聞ではほとんどみられなくなったが、テレビのワイドショーでは、あいかわらず、心理学者だけでなく、刑事法が専門ではない法学者や刑事事件関係の法律問題をほとんど取り扱ったことがないような弁護士などの、専門家のようにみえて専門家からみると専門家とはまったくいえない人が、あたかも専門家を代表しているかのような口ぶりでコメントを繰り返している。

刑事裁判に与える影響

　捜査段階から、被疑者＝犯人というイメージを植えつけかねない報道、言い換えれば、無罪推定原則からかけ離れた報道が行われているとすれば、そのような犯罪報道のありかたは、ひるがえって、以下のような刑事法上、検討を要する問題を発生させるように思われる。

　一つは、犯人視報道とも性格づけられる報道は、刑事裁判そのものへの悪影響を与える危険性をもっているのではないかという問題である。

　ある市民が、逮捕された被疑者が犯人であるかのように印象づける報道に触れた後に、自分がその事件の裁判員に選任されて審理を担当することになったとき、裁判が始まる前から、被告人に対して多少なりとも有罪の

　の、黙秘権を行使した場合、不利益に扱うという傾向が出てきており、注目される。

心証・予断…現行刑訴法は、証拠能力のある証拠のなかでどの証拠から事実を認定するかは裁判官・裁判員の自由な心証に委ねている。しかし、この自由心証主義は、裁判官の独善的な心証形成を許すものではなく、経験上・論理上の一般原則（「経験則」「論理則」という）に従って行われなければならないと理解されている。刑事手続では、裁判官・裁判員が担当事件について予断等をもたないように種々の規制がある（憲法37条1項）。た

心証*を抱いた状態で裁判に臨むことはないといえるだろうか。はたして
わたしたちは、報道から得た知識や印象を完全に遮断して、いわば忘れた
ことにして、目の前の被告人の有罪無罪や量刑を決めることができるだろ
うか。

　このような懸念は、裁判員となる市民だけではなく、職業裁判官に対し
ても等しく投げかけられるべきものである。裁判官は報道の影響を受けな
いように訓練されているという見方もあるかもしれないが、実際には、裁
判官といえども、わたしたちと同じく予断*をもってしまう危険性を抱え
た一人の人間であるというのが、リアルな認識であるように思われる。

　もし事実認定*や量刑の際に、裁判では証拠として許容されなかった資
料についての知識が判断要素として無意識であっても紛れ込んでしまうと
したら、ことは、証拠によって事実を認定する（刑訴法317条）という刑事
裁判の鉄則を掘り崩すばかりか、被告人の公正な裁判を受ける権利（憲法
37条1項）の侵害に直結する重大な問題である。

犯罪報道と人格権侵害

　犯罪報道と刑事法とのかかわりを考える際に、もう一つ欠かすことので
きない問題点として、人格権ないし人格的利益保護との関係をどのように
考えるか、という点がある。犯罪報道とのかかわりで侵害が危惧される人
格権として、従来、名誉*やプライバシー*が挙げられてきた。ある人が犯
罪に関係しているという情報は、その性質上、その人の社会的評価を低下
させる効果を有しているといわざるをえない。また、犯罪報道が、事件に
直接かかわる情報を超えて、対象者の生活史や経歴に及ぶこともまれでは
ないから、報道のなかに他人に知られたくない私的情報が含まれてしまう
ことも少なくない。すなわち、現在の犯罪報道は、報道対象者の名誉・プ
ライバシー保護を危険にさらす可能性をはらんでいるのである。

　さらに、社会復帰の利益とのかかわりも重要である。犯罪を犯した人も、
刑罰を受け終われば再び一人の市民として社会で生活していく存在である。

とえば、訴訟当事者と裁判官・裁判員とが近しい人間関係にある場合には公判に関与させ
ない除斥や不適格事由等の仕組みや、公判前に起訴状以外の資料や証拠を裁判官・裁判員
に見せない「起訴状一本主義」等がそれである。
事実認定…刑事裁判で採用された証拠からどのような事実が認定できるかという厳格な
判断。この事実認定によって、起訴状に記載された被告人の行為が（検察官の主張する）
犯罪事実に該当するかが判断されることになる。誤判を避けるために事実認定はどうある

犯罪を行った者は、犯罪行為によって生じる刑事的あるいは民事的な法的責任は負わなければならないが、それ以上に、犯罪を犯した人を社会から排除したり、犯罪を犯した人に社会的な制裁を加えることは許されない。ところが、犯罪報道は、犯罪を犯した人が刑罰を受け終わったのち、社会に再び戻ってくることを客観的にも主観的にも著しく困難にさせかねない危険を有している。なぜなら、報道された情報は、報道された瞬間だけで消えるのではなく、ほとんど例外なく、何らかのかたちで記録されているからである。したがって、公表されてから時間が経過しても、人々は、その情報を検索することによって再発見し、利用することができる。

　そして、人生の節目となるような重要なイベントが行われようとするとき、実際に過去の犯罪歴を調査されることは現在でも珍しくない。結婚であるとか、就職であるとか、場合によっては住居の賃貸借にあたって、相手方から身元調査され、過去の犯罪歴を知られ、就職や結婚等を断られ続けたら、どうであろうか。その人は、社会から疎外されたと感じ、社会のなかでもう一度まっとうに生きていこうとする意欲も、現実的な基盤も失ってしまうことにならないだろうか。しかも、現代においては、実際に身元調査を行うための障壁は著しく低くなっている。なぜなら、インターネットの検索サイトで、対象者の身元につながる項目をいくつか入力すれば、たちどころに過去の犯罪歴が暴かれるからである。

　このようにマスメディアによって犯罪と結びつけられて報道されることは、刑罰を受け終わって社会に戻ろうとする対象者が、社会で生きる機会を決定的に破壊することになりかねない。そのうえ、ネット社会はさらに問題を複雑にする。従来、名誉・プライバシー・社会復帰の利益を侵害する能力をもつのは、現実にはマスメディアだけであった。ところが、現代は、インターネットを通じて、誰もが簡単に情報を世界中に向けて拡散できる時代である。つまり、今後わたしたちは、報道と刑事法とのかかわりを考えていくときに、マスメディアだけでなく、悪意をもっていることもあるネットユーザーの行為にも対処していかなければならないのである。

べきかという研究が進められており、「合理的な疑いが残らないこと」、「疑わしくは被告人の有利に」といった原則を貫徹することの重要性が強調されている。
名誉…品性、名声、信用などの人格的な価値についてある人に与えられている社会的評価のこと。憲法13条の幸福追求権によって保障される一般的人格権の一つ。
プライバシー…履歴、前科、性癖などの個人の属性をあらわす情報や私生活上の事実など、みだりに他人に公表されると精神的平穏を害されるので他人に知られたくない私生活

表現の自由・知る権利とのかかわり

　以上にみてきたような人格権侵害的な情報の流通に対して、わたしたちは、どのように対処すべきなのだろうか。もちろん、犯罪報道やネット上での犯罪にかかわる情報の発信を一律に禁止すれば、報道される者の人格権は守られるかもしれない。しかし、そのような単純な禁止論では問題は解決しないのは明らかであろう。なぜなら、憲法上、表現の自由・知る権利が保障されているからであり（憲法21条）、この自由もわたしたちにとって非常に大事な権利だからである。わたしたちが、各自の知的欲求に従って知りたいことを自由に知り、話したいことを自由に話すことができるということは、それ自体、重要な価値である。

　しかし、他方で、自由に知り、自由に話すという権利行使も、被疑者・被告人に対して有罪の予断を生じさせ、刑事裁判における適正な事実認定を阻害したり、名誉・プライバシー・社会復帰の利益といった他の人の人格に直接かかわる法益*に重大な侵害を及ぼす場合にまで、常に正当化されるとはいえないだろう。この観点からは、表現の自由に対して一定の限度で制約がかかる場合を認めざるをえない。どのくらい強く、どれくらい広い規制が及ぼされるべきかは、まさに両者の利益の比較衡量によって決していくほかあるまい（Chapter1 Section4「ヘイトスピーチ」も参照）。

　ただし、個人の知的欲求の点からは表現の自由に対する制約が正当化されるとしても、ただちに表現の自由に対する規制が許されるという最終結論が得られるわけではないことに注意が必要である。なぜなら、表現行為は、個人の知的欲求の充足を超える公共的価値を有する場合があり、犯罪に関する情報の公表はまさにその場合にあたると考えられるからである。

　犯罪はわたしたちの人権を侵害し、安全で快適な生活を破壊するものである。したがって、わたしたち一人ひとりが知恵を出し合って、適正手続や処罰の対象となる人の人権を守りつつ犯罪の少ない社会を実現するために真に有効な犯罪対策を考えることは社会的課題であるといえる。ところが、この課題に真摯に取り組むには、犯罪や刑事法運用の実態についての

上の情報。名誉と同じく憲法13条の幸福追求権によって保障される一般的人格権の一つである。

法益…なぜ、ある行為を犯罪とし、その行為に刑罰を科しているかというと、その行為が法益を侵害したから、あるいは法益侵害の危険性を発生させたからだ（侵害原則）というように説明されている。ただ、ドイツで法益という概念が生まれたのは、行政犯を犯罪とするためであったように、法益の中身がいつの間にか国益にすりかえられてしまう危険

正確な知識が必要である。犯罪報道はこのような社会的課題に取り組むための前提となる情報を提供する役割も果たしており、単に個人の知的欲求の充足にとどまらない公共的な価値を有しているといえる。このような公共的情報について知る権利は、妨げられるべきではなかろう。

　しかし、みなさんには、さらにもう一歩、掘り下げて考えてみてほしい。犯罪報道に含まれる情報すべてを一律に「公共的情報」とみなすことがはたして妥当なのだろうか。

事実に対する確度の低い情報と公共性

　第一に、あたり前のことだが、事実かどうかがあやふやな情報、つまり事実に対する確度の低い情報に基づいていくら議論しても、社会的課題に対する建設的・合理的な解決策は生まれえない。ところが現在の犯罪報道には、類型的に事実の確度が疑わしいと分類されるべき情報が恒常的に含まれていないだろうか。一例を挙げると、捜査段階における被疑者*の自白がその典型である。日本の刑事手続の実務を前提とするとき、捜査段階における被疑者の供述はほぼすべて、捜査官と被疑者しかその場にいない取調室で行われる。取調べは、一日8時間以上にも及ぶことも少なくなく、その間、被疑者は自白するように取調官から執拗に追及を受け続ける。被疑者のなかには、本当に犯罪を行っており、行った犯罪行為を嘘偽りなく自白する者もいるが、逆に、取調べにおける過酷な追及に耐えきれずに、行ってもいない行為を供述せざるをえない苦境に追い込まれて虚偽の自白をする者もいる。このことは、現在でも稀ではない冤罪の発生が実証的に明らかにしている。しかし、犯罪報道では、その自白が正しいのか、正しくないのかを判断するための情報は出てこない。もっと言えば、報道された供述を実際に被疑者が行ったのかどうかさえ、明らかではない。なぜなら、取調べにおける被疑者の供述を報道機関に伝えるのは、捜査官だからである。捜査官は、被疑者の行った供述を逐語的に報道機関に伝えるわけではなく、捜査官の立場で要約したものが伝えられるにすぎない。捜査官

性があるので、何が法益かについては絶えず国民、市民が監視することが必要である。
　被疑者…捜査機関によって特定の犯罪を行ったという疑いをもたれ、捜査の対象にされているが、起訴されるには至っていない者。犯罪報道では一般に「容疑者」という呼び方がされるが、「容疑者」は法律上の用語ではない。被疑者として特定されて以降は、刑事手続における当事者として、捜査機関に対抗し、訴訟への準備活動を行うという主体的地位をもつ。

が被疑者の供述を適切に要約して伝えている保証はどこにもない。つまりまとめると、捜査段階における被疑者の自白報道は、実際に起こった出来事が正しく叙述されていないおそれに加えて、実際に供述したことが正しく報道機関に伝達されていないおそれもあり、重畳的に情報の確度に対する疑義が類型的に生じる性質をもっているのである。なお、現在では、一部の事件において取調べの録音・録画制度が適用されているが、報道機関に対して録音・録画が提供されるわけではないから、自白報道の情報確度に変化をもたらしてはいない。

　しかも、情報の信頼度が低いにもかかわらず、自白報道は、被疑者が犯人であるという強烈な印象を受け手に植えつけるという特徴を有している。そのため、上述したように、裁判員となる市民に有罪の予断を生じさせ、適正な証拠に基づく事実認定を阻害し、公正な裁判を受ける被告人の権利を侵害するおそれがあることを否定できない。

　他方で、裁判が始まった後に、被告人*が公判廷で行う供述は、公開の法廷で、弁護人の援助を受けることができ、検察官が過度に追及的な質問をした場合には弁護人が異議を述べたり、裁判所が質問を制限したりすることが可能な環境で行われる。さらに、公判審理を経て裁判所が認定した事実は、もちろん、上訴や再審で争われる可能性は残っているが、情報の確度という点では、捜査段階における情報とは質的に異なる信頼度を有すると評価しうる。そして、被告人がどのような境遇に追い込まれて、何をきっかけに、どのような理由から犯罪行為を行ったのかという情報自体は、犯罪が起こりにくい社会環境を整備したり、孤立しがちな人たちへの社会的支援の方法を模索するなど、犯罪に関連する社会的な課題を解決するためにきわめて有意義な情報であり、まさに公共的な情報といえる。

　そうすると、同じく「自白」と一言でまとめられる情報でも、手続の進行状況に応じて、公共的情報とはいえない段階と公共的情報として保護すべき段階とに分けるという発想も、選択肢の一つとして考えてみる価値があるとはいえないだろうか。

被告人…特定の犯罪の嫌疑を受けて刑事裁判所に公訴を提起（起訴）された者。公判における一方当事者として、検察官と対等な立場で防禦活動を行い、検察官の主張を弾劾する。

実名報道と公共性

　第二に、被疑者・被告人の氏名・住所などの個人を特定する情報は、名誉・プライバシー・社会復帰の利益侵害発生の直接のきっかけとなるばかりか、検索の手がかりにもなるという点で権利侵害性は高い一方で、通常、その事実を知らないと犯罪や刑事法の問題の解決に向けた議論ができないというたぐいの情報ではないように思われる。たとえば、電車内での痴漢行為が問題となり、対処方法として女性専用車両をつくるべきか否かの議論をするためには、どの線区のどの時間帯に行為が行われたか、混雑率はどれくらいだったか、被害の頻度はどれくらいか、といった情報は必要だが、個々の行為者の身元は不要である。Ａさんが行為者だったら女性専用車両を設けるべきで、Ｂさんが行為者だったら設けるべきではない、などという結論にはならないからである。また、刑事法学者は、日常的に、判例を検討して妥当な法解釈はどうあるべきかを議論しているが、被告人の氏名がわからないから十分な判例研究ができないなどという話は聞いたことがない。

　公共的議論をするうえで必要でないにもかかわらず、なおも被疑者・被告人の身元特定情報を知りたいのだとすれば、その欲求の核はどこにあるのか、自らに問うてみてほしい。実名を知りたいあなたは、実は、実名を知ること自体に価値を見出しているわけではない。なぜなら、実名を知ること自体に価値を見出しているのであれば、その氏名が、渕野貴生であっても、武者小路実篤であっても、珍しい苗字だなあとか、かっこいい名前だなあ、という感想をもち、それだけで満足するはずだからである。しかし、実名を知りたいあなたは、実際にはその先に価値を見出している。その価値とは、本音をえぐれば、実名を知って、その人を社会的にバッシングし、社会から排除することに行きつく。端的にいえば、実名を知りたいあなたは、社会全体で行っているいじめに加担しているのではないだろうか。

　ただし、場合によっては、社会的病理行為を当該人物が行ったという事

実こそが公共的な議論をするために必要な場合がある。その典型が、政治家である。政治家の場合、犯罪行為はもちろん、たとえば、愛人を囲っているといった事実も、投票行動を左右する重要な要素になるから、実名で公表しなければ公共的な議論に役立たない。また、大企業の経営者が、労働法規制を軽視するような労務管理をしているような場合（いわゆる、ブラック企業問題を生じさせているような企業の経営者）にも、市民の消費行動や学生の就職先の選択に影響するから、当該企業の名前や経営者の実名も含めて、公共性を有する。

　ところで、ある人の身元特定情報が公共性を有する場合と公共性を有しない場合との境界線は必ずしも一義的に決められない。たとえば、高級官僚の身元特定情報に公共性があるとして、どの職位以上を「高級」とみなすかは、意見が分かれうる。そうすると、公共性のない身元特定情報の公表は名誉毀損の成立を妨げない、という法制度をとるとすると、表現する側は、氏名等に公共性があることについてよほどの確信がもてないかぎり公表しようとはしないだろう。その結果、グレーゾーンの部分は、法的制裁を科されるリスクを恐れて、すべて報道されなくなり、公共的情報であるにもかかわらず、わたしたちの知る権利が保障されないエリアが出現してしまう。

　このような状態を萎縮効果というが、萎縮効果を生じさせず、知る権利を十全に保障するために、法制度として、犯罪に関する情報には一律に公共性があると擬制するという選択をすることはありえよう。実際、刑法の名誉毀損罪の成立を阻却する規定は、この考え方をとっている。すなわち、刑法上、公共的情報については、公表の目的が公益を図る目的であり、真実（判例上、真実と誤信したことに相当な理由がある場合も含まれている）であれば、名誉を毀損する情報であっても、名誉毀損罪は成立しないとの規定が置かれており、さらに、「犯罪行為に関する事実」は、自動的に「公共の利害に関する事実とみなす」と定められているのである（刑法230条の2）。しかし、このような選択は唯一の解決方法ではないかもしれない。

一見明白で、誰が判断しても公共性がないといえる範囲に限定して、被疑者・被告人の氏名に公共性を認めず、名誉・プライバシー・社会復帰の利益保護のために、その公表を法的に規制するという考え方もありうるように思われる。表現の自由・知る権利の保障と犯罪に関連する情報を公表される者の人格権保障との間のどこでバランスをとるのが最も適切なのか、改めて考えてみる必要がありそうである。

ネット情報の取り扱い

　インターネットが高度に発達した現代社会においては、わたしたちはインターネットを通じて情報を取得するだけでなく、一人ひとりの市民が、情報の発信者にもなることができ、現に、多くの市民がSNSなどを通じて、日常的に情報を発信している。冒頭に述べたように、SNS等で一個人が発信する犯罪や刑事法に関する情報は、もともとは捜査機関を出処とし、マスメディア等を経由して取得した二次情報・三次情報が大半と思われるが、そのような情報であっても、インターネット上で、ある人物の犯罪とのかかわりを指摘したり、被疑者・被告人の生活史や経歴などの個人情報を暴露したりすれば、名誉毀損やプライバシーや社会復帰の利益に対する侵害が重ねて惹起され、直接の発信者である個人が、民事的あるいは刑事的な意味で法的責任を問われる場合がありうることは、マスメディア報道の場合と異ならない。インターネット上の表現行為だからといって、不法行為（民事損害賠償責任等）の成立あるいは犯罪として成立するための構成要件に特別の要件が課されているわけではない。さらに、インターネット上の誹謗中傷が大きな社会問題となっていることを背景にして、現在、侮辱罪（刑法231条）の厳罰化が提案されている。しかし、このような立法は、インターネットを利用した中傷行為を抑止して、報道される者の法益保護につながりうる可能性もあるが、逆に、公共的人物に対する正当な批判を封じ、言論の自由を過度に抑圧する危険性もあり、本来、もっと慎重に議論されるべきであろう。ただ、立法の是非は置くとしても、現代

社会は、いわば一億総メディア社会といっても過言ではなく、一人ひとりが自分もメディアであるという自覚をもつ必要があることには疑う余地はない。

　インターネット上の表現行為には、もう一つ見過ごせない大きな特徴がある。それは、インターネット上の表現行為の多くが匿名で行われるという点である。そして、匿名による表現行為は、名誉毀損やプライバシー侵害による被害の防止・権利救済を著しく困難にするという問題点を必然的に生じさせる。

　マスメディア報道の場合には、報道される被疑者・被告人側が、報道の差し止めを求めたり、名誉・プライバシー等の侵害に対する権利救済を求めたりする場合に、誰を訴えるかは明確である。ところが、ネット上の匿名表現の場合、権利救済を求めようとすると、被疑者・被告人側はまず発信者を突き止めるところから始めなければならない。しかし、自力で発信者を突き止めるのはほとんど不可能であるといわざるをえない。そのため、「特定電気通信役務提供者の損害賠償責任の制限及び発信者情報の開示に関する法律」（プロバイダ責任制限法）という長い名前の法律で、プロバイダに対して、発信者情報の開示を求める制度が用意されている。

　ところが、従来は、この法律を使って発信者の情報を開示させようとすると、まず、IPアドレス等の発信者情報の開示を請求し、開示された情報に基づき、次に、契約者（発信者）の氏名・住所等の開示を請求するという二段階の裁判手続を踏む必要があり、発信者情報の開示に至るまでに非常に煩雑で多大な労力のかかる手続を取る必要があった。手続に要する時間的・精神的・経済的コストが過剰であることはそれ自体、権利救済の実現を実質的に不可能にしかねない。そこで、同法は、2021年4月21日に改正され、二段階の手続を一つの手続で行うことが可能になるなど、手続負担の軽減が図られた。しかし、改正によって権利侵害に対する救済がどこまで実効化するかはなお検討の余地があるだろう。

　他方で、発信者情報開示のハードルが下がるということは、発信者にと

っては、表現の自由に対する保護が切り下げられることを意味する。発信者匿名表現については、匿名表現自体に保護すべき積極的価値があることが論じられている。すなわち、公共性の高い表現内容であるにもかかわらず、表現することで報復や他者からのいわれなき攻撃を受ける危険性のある少数意見や内部告発等については、匿名表現が現実には唯一の可能な表現方法であり、顕名表現を強いられると、民主主義的な価値を実現するための公共性の高い情報の流通が阻害されるという問題を生じさせるおそれを否定できない。したがって、顕名表現か、匿名表現かという点も、犯罪に関する情報をめぐって現実に生じうるメリットとデメリットを慎重に衡量したうえで妥当な基準を考えていかなければならない。

報道を見る目

　最後に、これまでの検討をふまえて、犯罪報道をみる新たな視点をいくつか挙げておこう。

　第一に、報道やネット情報にあらわれる犯罪観や刑事手続像を見直し、バージョンアップを図るためには、何よりも現在の犯罪報道やネット情報のどこに疑問があり、なぜそのような疑問を提起しなければならないのか、ということに気づかなければ、話は始まらない。それでは、「気づく」ためにはどうすればよいのか。はっきり言って、「近道」は存在しない。非常に地味で退屈なことかもしれないが、刑事法の基本原則、基本理念をまじめに学ぶこと以外に方法はない。

　ちまたでは、ネットやワイドショーを中心に、「事故を起こした奴が逮捕されないのはおかしい。逮捕して少しは懲らしめるべきだ」、「過失があったかどうかなんか関係ない。心神喪失だったかどうかなんて関係ない。事故や犯罪を起こして被害者を死なせた以上、罰を受けるべきだ」、「犯罪を行っておいて黙秘するなんて許せない。そんな奴は厳罰に処すべきだ」といった暴論が猛威を振るっている。しかし、一見もっともらしくもみえる主張が、現在、法の原則になっていないのはなぜなのか、ということを

考えてほしい。そこには明確に理由がある。わたしたちが生きている現在の社会で確立している法の基本原則・基本理念は、拷問や冤罪、恣意的な捜査・訴追・処罰に辛酸をなめ続けてきた市民が努力を重ねて、それらの不条理を防止するために積み上げてきた理論的営為の成果にほかならない。わたしたちに表面上みえているルール（たとえば「被疑者・被告人には包括的黙秘権がある」）は、ルール全体を構成している理論的営為の巨大なピラミッドのほんの頂上部分にすぎない。基本原則・基本理念がなぜ存在するのか、なぜ必要なのかを正しく理解するためには、その原則・理念が背景に抱えている膨大な理論的積み重ねを学ばなければならない。誤解を恐れずにいえば、ネットやワイドショーであふれている主張は、ある刑事法学者が的確に描写しているように（前田朗『ヘイト・スピーチ法研究序説──差別扇動犯罪の刑法学』〔三一書房、2015年〕あとがき）、「出発点に立ったことがないのにゴールで颯爽とガッツポーズを決めている議論」そのものである。法を真剣に学ぶ者が、このような議論に乗ってはいけない。

　それではどうやって学ぶのか。幸いなことに、現在、かなりの割合の本格的論文が、大学等の機関リポジトリ上で一般に公開されており、ダウンロードして自由に読むことができる。50頁、ときには100頁を超える分厚い論文を読まなくてはならないとは、なんて面倒なんだ、と思うかもしれない。しかし、考えてみれば、未来のよりよい社会を創るための建設的な議論をするために、そのくらいの手間がかかるのはあたり前である。逆に、「黙秘権が10分でわかる！」とか「責任主義をズバリ3000字で説明します」といったプレゼンは、おおむね誤りと考えてよい。なぜなら、10分で黙秘権の本質を説明できるはずがないことは、法を真摯に学んだ者であれば、誰もが知っているはずで、恥ずかしくてとてもそのようなキャッチーなタイトルやサムネイルは打ち出せないからである。

　刑事法の基本原則・基本理念を学んで、犯罪報道やネット情報をみるための土台を一通りつくることができたら、次に、いよいよ、報道にあらわれる刑事手続像を疑ってみよう。犯罪報道がつくり出すイメージは、無罪

推定や黙秘権保障などの憲法上の理念を反映しているだろうか。反映していないとしたら、報道を受け取るわたしたちの側で、報道が描き出した刑事手続観を前提に行ってきた各手続への意味づけ（たとえば、取調べ*、身体拘束、検察官の冒頭陳述）を適正手続の理念に沿って修正したうえで、それぞれの手続を理解することが必要である。たとえば、判決報道についていえば、無罪推定法理に基づき、有罪を立証する責任は全面的に検察官が負っており、検察官がその責任を果たせなければ（つまり、検察官の主張に少しでも疑わしい点が残れば）被告人を有罪にすることはできないという理解に基づいて、判決の妥当性を判断すべきであろう。また、手続の妥当性について評価する際には、社会に支配的にあふれている意見とは異なる意見、すなわち、被疑者・被告人・弁護人の主張を意識的に探すのも有益である。なぜなら、当該手続をめぐる意見や議論の対立軸を浮き彫りにすることができるからである。そのうえで、支配的な見解と対立する見解のどちらが正当かを判断していこう。言うまでもなく、主張の正当性は声の大きさや情報の出所で決まるのではない。あくまでもそこで出された見解の内容、すなわち、論理性や根拠となる事実の確実性などによって決められるべきである。

　第三に、マスメディア報道が現在のようなスタイルで行われる背景を考えてみよう。政府側の見解が常時、大量に報道機関に流され、それらの情報がそのまま報道される理由の一つに記者クラブ制度の存在を挙げることができると思われる。記者クラブとは、行政・司法機関ごとに、主要な新聞社や放送局の当該機関担当記者によって組織される任意の団体である。刑事法に関係するクラブとしては、たとえば、警察担当記者によって組織される警察記者クラブ、裁判所担当記者によって組織される司法記者クラブなどがある。記者クラブは、情報交換をするために記者同士が任意に組織した団体であるが、実際には、記者会見を主催し、行政・司法機関も記者クラブを対象にして公式情報を流している。そのため、記者クラブから締め出されると、当局から公式情報を得ることは事実上困難になる。この

取調べ…法的には多義的であり、捜査のために必要な処分一般を意味する場合（刑訴法197条1項）と、被疑者や参考人に供述を求める捜査行為を意味する場合（同法198条、223条）がある。日本では、警察の留置施設（代用監獄）に被疑者を長期間身体拘束し、生活管理を行うとともに、連日長時間取り調べることなどを通じて供述を求める手法が日常化しており、国際的にも問題となっている。

ような当局と報道機関との間に存在するある種の特殊な関係が、当局側の政策や捜査のありかたを批判する報道をやりにくくする要因の一つになっているとはいえないだろうか。そうだとすれば、以上のような構造的な問題が一つひとつの報道に一定の偏りをもたらしている可能性を意識しながら、マスメディア報道に接していく必要があるように思われる。

　第四に、個別の報道機関の特徴をふまえて報道に接する必要性も高まっている。日本の新聞や放送局は、一般に不偏不党・中立公正をうたっている。しかし、他方で、各報道機関は、特定の主義・主張をもった言論機関としての側面ももっている。したがって、わたしたちは各報道に接する際に、当該報道を行っている報道機関が刑事法や被疑者・被告人の人権保障に対して、どのような意見をもっているのかということ、すなわち、その報道機関が、厳罰・必罰主義的あるいは治安強化志向なのか、それとも無辜の不処罰主義あるいは被疑者・被告人の人権保障を重視する姿勢を有しているかということと照らし合わせて、それぞれの刑事法報道や刑事事件報道のもつ偏りを修正しながら情報を受け取っていく必要がある。

　第五に、わたしたち一人ひとりが情報の発信者となりうる現代にあっては、うかつな発言が、他人の名誉やプライバシー・社会復帰の利益といった重要な人格権を侵害する結果を生み出し、さらに、裁判の公正を損なわせる危険性があることを十分に自覚する必要がある。繰り返しになるが、失言を生み出さないために必要であるのは、多角的な面からの事実の確認、熟慮、そして刑事法について地道に学ぶことである。思いつきで暴論を吐くコメンテータや自称専門家の片言隻句に乗せられて、ペナルポピュリズムに加担するような態度は、刑事法を学ぶ基本姿勢から最も遠いところにあることを正しく認識する必要がある。

参考文献

浅野健一『犯罪報道の犯罪』(学陽書房、1984年／新風舎文庫〔新版〕、2004年)

梓澤和幸＝田島泰彦編『裁判員制度と知る権利』(現代書館、2009年)

日本弁護士連合会人権擁護委員会編『人権と報道』(明石書店、2000年)

土屋美明『裁判員制度と報道——公正な裁判と報道の自由』(花伝社、2009年)

飯島滋明編『憲法から考える実名犯罪報道』(現代人文社、2013年)

渕野貴生『適正な刑事手続の保障とマスメディア』(現代人文社、2007年)

特集「裁判員制度10年と報道」新聞研究817号(2019年)

特集「インターネット上の誹謗中傷問題——プロ責法の課題」ジュリスト1554号(2021年)

現代社会の動態と刑事法
SECTION

2 コロナ禍とわたしたち

■■■ **コロナ・パンデミック** ■■■

　2019年11月に中華人民共和国湖北省武漢市で発生が初めて確認されたとされる新型コロナウイルス（SARS-CoV-2）による感染症は、世界保健機関（WHO）により「COVID-19」と名づけられた。日本では、「新型コロナウイルス感染症」と呼ばれている。新型コロナウイルス感染症は世界各地に広がりをみせ、WHO は、2020年 3 月11日に、新型コロナウイルス感染症のパンデミック（世界的流行）を宣言した。欧米ではロックダウンや外出制限措置などが取られ、世界経済の大規模な落ち込みもみられた。

　日本でも、2020年 1 月16日に国内で初めての新型コロナウイルス感染症患者が報告されて以来、新型コロナウイルス感染症の流行が、わたしたち市民の生活に大きな影響を与えている。2020年 3 月13日に新型インフルエンザ等対策特別措置法（以下、単に「特措法」とよぶこともある）の改正がなされ、一定期間新型コロナウイルス感染症を新型インフルエンザ等とみなすとすることによって、同法に基づく措置の実施を可能とした。 4 月 7 日には、特措法に基づき、埼玉県、千葉県、東京都、神奈川県、大阪府、兵庫県、福岡県の 7 都府県に対し 5 月 6 日までの緊急事態宣言が発出された。 4 月16日には全都道府県に対して緊急事態宣言が発出され、 5 月 4 日には緊急事態宣言の 5 月31日までの延長が発表されたものの、段階的に解除がなされ、 5 月25日

にはすべての緊急事態宣言が解除となった。もっとも、新型コロナウイルス感染症の流行は、それ以降も寄せては返す波のように繰り返し発生し、特措法に基づく緊急事態宣言の発出も本稿脱稿時において4度を数えている。また、各都道府県が、感染対策として、特措法に基づかない独自の宣言を行うことも、度々なされてきた。2021年2月3日には新型インフルエンザ等まん延防止等重点措置を新設する改正新型インフルエンザ等対策特別措置法が成立し、同法に基づくまん延防止等重点措置も発令されている。

　緊急事態宣言の発出、まん延防止等重点措置の発令、そして何よりも新型コロナウイルス感染症の流行は、わたしたち市民の生活様式を一変させ、日常の変革をもたらした。しかし、この変化は急激であったがゆえに、変化の道程に、わたしたちが気づきにくい問題、気づかずに通り過ぎてしまっている問題が潜んでいる。

コロナ禍の動き

　新型コロナウイルス感染症の流行が、わたしたち市民の生活にどのような影響を及ぼしたのか。まずはここから振り返ってみよう。もっとも、新型コロナウイルス感染症の流行がもたらした影響は、個々人の感染の問題、経済面、医療面、教育面など多岐にわたるものであり、それらが重畳的に市民生活に影響を及ぼしている。そのため、この間生じた動きを網羅的に振り返ることは、限られた紙幅の範囲内ではおよそ不可能である。そこで、本稿の問題意識と関連する点に限定して振り返ることにしよう。

　新型コロナウイルスの感染経路が飛沫・接触と想定されることから、個々人の基本的な感染対策として、身体的距離（ソーシャル・ディスタンス）の確保、マスクの着用、手洗いの徹底という新たな生活様式が唱えられた。今ではマスクをして外出することがあたり前となっており、手指消毒薬が至る所に設置されている。とりわけ集団感染の予防の観点から、身体的距離（ソーシャル・ディスタンス）の確保との関連で、いわゆる「三密」（密閉・密集・密接）の回避も新たな生活様式として声高に叫ばれた。

そして、こうした対策をとることが困難であり、感染・集団感染を惹き起こすリスクのある特定の業種に対して、休業要請や営業時間短縮の要請がなされた。飲食店、とりわけ酒類を提供する店に対する休業要請や営業時間短縮の要請は、緊急事態宣言下やまん延防止等重点措置発令下はもちろん、それらが出されていないときでも、常態的にこの間わたしたちは耳にしてきたところである。また、1度目の緊急事態宣言下では、パチンコ店に対する休業要請がよく取り上げられていたことも、記憶に新しいところであろう。休業要請、営業時間短縮の要請が出されたにもかかわらず応じない場合には、これを命令することが、2021年2月3日の特措法改正により可能となっている。人と人との接触機会を少なくするという観点から、テレワークの推進も唱えられた。大学でもオンラインによる講義が進められ、キャンパスはかつてのにぎやかさを失った。不要不急の外出を自粛するようにという要請も、この間、緊急事態宣言下やまん延防止等重点措置発令下であるか否かを問わず、常態的になされてきた。こうして、新型コロナウイルス感染症が流行する前の生活と比べ、市民の生活は一変した。これまでの日常が非日常となり、その非日常がコロナ禍での日常となったのである。

　新型コロナウイルス感染症の流行は、わたしたち市民に対する情報の提供という点でも、これまでとは異なった一面をもたらした。それは、「感染者数」の公表である。国内で初めての新型コロナウイルス感染症患者が報告されて以来、1日の新規感染者数が、全国、都道府県別、さらには市町村別というかたちで、報道により毎日わたしたちのもとに届けられた。これまでにも季節性感染症をはじめ病気の流行がみられることは多々あったが、そこでは具体的な患者の数の公表などは行われてこなかった。こうした具体的な数の提供により、感染者数が増加傾向にあるのか減少傾向にあるのか、もちろん数字は、たとえば暗数があったり、分母を多く取るか少なく取るかなどその取り方によって操作可能であるという部分があることは否めないものの、わたしたちはおおまかな感染状況が一目でわかるこ

ととなった。さらには、感染者数だけでなく、「新型コロナウイルス感染症に罹患した患者の情報」の公表も、各都道府県・自治体のホームページ上でなされてきた。そこでは、患者の情報として、患者の年代、性別に加え、居住地や職業などを公表している場合もあるほか、海外渡航の有無や予想される感染経路といった患者の行動履歴までも公表している場合もあり、わたしたちは、こうした新型コロナウイルス感染症に罹患した患者の情報も、容易に目にすることができるのである。なお、この点、感染症の予防及び感染症の患者に対する医療に関する法律（以下、単に「感染症法」とよぶこともある）16条1項は、「厚生労働大臣及び都道府県知事は、……収集した感染症に関する情報について分析を行い、感染症の発生の状況、動向及び原因に関する情報並びに当該感染症の予防及び治療に必要な情報を新聞、放送、インターネットその他適切な方法により積極的に公表しなければならない」旨規定している。

「市民の分断」と「敵」としての認識

　他方で、このような新たな生活様式の到来、特定の業種への休業要請や営業時間短縮の要請、患者の情報の公表が、市民を別の方向に誘う契機となったことも、また否めない事実である。その方向とは、市民による他の市民に対する誹謗・中傷や非難である。

　たとえば、上述したパチンコ店をめぐっては、とりわけ1度目の緊急事態宣言下で休業要請が出されたにもかかわらず、要請に応じず営業を続けた店があるとして、パチンコ店全体に対する多くの誹謗・中傷がなされた。また、特措法45条に基づき、休業要請に応じないパチンコ店の店名公表を行った都道府県もあり、具体的な店名が公表されることで、休業要請に応じていない当該パチンコ店に対する誹謗・中傷が強まった。休業要請に応じていない店の店名公表は、結果として営業を続けている店を知らしめることになり、店名を公表した店に客が押し寄せ混雑するという事態も生じさせた。不要不急の外出自粛という新たな生活様式が要請されているにも

かかわらずそれを守っていないとして、こうしたパチンコ店を利用する客に対しても、激しい非難が向けられた。酒類提供を伴う飲食店に対しても、同様である。休業要請、営業時間短縮の要請に応じない飲食店に対して多くの誹謗・中傷が向けられたほか、要請・命令に応じない飲食店の店名公表が行われたことで、当該飲食店に対する誹謗・中傷がより強くなるという事態も発生している。

　誹謗・中傷や非難に関して、その行為を「正しい」と思って、正義感からこれを行っているという現状もある。いわゆる「自粛警察」がそれである。休業要請、営業時間短縮の要請に応じない店に対して、店に押しかけて要請に応じないことに対して非難をしたり、要請に応じないことを非難する貼紙を張りつけるということがなされていることが報道されている。それがエスカレートして、しばしば店の一部を損壊するなどの嫌がらせ行為に発展することもある。さらには、休業要請、営業時間短縮の要請に応じない店を把握して警察や市役所等に通報することや、匿名でSNS上にそうした店の名前等をあげるといったことも行われており、さながら市民が他の市民を監視するといった実情もある。要請の範囲内で営業している飲食店に対しても、営業をしているということ自体に対して非難する貼紙を貼りつけるということもなされている。マスクの着用が新たな生活様式となったことに伴い、マスクをせずに外出する人を非難するいわゆる「マスク警察」も現れている。

　新型コロナウイルス感染症に罹患した患者に対しても、誹謗・中傷が向けられる。すなわち、罹患した患者自身の感染予防策が不十分であったから感染したとする、自己責任論からの非難である。ここでは、患者は、感染予防策が不十分で感染した「けしからん奴」ということになる。「コロナ感染は自業自得である」と考える人の割合が、日本は外国と比して突出して高く（日本：11.50％、アメリカ：1.00％、イギリス：1.49％、イタリア：2.51％、中国：4.83％）、反対に「まったく思わない」と考える人の割合が日本は外国と比して突出して低い（他の４か国が60〜70％台であるのに対し

て、日本は29.25％）という調査結果も存する。患者に対する誹謗・中傷は、公表された患者の情報からも引き起こされる。居住地を公表することで、その居住地に住む誰が患者なのかを突き止めようとして、さながら患者狩りのような行動が起こされる。感染前の行動を示すことで、行動に対する非難が巻き起こる。患者が明らかになると、その者だけでなく家族らに対しても誹謗・中傷が向けられる。さらに、「自粛警察」の誹謗・中傷は、ここでも問題となる。すなわち、都会から地方の実家に帰省した者に対して、帰省を中傷するビラが投げ込まれるといった事態が発生しているのである。日本国内で新型コロナウイルス感染者が初確認されて以来しばらくの間感染者が発生しなかった岩手県では、帰省をもちかけたところ、岩手に住む家族から「絶対に帰るな」、「岩手1号はニュースだけではすまない」といった返信がなされたという。

　ところで、このような市民による他の市民に対する誹謗・中傷や非難は、「市民の分断」を惹き起こす。すなわち、感染・集団感染を惹き起こすリスクのある特定の業種に就いている市民とそうでない市民、自粛を行っている市民と自粛に応じない市民、あるいは新型コロナウイルス感染症に罹患した市民と罹患していない市民との分断である。しかも、この分断は単に両者を分かつだけではなく、一方が他方を攻撃するという構図がみられる。いわば、感染・集団感染を惹き起こすリスクのある特定の業種に就いている市民、自粛に応じない市民、新型コロナウイルス感染症に罹患した市民を「敵」として認識し、そうした「敵」に対して攻撃を行っているのである。このように、新型コロナウイルス感染症は、わたしたちに「市民の分断」を投げかけ、他方に対する「敵」視をもたらしたといいうるのである。

　さらには、休業要請、営業時間短縮の要請に応じない場合に罰則を設け、これを適用できるようにするべきだという声も、全国の知事からあがった。同様の声は、市民の側からも聞かれた。改正前の特措法では、あくまでも要請ベースとなっているために実効性が低く、それを高めるための強権的

措置導入の声である。新型コロナウイルスに感染した患者に対しても、入院中に逃げ出した場合や入院を拒む場合に、罰則を設け、これを適用できるようにするべきだという声もあがった。こうした声は、「敵」が明確に抑圧の対象とされたことの表れであるといえよう。

「敵」視と立場性

しかし、このような市民の別の市民に対する「敵」視は、立場性という点からこれを照射したときに、きわめて大きな問題がある。ところで、市民の別の市民に対する「敵」視は現代社会において他の場面でもみられることがあるが、その最も顕著な場合が犯罪であろう。そこで、「敵」視のもつ問題性を、まずは犯罪を例にとって考えてみたい。

わたしたちが犯罪というものを考えるとき、被害者になることはあっても加害者になるとは決して思わないであろう。だからこそ、わたしたちは被害者や遺族の声に深く共鳴するのであるし、犯罪者を特別視する要因があるのである。そこには、犯罪者はわたしたちとは異なる「人種」である、こういった意識がある。それゆえ、わたしたちは市民的安全を脅かす犯罪者や犯罪集団を「社会の敵」と認識し、それらに対する刑法的処罰を要請する。すなわち、潜在的にいい市民と社会の敵となる市民を選別してしまっているのである。このことを如実に表している事実が、最近の高齢運転者に対する市民の反応であろう。幼い子供を巻き込んだ高齢運転者による死亡事故や高齢運転者の高速道路の逆走などの事故などを契機として、高齢運転者の事故に対する市民の関心が高い。報道でも、高齢運転者の事故を報道する際に「また高齢者による事故です」というように、高齢者であることを強調して報道がなされることもしばしばある。そのため、高齢者が事故を起こしたという報道をみるたびに、「また高齢者か」、「高齢者は運転すべきではない」、「運転する高齢者は危険だ」、こうした声が市民から聞かれる。これは結局、高齢運転者を「社会の敵」とみていることの表れであろう。しかし、人は誰しもが老いるのであって、いつかは高齢者に

なりうるのである。また、運転にしても、公共交通機関の発達している都市部であればいざしらず、そうした手段のない地域もあるのであり、そうした地域では買い物や通院等日々を生活していくために高齢者が自動車のハンドルを握らなくてはならない事情がある場合もあるのである。高齢者、高齢運転者であることに何か問題があるわけではない。すなわち、本来的には高齢者、高齢運転者を包摂して市民であるはずが、これらが「社会の敵」とされることによって、市民からの排除がもたらされているといえる。そして、人は誰しもが老いる以上、今は「市民」であっても、自らが老いたときには一転「社会の敵」化することになってしまい、「敵」視は、結局のところ、立場に基づく包摂と排除のスパイラルに陥り、「市民の分断」が常態化することを意味する。しかし、こうした社会がおよそ市民社会とはいえないことは明らかであろう。市民社会ではすべての人に基本的人権が享有されているのであり、個人はみな等しく尊重される存在なのである。

　翻って、新型コロナウイルス感染症に罹患した市民を「敵」として認識することにも、同じことがいえよう。病気も日常的なものであり、誰もがかかりうるものである。このコロナ禍、どれだけ気をつけていても、新型コロナウイルスに感染するリスクをゼロにすることはおよそできない。しかも、病気に罹患すること、新型コロナウイルス感染症に罹患することに何か問題があるわけではない。新型コロナウイルス感染症に罹患した人も含めて市民であるという認識を強くもたなければならない。患者は、およそ攻撃・排除の対象となる「敵」ではないのである。「市民の分断」は厳に避けなければならない。

　感染・集団感染を惹き起こすリスクのある特定の業種に就いている市民についても、どの立場からこれを眺めるかが重要である。休業要請、営業時間短縮の要請に応じている店がある一方で、これに応じていない店があれば、人は不公平感を募らせる。そこに、コロナ禍という事情、とりわけ感染リスクという事情が重なれば、不公平感にとどまらず、嫌悪の情を抱

くこともあろう。それゆえ、感染・集団感染を惹き起こすリスクのある業種が「敵」となり、攻撃の矛先が向けられる。しかし、外部から眺めるのではなく、これを内部から眺めた場合、店には従業員がいることも多いし、その従業員にも家族がいることも多い。休業要請、営業時間短縮の要請に応じよといっても、その要請は売り上げにかかわってくることであり、ひいては従業員に対する給与等にもかかわってくること、生活にかかわることである。したがって、本来は要請に応じたいが、やむにやまれぬ事情により応じることができないこともあろう。そうであれば、「敵」視して攻撃・排除するよりはむしろ、そうした事情を汲み、要請に応じることができるような仕組みの整備が図られるべきであろう。そのように考えた場合、罰則を伴う命令の制定という抑圧の方向に向いたベクトルは、はたして健全な方向といえるのであろうか。「市民の分断」を拡大させるだけではないのか。

自粛に応じない輩は「敵」か？

　新型コロナウイルス感染症が投げかけた「市民の分断」と「敵」視は、そもそも論として新型コロナウイルス感染症という病気そのものではなく、新型コロナウイルス感染症に対する対策に起因するといえる。すなわち、上述の「コロナ禍の動き」で眺めたように、この間の主たる新型コロナウイルス感染症に対する対策は、市民に対する自粛の要請である。新型コロナウイルス感染症の流行は、感染防止対策が功を奏さずに、この間複数回にわたり感染者数の大幅な増加をみてきた。そのたびに「第 n 波」という表現が使用されてきたが、これは、感染者数の増加に歯止めがかからず、都道府県や自治体のコントロールが効かないいわば「感染爆発」ともいえる状況下である。こうした状況下において、緊急事態宣言やまん延防止等重点措置が出され、休業要請や営業時間短縮といった自粛要請がなされてきた。常態的に、不要不急の外出の自粛要請もなされてきた。これは、結局市民に対する「行動規制」により、感染者数増加からの回復を目論むも

のである。そして、実際に多くの市民がこうした自粛要請を受け入れている現状もある。他方で、このように自粛という「行動規制」がかけられているからこそ、上述したようにそれに応じていない市民に対して、応じている市民の側に「不公平感」や「嫌悪の情」がうまれる。新型コロナウイルス感染症に罹患した患者についても、自粛を守らなかったがゆえに感染した「けしからん奴」ということになる。それが「敵」視につながり、攻撃へとつながっていく。すなわち、新型コロナウイルスの感染を抑えなければならない状況下であり、それを抑えようとして出された国の要請に市民一同協力して応じなければならないにもかかわらず、それに応じない者は感染防止に弓を引く「敵」であり、攻撃・排除しなければならない存在である、というのである。しかも、感染者数の公表により感染状況が目に見えて明らかになることにより、とりわけ感染拡大が続くなかで自粛に応じない者に対する攻撃の声は大きいものとなる。このように、「市民の分断」と「敵」視は、自粛要請という新型コロナウイルス感染症に対する対策が大きな要因の一つとなっているのである。

　ところで、このような構図は、戦前の日本、とりわけ戦時体制下においてみられたものときわめて類似しているということに注意が必要である。戦争の趨勢は、現国家の存亡と直接かかわるものである。それゆえ、戦時体制においては「国家総動員体制」が必要条件であり、国家は全体を挙げて戦争に向かおうとする。そこでは、戦争の遂行に妨げとなる人や団体などを異分子として認識し、挙国一致の戦時体制に害をなす「社会の敵」として排除またはそれらの人や団体の活動を押さえようとする。日本では、治安維持法などの政治的治安法がその役目を担った。いっさいの自由主義運動、民主主義運動、反戦運動が思想犯として抑圧されることとなり、いわば「通常の市民の通常の日常行為」が犯罪として捕捉されるようになったのである。また、隣組などの地域住民組織が住民の相互監視をなし、戦争を批判する発言などを聞きつけて特高（特別高等警察）に密告するなども行われた。こうして、戦時下においては、市民の自由のいっさいが奪わ

れたのである。翻って、この間のコロナ禍の動きも、自粛に応じない者を「敵」視し、感染防止対策に害をなすものとして攻撃・排除が行われ、患者情報の公表により地域に住む者による患者狩りがなされて、患者の家族を含め攻撃が行われる。「自粛警察」により、市民が他の市民を監視する。こうして、市民の自由な行動が奪われ、これまでの日常が非日常となり、その非日常がコロナ禍での日常となったのである。

　しかし、はたして自粛要請に応じない者は「敵」なのであろうか。上述のように、自粛要請というかたちで「行動規制」をかけているわけであるが、規制をかけるということはその反面不自由をもたらすものであり、不自由に起因してさまざまな被害が生じることになる。休業要請ひとつをとってみても、休業要請という規制をかけることによって自由な営業が阻害され、結果的に利益が減少するということになる。そうであれば、「行動規制」をかける以上、その代替として「被害補償」が必要となるはずである。しかし、自粛要請に応じている市民に対する被害補償はこの間十分になされているとはいえない。休業要請や営業時間短縮の要請にしても、自由に営業した場合と比較して釣り合わないという声が聞かれる。それゆえ、上述したように、要請に応じない側にも、本来は要請に応じたいが、そのようにできないやむにやまれぬ事情があることだってあるのである。そうであれば、自粛要請に応じない者はむしろ「被害者」であるという一面も存するのではないだろうか。

　そして、このように考えるのであれば、そもそも市民に対する自粛要請が新型コロナウイルス感染症の感染拡大問題の有効な解決策となるのであろうか。自粛要請に基づき自粛に応じるものと応じない者という二極で考えがちであるがゆえに、一方が他方を「敵」視し「市民の分断」が生じているが、自粛要請という新型コロナウイルス感染症に対する対策それ自体の妥当性こそ問題とされるべきではなかろうか。

強権的措置導入の問題点

　もっとも、自粛要請はその妥当性を問題とされることなく、さらに進んで、自粛要請に応じない場合に罰則を伴う命令を行うことができるとされた。すなわち、上述したように、改正前の特措法では、あくまでも要請ベースとなっているために休業や営業時間短縮の実効性が低く、それを高めるために、要請に応じない場合には命令を行い、命令に従わない場合に違反者へ対して課す罰則を設けるべきという声があがった。新型コロナウイルスに感染した患者に対しても、入院中に逃げ出した場合や入院を拒む場合に、罰則を設けるべきだという声もあがった。こうした声を受け、2021年2月3日に改正新型インフルエンザ等対策特別措置法が成立し、緊急事態宣言下またはまん延防止等重点措置発令下において、知事からなされた要請に正当な理由なく応じない場合には命令を行い、この命令に違反した場合には、緊急事態宣言下においては30万円以下の過料、まん延防止等重点措置発令下においては20万円以下の過料が課せられるとされた（特措法79条、80条1号）。また、感染症法の改正もなされ、患者が入院勧告を受けて入院し、あるいは入院措置を受けて入院したときであって、その期間中に逃げた場合、または入院措置を受けたのに、正当な理由がないのに入院しなかった場合には、50万円以下の過料が課せられるとされた（感染症法80条）。このように、強権的措置として「行動規制」に違反した場合のペナルティが設けられたのである。

　ところで、感染症法については、政府が作成した改正案において、入院拒否や入院先からの逃亡について、「1年以下の懲役または100万円以下の罰金」とされていた。もっとも、上で示したように、成立した改正感染症法においては、罰則は懲役・罰金ではなく、過料とされている。改正案で示された罰金も成立した改正法で盛り込まれた過料も、いずれも金銭を支払うという罰則であることに変わりはない。しかし、両者はまったく異なるものである。すなわち、前者が刑罰であるのに対して、後者は行政罰なのである。

　日本における刑罰は、刑法9条が定める。それによると、死刑、懲役、禁錮、罰金、拘留、科料の6種類が、日本における刑罰である。改正案で示された懲役・罰金がここに含まれていることが見てとれよう。裁判所において犯罪を行ったとの認定がなされて有罪判決が下り、それが確定した場合に刑罰権が発生し、該当規定の法定刑に従って上記いずれかの刑罰が科せられることになる。すなわち、犯罪を行ったことに対する非難として刑罰が科せられるのであるから、刑罰は、いわば「社会的に非難される行為を行ったことに対する罰」である。また、この場合、前科がつくことになる。これに対し、過料は上記刑罰に含まれていないため刑罰ではない。すなわち、過料は行政上の義務違反に対して金銭的な負担を科すというペナルティであり、いわば「社会の秩序を守るための行政上の罰」である。それゆえ、過料に問われても前科はつかない。このように、刑罰と行政罰は、同じ罰則でもまったく異なるものなのである。

　しかし、わたしたちの多くは、刑罰と行政罰の違いを十分に意識しているとはいいがたい。たとえば、市民にとって最も身近な行政罰といっても過言ではないものとして軽微な交通違反に対する交通反則通告制度があるが、一時停止に違反して交通反則金の対象となったような場合でも、「罰金を支払う」という言い方をすることが多いであろう。ここでは、刑罰か行政罰かという違いは意識されておらず、単に金銭を支払うという罰則として、両者を混同して認識しているのである。そのため、過料に対しても「社会の秩序を守るための行政上の罰」というよりは、「社会的に非難される行為を行ったことに対する罰」として刑罰のようなものとして認識がなされているという現状もある。そうであれば、特措法、感染症法に基づいて課される命令違反に対する過料が、およそ刑罰として認識されることになりかねない。そして、このことは、休業命令に反すること、入院拒否や入院先からの逃亡が、社会的に非難される行為であるとして認識されてしまうことを意味しよう。また、それゆえ、特措法、感染症法に基づいて課される命令違反に対する過料が、本来の行政罰の意味を超えて、社会的に

非難される行為をした者に対する見せしめとして理解されかねない。「市民の分断」がより拡大する危険性が、ここには潜んでいるのである。

　また、「行動規制」に対する「被害補償」の不十分さとの関係でも、「行動規制」に違反した場合のペナルティは問題となる。違反した場合にペナルティを科すということは、裏を返せば、違反しないような行動を期待できる可能性があったにもかかわらず、あえてそれを行わずに行動したからである。すなわち、期待可能性がある場合にのみ、罰則は課せられなければならない。したがって、期待可能性という観点からは、期待可能性がない場合には罰則は課してはならないのであって、その罰則が刑罰であるか行政罰であるかは問題とはならない。翻って、この間「行動規制」に十分に応じることが期待できる状況が設定されてきたであろうか。上述のように、たとえば休業要請や営業時間短縮の要請に対する保障は、必ずしも十分ではないのである。それにもかかわらず罰則を設けることの是非が、ここでは問われなければならない。

　他方で、罰則による威嚇のベクトルは、医療機関にも向けられようとしている。すなわち、医療機関が新型コロナウイルス感染症に罹患した患者の受け入れを拒否した場合に、当該医療機関に対して罰則を科すべきだとする声が聞かれるのである。すでに、改正感染症法により、患者を受け入れる病床確保への協力の要請が厚生労働大臣や都道府県知事からなされたにもかかわらずこれに応じない場合には協力を勧告することができ、勧告にも応じない場合には当該医療機関名を公表することが可能となっている（感染症法16条の2）。しかし、患者の受け入れについて罰則を設けることは医療への強制であるといいうるが、新型コロナウイルス感染症の流行以来医療の逼迫が叫ばれているなかで罰則により威嚇して患者の受け入れを強制することは、医療機関に対して不可能を強いているといえまいか。しかも、入院拒否や入院先からの逃亡に対して罰則を設けることにより受け入れ患者の数がこれまで以上に増加することが予測されるのであり、医療の逼迫がさらに進むことが懸念される状況下にあるのである。「法は不可

能を強いない」という大原則を、今一度思い起こす必要があろう。

　加えて、そもそも論として、罰則という強権的措置の導入によって問題
が解決するのかという問題もある。たしかに、罰則による威嚇で、休業や
営業時間短縮の実効性は一定程度高まることは予想されうる。しかし、そ
れは罰則という劇薬による抑え込みに基づくものであって、なぜ休業要請
や営業時間短縮の要請に応じることができないのかという問題の検討を棚
上げにしたものであり、根本的な問題の解決に結びつくものではない。

　わたしたちは、安易な強権的措置の導入がもつ意味を認識し、これが何
の解決にもつながらないということを理解しなければならない。

参考文献

「【リレー連載】［特別企画］新型コロナと法」法学セミナー786号（2020年）〜794号（2021年）

三浦麻子「日本での感染初確認から1年…なぜ日本人は『コロナ感染は自業自得』と考え
　てしまったのか」文春オンライン（https://bunshun.jp/articles/-/42591［2021年8月25
　日閲覧］）

内田博文『医事法と患者・医療従事者の権利』（みすず書房、2021年）

内田博文『感染症と人権——コロナ・ハンセン病問題から考える法の役割』（解放出版社、
　2021年）

岡田行雄編『患者と医療従事者の権利保障に基づく医療制度』（現代人文社、2021年）

福永俊輔「平和安全法制と治安法」内田博文＝佐々木光明編『〈市民〉と刑事法〔第4版〕』
　（日本評論社、2016年）

現代社会の動態と刑事法
SECTION
3

医療と刑事法

■■■　医療現場において刑事法が問題となるのは？　■■■

　刑法35条は、「法令又は正当な業務による行為は、罰しない」と規定している。人の生命・身体に対する故意の侵害は、刑法199条の殺人罪や同法204条の傷害罪により犯罪とされているが、医師の手術が傷害罪などに問われないのは、35条の正当業務行為にあたり、違法性が阻却される*からとするのが一般的な理解である。

　医療従事者が患者側の求めに応じて適切な医療を提供し、結果として治療が効を奏し、患者側が満足すれば何も問題は生じない。上記の違法性阻却の説明で刑事法上も事足りる。しかし、現実にはこのように理想的な結末を迎えない場合も当然生じうる。日進月歩で進化する医療技術において、何が「適切な医療」かは必ずしも自明ではないし、治療の結果が患者側の期待したものとならなければ、医師と患者の間での治療に関する認識の齟齬も生まれかねず、治療が失敗して死の結果となれば、その齟齬は大きくなろう。場合によっては、医療側の民事上、刑事上の過失（業務上過失致死傷罪等）が問われることにもなりうる（しかも、チーム医療を前提とすれば過失の競合なども問題となりうるが、この点は本章では扱わない）。

　この齟齬が生じた場合、患者側からみれば、本当に医療従事者が精一杯適切な医療を提供してくれたか、死を迎えることが必然だったとしても、本人

違法性阻却事由…多くの見解では、ある行為が構成要件に該当する場合、その段階で違法であることが推定されるが、一定の事由がある場合、違法性が排除され、犯罪は成立しない。この一定の事由を、違法性阻却事由といい、正当防衛、法令行為、正当業務行為等がこれにあたるとされる。たとえば母体保護法による人工妊娠中絶は、刑法35条前段の法令行為に含まれると一般に解されている。

が望む（はずの？）かたちで満足のいく最期を迎えることができたか、患者
ばかりでなくその家族も繰り返し思い悩むことになるかもしれない。患者の
権利が保障され、自己決定が尊重されたと感じうるか否かも、この齟齬を生
むか否かの重要な要素の一つである。

　他方、医療従事者にとっても、長引く医師不足の現状のもと、激務のなか
で患者のためにと精一杯治療を施してきたにもかかわらず、保険に入ってい
るとはいえ、自分の過失で民事責任を問われるばかりか、最悪刑罰を科され
ることになれば、思う存分患者のために腕を振るうよりは、事なかれ主義で
医療を提供しておいた方が無難（萎縮医療）だということになってしまうか
もしれないし、そもそも医者などの医療従事者になんかならないほうがよい
ということにもなりかねない。

　刑事事件に限らずとも、近年、医療関係訴訟は急激に増加していると指摘
されており、訴訟に至らない医療紛争の数はさらに増えていると推測される
が、その理由の一つと考えうる患者と医療従事者との間の信頼関係の低下の
背景には、上述したような双方の現実があるのかもしれない。処罰感情の増
大、警察への異状死届出件数の増加、マスコミ報道なども理由として挙げら
れることがあるが、これらの諸要因が相互不信に拍車をかけているともいえ
よう。とくに、いまだ定まった正解のない、人生を終える際のいわゆる「終
末期」の医療については、「死」との接点でもあり、上記の齟齬がコンフリ
クトとなって、法的な判断を迫られる事態、ひいては犯罪として罪に問われ
る事態が生ずることもある。

　以下では、このような医療と刑事法が交錯しうる場面として、医療過誤お
よび「終末期医療」の問題を中心に、医療における刑事法のあり方を検討す
ることとしたい。

医療過誤の概念と医療事故調査制度の新設

　医療事故と医療過誤の概念について、医事法の分野の概念規定によれば
「医療事故とは、医療によって生じた不良転帰全般をいい、こうした不良

転帰のうち、医療関係者に責任を帰すことができるものを、医療過誤という」と定義されることもある。当然のことながら、この医療過誤のすべてが刑事事件となるわけではない。民事責任に比してより重大な過失に限って刑事責任が問われるとの説明がされることもあるが、日本社会において医療過失に対する当罰性の要請が根強いことも、その当否はさておき、否定しえないところであろう。

　しかし、単純に医療事故の予防効果が期待できるわけではないところに、この問題の「難しさ」がある。そもそも医療とは生命とのぎりぎりの境界で高度に専門的な医療知識に基づいて「病」とされるものを克服しようとしてなされる営為であり、一定の危険や副作用を伴いうるものであるから、過失の判断が困難なことに加えて、医療事故の実効的な予防を目指した原因究明にとって、（刑事）過失責任の追及が桎梏となることも考えられるからである。とくに刑事責任については、事故原因の究明が刑罰を科されるべき自己の罪を認めることを伴うにもかかわらず協力を強制されるとすれば、それが仮に専門的職業人のモラルであったとしても、その義務を果たすことが非常に困難であることは、容易に想像がつくであろう。刑事責任に直結すれば、黙秘権や裁判における調査資料の利用等、刑事手続上の問題も浮上することとなる。

　医療事故の「増加」とその防止が強く要請されるにつれて、上記の「難しさ」の解決が重要になるが、2014年の医療法改正により「医療事故調査制度」が新設され、翌2015年10月1日から運用されている。

　改正された医療法6条の10第1項は、医療事故を「当該病院等に勤務する医療従事者が提供した医療に起因し、又は起因すると疑われる死亡又は死産であって、当該管理者が当該死亡又は死産を予期しなかったものとして厚生労働省令で定めるもの」と定義し、同項によればこの医療事故が発生した場合に、病院等の管理者は遅滞なく当該医療事故の日時、場所および状況その他の事項を「医療事故・調査支援センター」に報告する義務が課され、同条第2項ではこの報告に先立ってあらかじめ遺族等へ説明する

義務が課されている。

「医療事故・調査支援センター」とは、同法6条の15によれば、「医療事故調査を行うこと及び医療事故が発生した病院等の管理者が行う医療事故調査への支援を行うことにより医療の安全の確保に資することを目的とする一般社団法人又は一般財団法人」とされている。

上述した遺族等への事情説明と医療事故調査・支援センターへの事故の報告に続く事故調査手続の流れは、以下の通りである。病院等の管理者は医療事故調査を行うために必要な支援を医師会や学会などに求める（同法6条の11第1項）。したがって、医療事故調査は単独調査ではない。そのうえで、医療事故の原因を明らかにするために必要な院内調査を行う。これを医療事故調査という（同条第1項）。医療事故調査が終了した後は、あらかじめ遺族等に結果を説明する（同条第5項）とともに、遅滞なく、調査の結果を医療事故調査・支援センターに報告しなければならない（同条第4項）。調査結果の報告を受けた医療事故調査・支援センターは、収集した情報の整理および分析を行い（同法6条の16第1項）、病院等の管理者に分析結果の報告を行う（同条第2項）ほか、病院等の管理者または遺族等からの依頼に応じて医療事故調査・支援センターによる調査を行うことができる（同法6条の17）。

医療事故調査制度と刑事責任

この医療事故調査制度に対して主に法律家から批判されている点の一つが、事故調査が行政手続や刑事手続から独立していて、刑事手続をも含めた司法手続に引き継ぐ仕組みのない点である。医療の場で判断される過失が司法の場で判断される過失にどのように作用するのかが不明で、医療の安全のためのリスクコントロールに役立つのかという問題提起といえようか。

このような議論の前提には、事故の原因を究明して対策を講ずることと、とくに刑事司法が介入することとの関係をどうとらえるかについての見解

の対立がある。原因究明のためには刑事責任から解放しないと真の究明はできないのではないか、そもそも刑事手続では自己に不利益な供述は強要されないことは憲法上の権利であると考えれば、事故調査は刑事手続と切り離すという帰結になろうし、今回の法改正では、司法手続との接続は行われていない。これに対して、医療過誤の責任は刑事だけでなく、被害者に対する民事賠償や行政処分もありうるので、刑事手続だけを除外したからといって真相究明に役立つのかという批判もあろう。アメリカ合衆国諸州においては医療過誤が刑事処罰の対象でないことに関して、日本では刑事手続以外に適切な公的責任追及手段がないために、業務上過失だけでなく医師法21条の異状死届出義務違反をも駆使して、警察と検察が代役を務めているとの指摘もあるが、そのような観点からも医療事故調査制度の新設自体の意義は否定できないであろう。

　また、刑事司法による医療事故の予防効果の有無とも関係して、そもそも医療の安全と他の領域、たとえば交通安全や消費者保護との間に異なるところがあるのか、現代の科学技術の高度化した社会において、医療従事者のみを「優遇」する根拠があるのかという問題が論じられることになる。たとえば、なぜ、医療事故調査制度は、他機関の支援があるとはいえ、完全な第三者機関でなく院内調査を最初に置くのか、それで中立性、公平性は保たれるのかといった指摘もなされる。この点につき、医療の特殊性として指摘できるのは、患者を受け入れるリスクの大小がわからないまま患者を受け入れなければならないという、不確実性と不可避性といえようか。常に生命倫理が問われる状況は、医療の質的特徴であろう。そのように考えれば、刑事責任より事故防止を優先することが若干容易に説明できないだろうか。

医療過誤と刑事責任

　このように、医療の「特殊性」を肯定するにしても、なお、医療における過失と刑法上の過失との関係が明らかとなるわけではない。医療に対す

る刑事介入が問題視された事案として、大野病院事件を挙げることができよう。2004年福島県立大野病院において実施された帝王切開術に伴い、患者が出血性ショックにより死亡し、執刀医であった被告人が業務上過失致死罪等で逮捕、起訴されたものである。2008年8月20日、福島地裁は被告人に無罪を言い渡し、検察の控訴断念により判決は確定した。無罪判決は出たが、本件が産科医療に与えた打撃は甚大であったことや、警察・検察側が捜査等にあたって依拠していた福島県の院外事故調査委員会報告書に対しては、遺族への補償支払いを円滑にするため、医師の過失とする必要があったのではないかとの疑念も指摘されている。

　福島地裁の無罪判決（福島地判平20・8・20医療判例解説16号20頁以下）には、医療と刑法の関係を考えるうえで重要な指摘をしている。本判決は「臨床に携わっている医師に医療措置上の行為義務を負わせ、その義務に反したものには刑罰を科す基準となりうる医学的準則は、当該科目の臨床に携わる医師が、当該場面に直面した場合に、ほとんどの者がその基準に従った医療措置を講じていると言える程度の、一般性あるいは通有性を具備したものでなければならない」とし、その理由を臨床現場で行われている医療措置と一部の医学文献との間に齟齬がある場合に医療現場に混乱をもたらすことになるし明確性の原則が損なわれるとしたうえで、上記の程度に一般性や通有性を具備したものであることの証明はされておらず、検察官は「より適切な方法が他にあることを立証しなければならない」と判示している。

　すでに甲斐克則らが指摘しているとおり、医療事故に関する法制度のありかたとしては、「原因解明、責任の明確化、事故防止、被害者の早期救済といった視点を考慮しつつ、民事事件も含めたトータルな医療事故の適正処理の途を模索し続ける必要がある」。このような考え方から、無謀な手術や患者情報を含む情報収集の著しい怠慢といった「重大な過失」のみに刑事責任を限定すべきとの指摘がなされている。被害者救済の問題は、刑事手続と別途の対策を講じることも検討すべきであろう。

医療過誤問題の深層

　医療事故調査制度の運用から5年を迎えた2020年10月に、医療事故調査・支援センターによって「医療事故調査制度開始5年の動向」が公表された。相談件数は、1年間おおむね2000件前後であること、医療機関からは減ってきているが、遺族等からの相談はわずかに増加傾向であること、遺族等からの相談内容には制度開始前や生存事例の相談がほぼ半数を占めていることから、国民への「制度内容」周知を課題として挙げている。医療事故発生報告については、1年間おおむね370件前後であること、病床規模が大きくなるほど、報告件数が多いこと、600床以上の規模の医療機関において報告実績のない医療機関が2〜4割存在すること、報告の状況には地域間格差がみられることが指摘されている。また、院内調査委員会における外部委員の参加状況は、5年目には86.5％に、報告書への再発防止策の記載があるものが5年目には97.8％にまで、それぞれ増加していることが報告されている。

　一定の成果があったことを報告する内容となっているが、現実に起こっている医療事故にどこまで対応できているかと考えると、この報告内容からも、なお十分ではないといわざるをえない。とりわけ着目すべきは、600床以上の規模の医療機関であっても報告実績のない医療機関が2〜4割存在し、それより小規模な医療機関については、もっと大きな割合で、医療事故調査制度を利用しない方法がとられていることがうかがえるのである。加えて、医療にまつわる諸々の地域差を加味すれば、同制度の運用における地域間格差も見過ごせないのではないか。

　病院の規模の大小や地域を問わず、医療事故は発生する。その際、当該病院内や自治体等、小規模な医療機関の場合には医師会内に、第三者委員会が設けられる。その設置は、医療機関や医療従事者が加入している賠償責任保険を扱っている保険会社からの要請によるところが大きいとされる。当該医療行為等に過失が認められるか、それとも無過失であるかについて、第三者委員会の判断に基づいて保険会社は処理するからである。第三者委

員会において無過失と認定されれば、被害を訴えた者に賠償がなされないとの結果になる。大野病院事件における院外事故調査委員会が医師の過失を認めたのは、このことが影響していると指摘されているのである。

　このように、医療事故が起こった際には、ほぼ確実に医師会内等の第三者委員会が設けられていることを考えれば、医療事故調査制度の利用状況は、いまだ非常に限定的なのではないか。医療事故調査制度は、医療者側からは医療事故の再発防止と医療への信頼回復を実現することにより、医療者を刑事責任から解放するものとして、患者側からは、医療事故の再発防止を、医療者が患者・国民と情報を共有し、患者・国民が医療に主体的に参加すること等から実現しようとするものとして誕生した制度である。医療事故調査制度の対象が死亡（死産）事例に限定されているという事情がうかがわれるほか、医療事故調査制度の枠外で処理されている医療事故（医療過誤）も多いと予想されるが、その背景や、対応策を考える必要は、依然として存在するといえよう。

安楽死、尊厳死と終末期医療

　「安楽死」は、「死期が差し迫っている患者の耐えがたい肉体的苦痛を緩和・除去して安らかに死を迎えさせる措置」と定義され、①生命短縮を伴わずに苦痛を緩和・除去する場合（純粋安楽死）、②死苦緩和のための麻酔薬の使用等の副作用により死期をいくらか早めた場合（間接的安楽死、治療型安楽死、狭義の安楽死）、③生命の延長の積極的措置をとらないことが死期をいくらか早めた場合（消極的安楽死、不作為による安楽死）、④生命を断つことにより死苦を免れさせる場合（積極的安楽死）の四つの類型に整理され、③は近年、尊厳死を含む概念であることが意識されるようになり、新たな問題となっている。④の積極的安楽死については議論がある。

　通説は、積極的安楽死についても、違法性が阻却される場合があるとする。従前は、「人間的同情、惻隠の行為」や「科学的合理主義に裏づけられた人道主義」がその論拠とされていたが、その後、「自己決定権」の視

点からアプローチする見解が有力化した。他方、積極的安楽死につき、違法性は阻却されずなお違法であるとの主張も有力になされている。期待可能性論を基軸とした責任阻却事由と解する見解である。たとえ本人の自己決定に基づくものであっても、それが「生存の価値なき生命の毀滅」に連なるおそれへの危惧が残るため、違法性は阻却されず、期待可能性*の有無の観点から不処罰の可能性を検討する見解も唱えられている。

　尊厳死（あるいは「治療行為の中止」）の問題は、人工呼吸器等の生命維持治療の発達によってもたらされた、比較的新しい問題としてとらえられている。尊厳死は、安楽死よりも微妙で解決に困難な問題を含んでいるともいわれているが、一定の要件のもとに許容されるとする見解も多くみられる。なお、「安楽死」「尊厳死」という表現には、それ自体として肯定的評価を伴っているとして、それぞれ「苦痛除去のための臨死介助」「治療中断による臨死介助」の語を用いる見解もある。

　ところで、近年、主として「治療行為の中止」を論じるにあたって、これを「終末期医療」の問題としてとらえる見解もみられる。厚生労働省が、2007年「終末期医療の決定プロセスに関するガイドライン」を公表したのをはじめ、いくつかのガイドラインにおいても「終末期医療」の語が使用されている。「終末期医療」の問題は、上述した刑法理論上、「尊厳死」の問題の一つ、あるいは「消極的安楽死、不作為による安楽死」の問題として議論されてきたものであるととらえることはできようが、それらの関係は必ずしも明確ではなく、そもそも「終末期」という概念自体が曖昧である等の指摘もされている。

終末期医療の諸論点

　オランダでは、1973年の「ポストマ事件」を契機に安楽死合法化への議論が進み、2001年4月「安楽死法」が成立し、2002年4月から施行されている。ベルギーでは、2002年5月「安楽死法」が成立し、同年9月から施行されている。フランスでは、2005年「病者の権利および生命の末期に関

期待可能性…刑法上の責任を、責任能力と故意・過失にとどまらず、法の命令規範性に注目して理解した場合、適法行為が期待できたにもかかわらず、その期待が裏切られた場合にのみ行為者に対しての責任非難が可能となる。適法行為の期待可能性がない場合は、責任が阻却されうる。

する法律」が制定されており、本法が「尊厳死法」として扱われていると
いう。

　近時の動きとしては、ドイツ連邦憲法裁判所が、2020年2月、職業上の
自殺幇助を禁止する2015年施行の法律（刑法217条）を違憲、無効とする判
断を示した。

　このように、国外では「安楽死」「尊厳死」を合法化する動きがみられ
るが、これらの合法化は必ずしも定着したというわけではなく、今なお議
論が続いていることも指摘されている。

　他方、日本では、2004年に北海道立羽幌病院で、医師が患者の人工呼吸
器を取り外して死亡させた疑いで北海道警による捜査が行われていること
が報道され、2006年には、富山県射水市民病院で、医師が人工呼吸器の取
り外しにより複数の患者を死亡させた疑いで富山県警による捜査が行われ
ていることが報道された。これらの事件では、いずれも、行為を行ったと
される医師は書類送検されたが、その後不起訴となっている。

　さらに、後述する川崎協同病院事件においては、2002年に医師が逮捕、
起訴され、殺人罪に問われた。

　医師による人工呼吸器取り外し事件が、たて続けに顕在化したことを受
けて、厚生労働省は、2006年「終末期医療の決定プロセスのあり方に関す
る検討会」を設置し、翌年2007年5月に「終末期医療の決定プロセスのあ
り方に関するガイドライン」を公表した（2016年改訂。「人生の最終段階に
おける医療の決定プロセスに関するガイドライン」に名称変更）。

　その他、終末期医療に関するガイドラインとして、2007年日本救急医学
会「救急医療における終末期医療に関する提言（ガイドライン）」、2008年
日本医師会第Ⅹ次生命倫理懇談会「終末期医療に関するガイドラインにつ
いて」等が公表されている。

　尊厳死の法制化をめぐっては、超党派の議員連盟による法案提出の動き
もみられるが、反対論も根強く、見送られたまま現在に至っている。

　このような状況のなかで、2020年7月23日、二人の医師（A、B）が、

嘱託殺人容疑で京都府警に逮捕されるという事案が発生した（2020年8月13日Ａ、Ｂ起訴）。2019年11月30日、薬物投与により被害者（当時51歳）を殺害したとするもので、ツイッターを介して被害者とＡとが接点を得たこと、事件直前に、被害者から現金130万円が振り込まれていたこと等が報じられている。被害者はALSを発症しており、過酷な闘病の様子と安楽死への希望がツイッター上に残されていたことから、「安楽死」合法化を求める意見も報じられることとなった。本件の刑事手続については、注意深く推移をみていく必要があろうが、それと同時に、被害者が「違法」であるはずの安楽死への希望を募らせた背景についても、思いをめぐらす必要があろう。闘病の過酷さと本人から語られた「死にたい」という言葉に目を奪われて、「本人が望むのに、なぜ安楽死を認めないのか？」との思いを抱く読者もおられると思う。本件もそうであるが、安楽死が問題となるケースでは、ほぼすべての被害者が、大きな闘病の辛さを背負っている。しかしながら、その辛さのなかには、本人やその家族が背負う必要のないものも含まれているのではないか。国や社会が用意している制度の不具合や不十分さ、あるいは制度が十分に活用できない現状があるのではないか。それらの問題を鑑みることなく、本人の「死にたい」という言葉を奇貨として安楽死を合法化することは許されないのではないだろうか。むしろ、このような状況から安易に安楽死を容認することにより、病を抱えながらもなお生きる意味を見い出そうとして苦闘している患者とその家族に十分な支援を提供できてはじめて、議論の出発点に立ちうるのではなかろうか。

安楽死をめぐる刑事裁判

　安楽死については、(i)名古屋高裁判決（名古屋高判昭37・12・22高刑集15巻9号674頁）が、リーディングケースとされている。(i)において、名古屋高裁は、傍論で、安楽死が違法性を阻却する要件として、次の6要件を挙げた。(1)病者が現代医学の知識と技術からみて不治の病に冒され、しかもその死が目前に迫っていること、(2)病者の苦痛が甚しく、何人も真にこれ

を見るに忍びない程度のものなること、(3)もっぱら病者の死苦の緩和の目的でなされたこと、(4)病者の意識がなお明瞭であって意思を表明できる場合には、本人の真摯な嘱託又は承諾のあること、(5)医師の手によることを本則とし、これにより得ない場合には医師によりえないと首肯するに足る特別な事情があること、(6)その方法が倫理的にも妥当なものとして認容しうるものなること。しかしながら、当該案件では(5)(6)の要件を欠くとして、嘱託殺人罪の成立を認めた。学説からは、(5)(6)の要件を挙げる以上、実質的には違法性阻却を否定しているに近いとの評価がなされていた。医師が、依頼されて積極的安楽死にあたる手段をとることはまずないと考えられていたからである。

　しかしその後、(ii)東海大安楽死事件横浜地裁判決（横浜地判平7・3・28判時1530号28頁）において、患者に薬物を注射したことにより同人を死亡させたとして、医師が殺人罪に問われることとなった。横浜地裁は、傍論で、(i)判決で示された6要件とは別の、医師による安楽死が許容される一般的要件として、(1)耐えがたい肉体的苦痛があること、(2)死が避けられずその死期が迫っていること、(3)肉体的苦痛を除去・緩和するために方法を尽くし他に代替手段がないこと、(4)生命の短縮を承諾する明示の意思表示があること、以上4要件を新たに示した。(ii)判決は、さらに踏み込んで、薬物の注射に至るまでに被告人が行ったとされる、当該事案では起訴されていない行為である治療行為の中止が許容される要件をも示した。すなわち、(1)許容される治療行為の中止の対象となる患者について、死の不可避性を要求し、単に治癒不可能であるだけでは足りないことを示し、(2)患者の自己決定権の理論と(3)医師の治療義務の限界論を正当化の根拠とするものである。そのうえで、当該事案につき、許容される「治療行為の中止」および「積極的安楽死」にあたらないとして、殺人罪の成立を認めた。

　さらに、医師による「治療行為の中止」が殺人罪に問われた事案として、川崎協同病院事件が挙げられる。被告人は、気管内チューブを抜き取り呼吸確保の措置をとらなければXが死亡することを認識しながら、あえてそ

のチューブを抜き取り、呼吸を確保する処置をとらずに死亡するのを待ったが、予期に反して鎮痛剤を多量に投与してもその呼吸を鎮めることができなかったことから、事情を知らない准看護師に命じて、筋弛緩剤をXの静脈に注入させて、Xを呼吸筋弛緩に基づく窒息により死亡させたとされた事件である。

　川崎協同病院事件一審横浜地裁（横浜地判平17・3・25刑集63巻11号2057頁）は、末期医療における治療中止の許容性の要件として、①「患者の自己決定権の尊重」と②「医学的判断に基づく治療義務の限界」を挙げた。そのうえで、本件は、(1)「回復不可能で死期が切迫している場合」にはあたらず、(2)被告人は、家族らに対し、患者本人の意思について確認していないのみならず、患者の病状や本件抜管の意味の説明すらしていない。精神的に相当不安定となり医学的知識もない妻らに、9割9分植物状態になる等不十分かつ不適切な説明しかしておらず、結局、本件抜管の意味さえ正確に伝わっていなかった。被告人が、家族らが治療中止を了解しているものと誤信していたことも、説明が不十分であること、患者本人の真意の追求を尽くしていないことの顕れであり、前記要件を満たしていないとして、「患者の自己決定権の尊重」の要件を満たさず、(3)被告人の本件抜管行為は、「治療義務の限界」を論じるほど治療を尽くしていない時点でなされたもので、早すぎる治療中止として非難を免れないとした。本件横浜地裁判決は、①と②それぞれが単独で治療中止の根拠となりうるとしている。

　これに対し川崎協同病院事件控訴審判決（東京高判平19・2・28刑集63巻11号2135頁）は、一審判決が挙げた「患者の自己決定権論」と「医師の治療義務の限界論」のいずれのアプローチにも解釈上の限界があり、尊厳死の問題を抜本的に解決するには、尊厳死法の制定ないしこれに代わりうるガイドラインの策定が必要であるとしながら、他方、国家機関としての裁判所が当該治療中止が殺人にあたると認める以上は、その合理的な理由を示さなければならないことから、具体的な事案の解決に必要な範囲で要件

を仮定して検討することも許されるべきであり、仮定する前記二つのいずれのアプローチによっても適法とはなしえないとして、一審の殺人罪成立との結論を維持した。このような、控訴審の判断方法に対しては、この二つの「アプローチ」は患者の最善の利益に合致するかを判断するために併せて用いるべき二つのツールであるといった諸々の批判もなされているが、最高裁は、直截に「患者の自己決定権論」「医師の治療義務の限界論」との言葉を使用することなく、控訴審の結論を維持した（最決平21・12・7刑集63巻11号1899頁）。

医療に対する刑事介入の是非

　川崎協同病院事件については、そもそも刑事事件となったことについて、公平感を欠くと受け止められたように思われる。事件化したのは発生から3年半が経っていた。川崎協同病院は、本件発生直後には、この件が発生したことを認識しており、本人（本件被告人）から事情聴取まで行っているにもかかわらず、当時の院長が事件を公にすることはなかった。本件が事件化するのを受けて、内部調査委員会および外部調査委員会を立ち上げ調査を実施しているが、内部調査委員会においては、本件被告人、被害者家族双方の協力を得られていない。そして、3年半の歳月が、事実認定の困難さをも生んだと思われる。

　また、大野病院事件においては、いっそう検察官の起訴の不当性を明らかにしてしまったといえよう。仮に被害者への賠償のために県の事故調査委員会が医師の過失を認める結論を出したとしても、そのことから起訴を正当化することはできまい。図らずも大野病院事件無罪判決によって、刑事司法が介入することにより、医学書や臨床現場の水準に明確に示されていることをそのまま実行していなければ、刑事責任に問われうることを実証してしまった。その意味では、「医療水準」や「医療倫理」に従うといっただけでもいまだ不十分で、医療事故においてこの「医療水準」や「医療倫理」がどのように扱われるべきかが問われなければならない。

法律と「医療水準」ないし「医療倫理」との関係

　川崎協同病院事件の元被告人は、尊厳死法やガイドラインの必要性を指摘した裁判所に対して、「国が策定したガイドラインですが、仮にこの決定のプロセスの手順を踏んで、終末期医療の一環として延命治療の中止を行ったとしても、事後に刑事訴追をまぬがれるわけではありません」として批判をするが、しかし、これらのガイドラインがその時の「医療水準」ないし「医療倫理」を満たすものであれば、それは医療者として守るべきものとはならないか。もちろん、「処罰される行為」と「やってはならない行為」は別物であり、ガイドラインに違反した治療の中止がただちに殺人罪になるわけではないが、反対に、ガイドラインにそった行為であるならば、不処罰化の方向で考えるべきともいえよう。

　同時にガイドラインは、医師の免責の道具と堕してはならず、専門家に当然要求されるべき水準を満足させるものでなければならない。「指針は、ソフトローの役割を担いうる性質を有する場合もある」との指摘も、医療水準を満たす医療の提供は、患者に提供されるべきミニマム・スタンダードだとの前提に立たなければ、単なる現状肯定の意味しかもちえない。川崎協同病院事件の元被告人による「グループ・カンファランスとなれば、さらに延命治療は続くでしょう」「公の場では万が一の可能性にかける『正論』に反対できる人はいないのです。また多人数で決めたことには誰も責任をもたないし、複数主治医というのも、遠慮を含めて本音をいわないことが多いものです」との主張に対しては、現在の「医療水準」ないし「医療倫理」として適切であるか否かをこそ、問うべきであろう。その意味でも、患者の権利の確立の最低限として、医療のガイドラインをより発展させていくことも、患者の権利の確立のために必要なことのように思われる。医療は、患者と医療従事者との協働によるものだからである。

患者の権利を議論する前提として

　日本では、2020年1月に新型コロナウィルス感染症（COVID-19）の患

者が報告されて以来、社会を覆ったコロナ禍にまつわる医療崩壊が進行している。患者やその家族、職場の同僚に至るまで、地域において犯罪者扱いされてきている。本来、患者には病気の回復に向けた医療を提供されるべきであるが、医療崩壊した地域では、すべての患者に医療をいきわたらせることをあきらめ、行政が「生命の選別」を促す事態もみられる。「他粛」が猛威を振るい、自宅隔離を強いられた患者が、家族の前で命を落としている。

　医療従事者への圧力もすさまじい。家族への卑劣な差別もありながら、プロフェッションとしてギリギリの勤務が続いている状況下で、国や行政から提示されるのは、現場無視の刑事罰をも伴う締めつけ策ばかりであり、まるで「公益」に資するための捨て駒扱いである。

　このコロナ禍で、患者の権利の前提そのものが崩壊している。あるいは、患者の権利について議論を深める前提そのものが、未熟であったことが可視化されたということかもしれない。困難な状況ではあるが、患者の権利に関するこれまでの成果も大切にしつつ、わたしたち自身が、命を大事にする社会を構築していく必要があろう。

参考文献

稲田朗子「川崎協同病院事件最高裁決定」高知論叢105号（2012年）掲記の文献のほか、以下（主なものに限る）を参照。

内田博文『医事法と患者・医療従事者の権利』（みすず書房、2021年）

岡田行雄編『患者と医療従事者の権利保障に基づく医療制度』（現代人文社、2021年）

池永満『患者の権利』（九州大学出版会、1994年）

樋口範雄＝岩田太『生命倫理と法Ⅱ』（弘文堂、2007年）

甲斐克則『医療事故と刑法』（成文堂、2012年）

現 代 社 会 の 動 態 と 刑 事 法
SECTION
4　ヘイトスピーチ

■■■　日本社会に蔓延するヘイトスピーチ　■■■

　在日外国人をとりわけ在日韓国・朝鮮人そして中国人をターゲットとする街宣活動やデモやそこで誹謗中傷や罵詈雑言が発せられる。デモ参加者たちは、ヘイトスピーチ、すなわち、特定の属性によって特徴づけられる集団に対して侮辱的で攻撃的な表現行為をする。たとえば、「殺せ、殺せ、○○人‼」「日本から出て行け、出て行け、ゴキブリ○○人」「○○人たち、日本から出て行かなければ、南京大虐殺の次は鶴橋大虐殺をするぞ」などと大声で連呼する。憎しみを煽るような「ヘイトスピーチ」デモや街宣活動が2013年に全国で少なくとも360件あったとの調査結果が出ている（朝日新聞2014年8月18日）。ヘイトスピーチはインターネット上でも蔓延している。21世紀の日本におけるヘイトスピーチ問題はインターネット上の言説に端を発し、それが現実の世界に現れたといえる。それは、在日の人々が特権をもち、不当に利益を得て、その反面、義務を免れているとの言説がネット上で掲載され、それが拡散する。しかしそれはフェイクニュースである。それを見た人々の中には、自分はマジョリティである「日本人なのに」不当な扱いを受け、（特権を得ている）「朝鮮人が過剰な要求をしている」として憤る。不条理に怒りが沸き、被害者意識を抱くことで、敵に対する正当防衛であるかのように「抗議」と称して特定集団に対する排除を煽る言動を行う。フェイクニュ

ースとは、簡単に言えば「デマ」でしかない。けれどもそれが SNS などに
掲載されることで、「ニュース」の体裁を整えて伝わっていく。そこで人々
が「信じたい事実」と結びつくことでフェイクがファクトを駆逐し、社会に
広がる。「フェイク」が、しばしば人々の「本音」と結びつけて語られ、そ
の「本音」とされるものをすくい上げる。「嘘」と「本音」の結託だから、
気持ちよく受け入れられ、流布する。安田浩一は、「デマを信じ込むことで、
本来の自分が持つ差別意識が正当化されるという感覚なんだと思います。も
ともと持っていた小さな差別意識がネットによって顕在化し、憎悪へと変わ
っていく」とフェイクニュースとヘイトスピーチの関係を詳らかにする（安
田浩一コメント〔日刊ゲンダイ DIGITAL 2019年 5 月31日〕）。

　日本においてヘイトスピーチが社会問題となるに至ったのが2009年12月に
起こった京都朝鮮第一初級学校に対する襲撃事件である。本件をきっかけに
ヘイトスピーチが社会問題化し、それと同時にこれへの対応を求める社会的
な機運が高まった。
　国連レベルでは、自由権規約委員会111会期において日本政府に対して人
種差別、憎悪や人種的優位を唱える宣伝活動やデモを禁止するよう勧告が出
され（CCPR/C/111/1/Rev.1）、国連人種差別撤廃委員会は日本政府に対す
る総括所見でヘイトスピーチに対する規制をせよとの勧告を出した。
　司法レベルでは、京都朝鮮学校事件に係る刑事裁判の判決が確定し（最決
平24・2・23 LEX/DB25480570）同事件に係る民事裁判も確定した（最決平
26・12・9 LEX/DB25505638、大阪高判平26・7・8判時2232号34頁）。後者は、
日本政府が加入している人種差別撤廃条約にいう「人種差別」を内容とする
名誉毀損が行われた場合に民法の不法行為（民法709条）を構成し、人種差別
撤廃条約の趣旨は、当該行為の悪質性を基礎づけることになると判示した。
これにより、特定人に対する威力業務妨害そして誹謗中傷や侮蔑が特定の属
性を理由として社会から排除する動機に基づいて行われたときは人種差別に
あたるとしたのである。これによりヘイトスピーチが人種差別にあたること

が明らかになったのである。

　本事案の一連の裁判が嚆矢となって、ヘイトスピーチをヘイトクライムの一類型としてとらえたうえで、法的規制のない日本におけるヘイトスピーチに対する克服ということが課題になった。

　2016年には「本邦外出身者に対する不当な差別的言動の解消に向けた取組の推進に関する法律」（ヘイトスピーチ解消法）が制定された。これにより野放しされてきたヘイトスピーチに対してようやく「ヘイトスピーチ、許されない」との国の意思が示された。ただし、本法は不当な差別的言動・ヘイトスピーチに関する禁止および罰則規定はなく、強制的に規制するものではない。本法制定時の衆議院附帯決議第2項が示すように、具体的な対応は地方自治体の実情に応じた対応に委ねている（衆議院附帯事項第2項「本邦外出身者に対する不当な差別的言動が地域社会に深刻な亀裂を生じさせている地方公共団体においては、その内容や頻度の地域差に適切に応じ、国とともに、その解消に向けた取組に関する施策を着実に実施すること」）。ヘイトスピーチ解消法成立を前後して、大阪市、神戸市、東京都、また川崎市でヘイトスピーチ条例が制定された。

　とりわけ川崎市では、ヘイトスピーチに対して初めて間接罰方式で罰則（50万円以下の罰金）を定めた。本条例第12条の禁止に違反した者に対して勧告（第13条）、命令（第14条）、公表（第15条）そして最終手段として、第14条に違反した者に対して刑罰としての罰金を科す（第23条）。本条例はヘイトスピーチに対して直罰ではなく、間接罰方式を採用した。これは「ストーカー行為等の規制等に関する法律」が警告、禁止命令、罰則という方式をとっているのと類似している。海外ではヘイトスピーチに対して直罰方式を採るのが一般的であるが、『『川崎市差別のない人権尊重のまちづくり条例』解釈指針について」によれば、一度目は「無知や誤解に起因している」ものとみなして勧告するにとどめ、繰り返しヘイトスピーチを発する者を主要な名宛人として刑罰を科す。このことは、——ネット上のヘイトスピーチを除いて——川崎市内おいて執拗に繰り返しヘイトスピーチをする者を規制すること

68

を念頭に置いていると思われる。勧告などそれぞれの手続をとる際、市長は、原則的に、事前に川崎市差別防止対策等審査会に意見を聴かけなければならない。本条例の刑罰は、行政による措置の有効性を担保するための行政刑罰であり、一連の手続の最後に当たる刑事告発は市が行うため、警察以外の自治体行政当局によるヘイトスピーチへの刑事告発に至るまでの事前の対応の如何が川崎市条例の有効性を問う重要なカギになる。

表現の自由の必要性と限界

　日本では、憲法19条で思想信条の自由が保障されている。個人の抱いている立派な考えや発想も、また社会的にみて有害または邪悪とみなされるそれも同じく国家は侵してはならない。個人の内心的自由が保障されなければ、人々は自由に物事を考え、世の中の出来事を観察し、評価し、はたまた社会に向けて発信することはできない。本来的に、思想信条の自由という権利は、自由主義や社会主義などの国家の政治体制に関係なく保障されなければいけない。これが常時制限されている社会では、人々が自分たちの力で社会を構成し、変化させることはほとんどありえない。思想信条の自由と表現の自由が保障されていない社会は、一握りの少数の者たちや独裁君主による支配によってすべて統制された状態にあるといえ、逐一、支配者による統制と監視を受け、人々の考え方をも統制の対象になる。そこには支配と服従の関係しか存在せず、また権利も常に一定の留保付きでしか認められず、人々が集まってみんなで話し合って決めることを認めないので、「社会」というものは存在しない。つまり市民が決めるという民主主義が認められていない。憲法は、その前文において国民主権と民主主義の採用を宣言しているが、表現の自由はこれら二つの根本原理を現実の社会で実践するのに不可欠な権利といっても過言ではない。したがって、表現の自由は民主主義と密接に関連している。

　しかし、表現の自由という権利をすべての市民が享受するとしても、これは何らの限定も課せられない絶対的なものではない。人の表現行為には

多種多様の形態があるが、たとえば、口頭によって他人に対してあからさまに傷つけるような言葉を発したような場合、この発言も表現の一種であることは明らかであるが、表現の自由という権利行為として許容されるのであろうか。表現の自由の名のもとに他人の名誉を傷つけてよいはずはない。ここで、表現の自由と個人の名誉との間に一定の調整が必要になってくる。表現の自由といえども他人の命を害する表現行為は制約を受ける。

　表現の自由とは、市民が社会における諸問題を自律的に解決するために人々に訴え、また国家権力の不正や怠慢に対して訴えることによって民主主義の維持・発展に寄与するところに真骨頂がある。これとは正反対に、根拠なく他人の名誉を傷つける表現は、表現の自由の許容範囲を逸脱している。一定の場合に言論行為は表現の自由の逸脱と評価され、犯罪とされる。この一定の場合とは、他人の名誉を毀損する場合であり、また言動による脅迫、恐喝、詐欺も同じである。

人は歴史的、社会的な存在

　現実の社会では、人々は、単に物理的な個体ではなく、さまざまな理由から現在いる場所に存在しており、その意味で歴史的な存在である。また、言葉などの媒体手段を用いて他者とコミュニケーションをとることで社会において存在するという意味で社会的存在である。このような人々の存在に関する歴史性と社会性に照らすと、人々は、各々、個人として尊重されなければならないことは当然のことであるが、同時に、個人としての人には、それぞれの歴史や背景がある。それは、たとえば、民族、人種、性別、性的指向、出自、職業等である。人の背景は、ときに彼と境遇を同じくする人々の集団を形成しており、その意味でまさに歴史的であり、また社会的である。人の背景としての属性は、個々人の人格の一部であるといっても過言ではない。それは自分では変更できないものもある。この属性は、そもそも個人そのものとは関係なく、むしろ他者や社会の側が特定の人々を枠づけるためにつくられた概念でもある。それゆえ本来的には、個人の

社会的評価、つまり外部的名誉とは関係がない。とくに、憲法14条に「すべて国民は、法の下に平等であつて、人種、信条、性別、社会的身分又は門地により、政治的、経済的又は社会的関係において、差別されない」と定められているように、そもそも、その属性如何によって十把ひとからげに評価されることがあってはならないからである。

人間の尊厳と社会的平等を危険にさらすヘイトスピーチ

しかし、このような議論は、現実の社会を直視するならば、ある種の理想論になるかもしれない。悲しい現実としていまだ社会には差別がある。人が、同じ人である他者に対して、低劣・低俗なものとして扱う。たとえば、人は、個々に固有の名前をつけるなどして自らを他人と区別する。それは、固有の存在としての自己のアイデンティティを確保するという意味できわめて社会的に重要である。名前に始まって、わたしたちの社会は差異を利用することで社会システムを形成している側面がある。しかし、その差異が、自己のアイデンティティの確認と他者のコミュニケーションのために利用されるのではなく、他者に対して憎しみや蔑みの感情をもって、不平等な関係を形成するために用いられる場合、それは差別となる。いわれのない偏見や蔑みが社会化されている場合がしばしばあるが、差別は一定の集団を対象にしており、差別を社会から除去してゆく救済においても、集団全体の社会的地位を向上させなければならず、差別されている集団に属する個人に対して差別行為があった場合、当該個人に関して当該差別行為からの救済を行ったとしても、彼が属する集団が差別されている状況が存するかぎり、同様の差別は繰り返されてしまう。

ヘイトスピーチ規制と表現の自由

とくに、公共の場での外国人差別デモの蔓延・頻繁化は、このような差別的表現行為に対する規制を促す事情として理解することができる。その際、規制手段が法的なものであったとしても、即自的に表現の自由に対し

て萎縮効果を及ぼすと評価するのは早計ではないだろうか。反対に、公共の場での差別的表現行為を表現の自由の名のもとに「許容」することのほうが当該属性とこれを有する人々とを社会的に否定・排除し、民主主義的社会の根本基盤である平等関係を毀損することになる。憲法14条は、「すべて国民は、法の下に平等であつて」と規定し、何も不平等な取扱いだけを問題にするのではない。たとえば、法律上の不平等な取扱いはその効果として法の保護を受けられない人々をそうでない人々から区別することになる。それは法的権利の享有主体であることから排除されることを意味し、その結果、社会的にみて、その地位は「格下げ」されることになる。また、社会において、特定の属性を有する人々に対する差別が現在するにもかかわらず、つまり、偏見などから差別的・侮辱的な言動が行われているにもかかわらず、これを放置した場合、このような言動は、いわば表現の自由へと包摂されてしまうおそれがある。そうであれば、法律上の不平等な取扱いだけを法の下の平等の内容として包摂することで、憲法そのものが特定の属性を有する人々の格下としての地位を是認することになりかねない。現行憲法が制定される以前から今日に至るまで存在する差別もあれば、社会の変遷のなかで生じる差別もある。それは現行憲法の制定の前後とでさまざまであるといえるが、人を不当に区別する行為に対しては国家として対処する必要がある。

　人種差別に限らず、ヘイトスピーチ規制など、法的な規制に全面的に依拠して社会における差別問題を解決することは期待できない。ヘイトスピーチ規制の制定は単にその一端を担うにすぎない。けれども、道路使用許可をとってデモや街宣活動が行われ、侮辱的表現をまき散らすことが、「表現の自由」の名を借りて、いわば権利行使として行われることを甘受すべきなのであろうか。マジョリティとマイノリティということばを用いることが適切であるとすれば、マジョリティがマイノリティに対する新たな弾圧を抑制するためにヘイトスピーチ規制の制定を控えるべきと考えるのは、その主張の荒唐無稽さにもかかわらずヘイトスピーチをまき散らす

デモが行われている事情を軽視しているように思われる。現実は、聴くに値しない議論は良質の議論によって駆逐される（思想の自由市場論）とは必ずしもいいがたい。このような事情からすると、規制に対する消極的態度や決定もマジョリティによって下されるのであるとすれば、それはヘイトスピーチ規制を制定すべき立法事実があるにもかかわらず、これに目を背けるのと同義である。

民主主義のためのヘイトスピーチ規制

　また、日本は国民主権のもとで民主主義を政策決定の根本的制度として採用している。民主主義は、人種、信条、性別、社会的身分または門地に関係なく、個々人が他者と等しい権利を有し、対等な関係にあることを大前提としている。こうした関係のもとで社会における諸決定のプロセスに関与することが等しく保障されなければならない。上記の相違や経済的格差に関係なく、人々の政策決定プロセスに関与する機会の保障が具体的な内容である。そうでなければ、民主主義の実現は到底可能ではない。これによって民主主義の政治的な枠組みが形成される。この枠組みは、政治的レベルだけでなく、その前提となる社会的レベルにおいても形成されなければならない。民族などの特定の属性を有する集団に対する侮辱表現は、それが不特定または多数の人々に向けて行われる場合、公共に対して偏見と蔑視を醸成する可能性が高い。民主主義社会においては、個々の市民が社会を構成する主体である。その際、まず何はともあれ、平等であることが保障されていなければならない。それなしには、現実の社会では社会に参加する機会を得ることができない場合がきわめて多い。集団に対する侮辱表現は、それに属する人々全体と社会「一般」というかたちで不当に区別する重大な契機であり、その意味で民主主義社会にとって脅威である。このような表現は、民主主義にとって不可欠な社会への参加を阻害するという意味で社会侵害的といえる。

　社会生活において人々が他者との関係において対等であり、平等でなけ

れば政策決定プロセスへの関与は絵に描いた餅にすぎない。特定の人々を不当に差別することは、社会的レベルでは彼らを他の者たちとは異なる、つまり対等ではない者たちとみなすことである。これは、対等ではないとみなされた者たちからあらゆる機会を奪うことになる、ないしは機会を得ることを阻害する。このような状態は、歴史が教えるように、政策決定プロセスへの関与のためのアクセスそのものを不可能にする。

ヘイトスピーチ規制の是非を問うための手法

　このような社会状況を前にして、ヘイトスピーチの問題を考える際に、次のことを考慮しなければならない。①ヘイトスピーチ（街頭でのいわゆる街宣活動やデモそしてインターネット上での攻撃的な侮辱的表現行為）とは、そもそも何なのか。なぜ、あえてヘイトスピーチという言葉を用いる必要性があるのか、つまり、従来から法律に存在する名誉毀損や侮辱と何が違うのか、②個人的名誉の毀損とは異なる、ヘイトスピーチの「害悪」とは何か、この害悪から発生する「被害」とは何なのか、③各国との経験に照らして、ヘイトスピーチの害悪と被害の実態に対応した法的措置とはどのようなものか。

①　日本では、外国人などの社会的少数者に対する攻撃を日本の社会とその法制度ならび法理論も具体的に想定してこなかったことから、憲法における表現の自由の保障と個人の名誉の保護の調整機能を果たすものとして名誉毀損罪（刑法230条）ならびに侮辱罪（同231条）しかなかった。個人の人格権としての名誉を深く毀損することを、従来、侮辱的表現と理解してきた。これに対して、人種、民族、出自、性別ないし性的指向などの特定の属性を有する集団に向けられる攻撃的な侮辱的表現行為、つまり、ヘイトスピーチは、特定の個人を対象としないことを理由に両罪の処罰範囲から外れてしまう。つまり表現の自由としてまさに「権利」としての自由なのかという問題に突きあたる。日本においても差別的表現規制の是非に

ついては主として憲法領域において表現の自由の限界と結びつけて検討が行われてきた。刑法領域でも名誉毀損罪の成立に関連して違法性の有無の検討が行われてきたが、多数人による公の場での特定の属性によって特徴づけられる集団に対する攻撃的なヘイトスピーチは検討対象とはされてこなかった。未解決の問題といえる。そのため、ヘイトスピーチとは何か、その内容と定義を明らかにすることにつながり、その害悪と被害の実態を明らかにする必要がある。

② その際、マイノリティに対する社会的排除や暴力行為というものが突発的に始まるようなものではなく、まずは、端緒としての悪意なき先入観が社会に浸透していることが土壌となって、偏見に基づく具体的なヘイトスピーチが行われるようになり、さらにこうした行為の数が増えるなかで制度的な差別、そしてついには暴力行為が発生し、当初は散発的なものが徐々に社会全体に蔓延するところまで発展していく。冒頭で示したフェイクニュースは先入観や憎悪を社会的に形成するのに重大な誘因である。

　注目すべきは、ヘイトスピーチは単に「不快」レベルの問題ではなく、将来における暴力と社会的排除を呼び起こすことである。これに伴う「被害」の問題では、人種、民族、性別ないし性的指向などの属性に向けられたヘイトスピーチが発する「二級市民」「人間以下」というメッセージによって自尊を侵害されることで、ヘイトスピーチのターゲットとなり、直接浴びせられた人々がこれに対抗するのではなく、何も言えなくなる・反論できなくなる等の「沈黙効果」と、二級市民扱いされることで、被害者である自己を劣った存在と誤って認識し、ヘイトスピーチの責任を自己に向けるという「帰責の誤り」、継続する感情的苦悩、自尊喪失、逸脱感情に着目しなければならない。

③ ヘイトスピーチ規制に関して、被害実態を調査しながら、法的規制一辺倒な他律的解決手法を回避しつつ、社会における自律的な自己解決能力

に依拠した克服の方途を探り、法的規制と社会的・文化的なそれとが連動可能なヘイトスピーチ対策を構築する必要がある。——観念的な表現の自由の議論に陥らないためにも——このような被害実態調査を踏まえて、ヘイトスピーチ規制に際して、国、そして地方自治体がどのような役割をどのように果たしているのかないし果たすことができるのか、また法的規制だけに頼るのではなく、社会の自律的な問題解決能力を発揮して、ヘイトスピーチを克服するために、民間団体などの各民間資源にどのような問題解決の可能性ならびに役割があるのかについて検討する必要がある。つまり、事実に即した法的規制ならびにそれ以外の社会的解決努力がどのような寄与を果たすことができるのかを検討すべきである。

　その際に重要となるのが、ヘイトスピーチの有害性、つまり、一定の集団に対する将来における暴力犯罪ならびに制度的排除などを誘発し、これらを正当化ないし当然視する社会的環境を醸成することを踏まえるということである。それによりヘイトスピーチ規制の法政策的課題とその理論的手法を確認することで、その成果が刑事法や他の法領域においてどのように還元され、しかも法規制とそのための保護法益の設定にどのように反映されるべきか否かを明らかにできる。

　ヘイトスピーチの実態に即した法制度の構築を試みる際、ヘイトスピーチと「表現の自由」の保障という二つのファクターの調整と衡量が必要となる。これについて、従来、憲法領域の研究がこれにあたってきた。ヘイトスピーチ規制と個人に対する名誉保護規制との異同についていまだ検証されぬままにあるなか、とくにヘイトスピーチを規制することを構想する場合、名誉侵害犯の射程範囲を明確にし、その限界について明らかにすることが不可欠である。また、これらの検討のうえで憲法の表現の自由との調和可能性を検討しなければならないことはいうまでもない。学問的および実務的見地からのアプローチを統合し、「表現の自由」「人間の尊厳」「法の下の平等」の三つの観点からヘイトスピーチの問題を検証し、これに対する規制のありかたを探求しなければならないのではなかろうか。し

かし、憲法的議論だけではあまりにも狭すぎる。法的規制を検討する際には、ヘイトスピーチという話題性に引きずられるかたちの観念的で断片的な検討方法を脱し、第一に、ヘイトスピーチが行われる行為現場、行為状況、行為者の目的、事件後の周辺事情の変化、被害者の被害状況ならび心理状況などについて調査する必要がある。その検討結果をベースにしたうえで、国際法、憲法そして刑法などの法学における多分野が共同して、ヘイトスピーチがいかなるメッセージを発しているのか、それが攻撃対象とされた属性を有する人々にどのような影響を社会的にまた心理的に与えるのか、なぜこれらの影響が法的保護の対象になりうるのか、という見地から検討する必要がある。この検討を通じて、あらためて、日本において法規制する必要はあるのか、ヘイトスピーチのもたらす害悪とはどのようなものか、法的な立法事実はあるのか、ここから導出される法規制の保護法益は何かを明らかにする必要がある。

　このことを踏まえて、

１）理論レベル：憲法上、許される形態で、ヘイトスピーチ規制を立法することは可能か
２）立法実務レベル：規制立法の取り組みを進めるなかで、立法過程において恣意的な文言修正が滑り込まされる危険性、ヘイトスピーチ規制をきっかけに、ヘイトスピーチ以外のカテゴリーの（正当な）表現を規制する立法へのハードルが低くなってしまわないか
３）司法実務レベル：立法制定後の恣意的な運用の可能性はないのか
４）最終的政策的判断（比較衡量）レベル

に細分化して検討する必要がある。

　以上、ヘイトスピーチの防止のための規制手法を幅広く検討する必要がある。その際、刑法、行政法、そして民法などの法律や自治体の条例などによる法的規制だけにとどまらず、それ以外のヘイトスピーチに反対する

社会活動、地域社会における民間団体による取り組みを同時並行的に模索していかなければならない。その際、次のことを忘れてはいけない。ヘイトスピーチというのは排外主義の現れ、つまり結果でしかない。ヘイトスピーチだけをいくら規制しても、排外主義を抑制しないかぎり、その原因を追究して、なくすように努めなければ同じようなことが繰り返される。ヘイトスピーチは文脈なく発せられるのではなく、それは排外主義の一現象であり、その解消のためには、過去の反省、差異の尊重、同化主義の放棄等の歴史にさかのぼる社会的障壁を取り除く取り組みが不可欠であることはいうまでもない。その意味で法律による問題解決、とりわけ刑事規制はヘイトスピーチの背景にある排外主義を克服することはできない。これに極度に期待することは対症療法的な一時の精神的鎮痛効果にしかならない。だからといって法的規制にまったく意味がないというのは現実を踏まえない話ではないであろうか。日本では差別的言動や差別的取扱いは、被害者自身による民事的救済は別として、被差別当事者の生活ならび地域改善と人々の理解促進に重点が置かれてきた。他面、人権侵害であることからする法的リアクションの側面、つまり刑事規制は名誉毀損罪以外に見当たらない。そのため、差別的言動もまさに表現の自由の行使という誤った理解が結果としてあり続けた。これに対してヘイトスピーチ解消法等による差別は許されないとの立法府の意思を示すことで、改めて非規制的な手法による問題解決の試みの意義を再確認できる。

参考文献

金尚均編『ヘイト・スピーチの法的研究』(法律文化社、2014年)

師岡康子『ヘイト・スピーチとは何か』(岩波新書、2013年)

ジェレミー・ウォルドロン(谷澤正嗣＝川岸令和訳)『ヘイト・スピーチという危害』(みすず書房、2015年)

現 代 社 会 の 動 態 と 刑 事 法

SECTION

5

経済取引に伴う犯罪と市民

■■■　わたしたちの生活と企業とのかかわり　■■■

　わたしたちは日々、食料や衣料、家電製品など生活に必要なものを消費者
として企業から購入している。また、わたしたちはお金を得るために、労働
者として企業で働く。消費者でもあり、労働者でもあるわたしたちは、多く
の領域・局面で企業との結びつきをもっている。企業は、商品・役務を提供
する側面と、労働の機会を提供する側面がある。だから、企業が逸脱行動を
とったときのわたしたちの生活や社会への影響も計り知れない。

　たとえば、これまでにも薬害、公害、金融・証券不祥事、政財官癒着、食
品偽装、リコール隠し、不正検査など経済取引に伴う企業の逸脱は多くのも
のがあった。このなかには、消費者・労働者に直接影響するものばかりでは
なく、経済制度そのものに影響を与えるものもある。市場や競争秩序を侵害
し、それにより取引が公正でなくなるなど、経済制度の趣旨目的からみて思
わしくない状態が生じることもある。企業が経済活動の中心となり、経済活
動に伴って生じるという視点でこれらをもし経済犯罪と呼ぶのなら、経済犯
罪は企業によって、あるいは企業が舞台となって生じることが多い。

経済刑法・経済犯罪とは

　経済制度そのものやそのもとに行われる経済取引の公平性を維持・順守

させる意図で、法的な規制がなされ、さらにそれを刑罰によって担保することがある。しかし、経済刑法、経済犯罪と一口にいっても、法律上、経済刑法や経済犯罪の定義や範囲に関する規定があるわけではない。

日本では、1937年の日中戦争を契機として、臨時措置法（1937年）や国家総動員法（1938年）をはじめとした、経済取引にかかる一連の統制法が制定された。これらの経済統制法は、物資の生産、流通、価格、輸出入などの経済活動・取引を統制し、その違反に対して刑罰を科すという仕組みをもったものである。もちろん、これ以前にも、経済活動の規制を内容とする法律はあった。たとえば、一定の産業の利益確保のためカルテル*やトラストを推進させることを内容とする、重要産業統制法（1931年）、昭和恐慌からの経済立て直しを目指し為替相場の安定のため外国証券取引や海外不動産投資などを規制した、資本逃避防止法（1932年）、のちの食糧管理法（今日では食糧法）につながる、米穀統制法（1933年）などが知られる。日中戦争以降の経済統制法違反の大量発生は、経済刑法、経済犯罪といったものを意識させることにはなった（戦時経済体制下では、国家にとって戦争遂行に都合のよい経済システムの維持・構築）が、今日では、経済刑法や経済犯罪は、自由市場経済を前提とした経済法（独占禁止法や金融商品取引法など）に定められた規制の違反を中心に論じられることが多い。

ところで、今日、経済刑法によって経済活動を規制し、それを守らせようとして刑罰が規定されることがあるのはどうしてだろうか。

刑法には、法によって守られるべき利益（＝法益）を保護しようとする機能がある。ある行為に対して刑罰が科されるためには、何らかの法益が実際に侵害（または危険な状態）されることが必要だ（＝侵害原則）。たとえば、殺人罪は、人の生命という法益が失われたという侵害があり、また殺人未遂罪も、危うく死にかけた（＝生命に対する危険な状態の発生）、と説明することができる。経済刑法においても何らかの法益があるはずである。振り込め詐欺をもくろむ者に通帳・カードを譲り渡す目的で、銀行口座を開設する行為は、銀行窓口で銀行員をだまして（＝あたかも正当な銀

カルテル…本来自社の判断で決めるべき、商品の価格、生産量、販売地域などの事項について、複数の企業が相談して決めること（協定）。自由競争を阻害し、公正な市場を破壊することにつながる。戦時中のような統制経済下では、競争を回避し、技術力や生産力などについて合理化の遅れた企業の淘汰（倒産）を避け、市場によらない固定価格での物資の供給が意図される。

行取引であることを装って）通帳・カード（＝財物）を交付させているので、財産犯としての詐欺罪である。しかし、この行為は経済犯罪とは呼ばない。法益には、（とくに誰の法益なのかという観点から）個人的法益、社会的法益、国家的法益があり、このうち殺人や詐欺といった行為は、ある特定の「個人」の生命や財産を侵害する犯罪であり、個人的法益を侵害する犯罪である。これに対して、経済刑法の法益には、個人的法益ではとらえきれない性質の利益が含まれていると考えられている。

　今日の代表的な経済法として、たとえば、独占禁止法（1947年）や1948年の証券取引法（2007年からは金融商品取引法）がある。独占禁止法は、私的独占など不当な取引制限を排除するなどにより、公正で自由な競争を促進し、消費者利益を確保しながら、民主的な「国民経済の健全な発展」を促進することを目的としている（1条）。また、金融商品取引法は、企業内容の透明性についてルール化し、株式などの有価証券の発行・取引などを公正にし、さらにこれらの価格形成が公正になされることで、投資者の保護や「国民経済の健全な発展」に資することを目的としている（1条）。まさに個人の法益にとどまらない価値、経済活動、「国民経済の健全な発展」を法益とする点で、典型的な経済刑法、経済犯罪だといえる。

　公正な市場とは何か。たとえば、公正な市場を破壊するとされている、企業のカルテル行為を考えてみよう。本来であれば、消費者は商品の品質や価格といった観点から自分の判断で商品を選んで購入する。他方で、メーカーはライバル企業との競争に勝つために、消費者に選択してもらえるような、品質面・価格面で魅力的な商品を開発しようと努力するだろう。こうした消費者、メーカーの両者の経済的営みの相互作用によって、健全な市場が展開し、経済発展が進むものと考えられている。しかし、ここでもし、企業間のカルテル行為により、ある商品の価格が高値で吊り上げられたとすれば、市場で公正に価格が決められたというのではないし、消費者にとっては、自由な経済活動によって得られたはずの選択の余地が狭まることにもなる。市場の公正性を害する結果になるのだ。

　また、金融商品取引法では、インサイダー取引*を禁止している。この
行為を禁止しているのは、他の市場取引者（一般投資家）と比較して、事
前に情報を知っている者だけが、今後の市場価格の形成の動向を誰よりも
早く察知できることとなり、それにより不公平な事態をもたらしかねない
からである。

　しかし、このような経済制度、市場の公平性や秩序といった概念の中身
は、必ずしも明確に決められるわけではない。なぜならば、経済政策とい
うのは、あくまでも政策であって、唯一の正解ではない。複数ありうる経
済政策のなかで、望ましいと考えられるものが政策として選択されている
にすぎないからである。ある業界にとって有利な経済政策であっても、別
の業界にとっては不利に働くということはありうるであろうし、このよう
なことは、企業と消費者、使用者と労働者といった関係のなかでも起こり
うる。

　さらに、経済刑法の法益は、抽象化し、希薄化し、また不可視的なもの
が多い。公正な市場という場合でも、誰にとっての公平性なのか、画一的
には決まらない。また、時代背景の変化とともに経済政策も変わりえて、
同様の行為が合法・違法どちらにも変化する（一般にカルテルは自由競争を
侵害するものとして、今日の独占禁止法はこれを禁止しているが、〔戦時〕経済
統制下にあっては、むしろこれを国家が促進していた）。

　政府による経済政策の選択の正当性は、究極的には議会制民主主義のも
と、国民に根拠づけられることとなる。経済刑法が、それによって守ろう
としている法益が、はたしてわたしたち市民の生活のためになっているの
かどうか、常に経済制度のありかたとともに注意していく必要がある。

企業の（刑事）責任？

　企業（会社）は、そのなかに一般の従業員がいて、その上司、さらにそ
の上に役員（取締役）というように、多くの人間が集まり、一定の経営方
針のもと指揮命令に基づいて経済活動を行っている。もちろん一言で企業

インサイダー取引…会社の内部情報に接しうる役職員などが、その事実が公表される前
に、その株式の売買などの取引をすることをいう。この情報が会社の業績向上にかかわる
事実であれば、公表前の安いうちに市場で株式を買い占め、公表によって市場価格が上が
ったところで売却益を得る、ということが可能となる。また逆に、業績悪化にかかわる事
実であれば、保有する株式を公表前に売り抜けることで売却損を少なくすることができる。

といっても、東証に上場しているような大企業がある一方、町工場や近所の商店のような零細事業者など、その規模や業務内容、資本や従業員、取引高など多種多様である。ただ、いずれの場合でも、企業といえどもそこに働く人の手足の動きがなければ機能しないのは確かである。

　企業が合法的な（経済）活動だけしていれば問題はないが、利潤追求のあまり、時折、違法行為が行われる。たとえば、上司の違法な逸脱的な指示・命令を前にしたとき、部下の従業員はどう対応するだろうか。上司は通常の業務であることを装って（＝部下には違法な行為であることを隠しながら）仕事を命じるかもしれない。また、その仕事は企業の不祥事を表沙汰にしないための隠蔽工作かもしれない。こうした場合、部下である従業員は違法な行為（の一端）を担うこととなる。正義感にあふれた人ならそのような仕事は拒絶するだろう。しかし、拒絶したら、昇給や出世など企業内での待遇が悪くなる、ひいてはあれこれ理由や難癖をかこつけて解雇されるかもしれない。合法的な企業活動のみに従事できればよいが、企業組織のなかにいるかぎり、「危険」を冒さないでいられる保障はないのかもしれない。このことはスケープゴート（＝犠牲のヤギ）ということともかかわる。企業組織のなかでは、大まかな基本方針だけ指揮命令がなされ、あとの細かな方法は現場の裁量に任されているといったこともあろう。企業の逸脱が問題となったときに、上司としては命じたわけではない、部下の一存でやったことである、というようなことになったとしたら、従業員は善意から企業のためにしたつもりであっても、個人で責任をとらなければならないことにもなる。また、企業の経済活動に伴う犯罪行為は、被害者がそれを明るみにすることによって表れることもあるが、企業のなかの誰かが、正義感から、あるいは先のようにやむにやまれぬ窮地に立たされたときに、いよいよ自己の属する組織の不正について内部告発を行うというかたちで表れることもある。

　消費者が企業との間で商品を売買している関係に着目すれば、企業の逸脱行動は消費者に被害を生じさせることになるが、企業で働いているのも

労働者としてのわたしたちである。企業が加害者となる犯罪は、企業活動の一端を支える労働者としてのわたしたち自身の行為によってもまた生じている、というとらえ方もできることに注意しなければならない。

　また、企業が法的制裁を受けた結果、業績の悪化などにより、倒産といったことになっても困る。企業はリストラと称して社員を解雇するであろうし、そのなかには直接には犯罪行為とかかわりをもたなかった社員も少なからずいるだろう。また、その企業が、他企業では代替できないような特異な商品や役務を提供している場合には、相手方企業が制裁的に契約を打ち切ろうにも切れないといった事態も起こりうるし、このことは消費者にとっても同様だろう。つぶそうにもつぶせないといったこともある。

消費生活への行政（国家）の介入

　働くということを除けば、わたしたちが企業とかかわるのは商品の売買等、消費者契約の場がほとんどであろう。経済活動にかかわる犯罪は多種多様だが、わたしたちにとって最も身近な消費者問題を取り上げる。

　契約とは何か。封建社会から脱した近代にあっては、すべての人間の自由平等が宣言され、自由な所有権が承認された。そして、国家権力は市民社会の円滑な運行を保障するためにのみ行使されるものとし、個人の生活関係の形成は、他人に害を与えないかぎり、自由で平等な個人の自発的な意思に基づいてなされるものとされる。それゆえ、物の売買のような経済取引など、当事者が自由に自律的に法律関係を形成できることが可能となった（契約自由、私的自治の原則）。だから、一見価値のなさそうな壺であっても、当事者が納得しているかぎり、いくらで売買しようが第三者が口を挟むことはできないし、問題はない。しかし、資本主義の進展に伴い、現実の社会には、独占・寡占企業が存在したり、人々のなかにも貧富の差が出てきたりする。契約自由の名のもと、野放しにしていたら経済強者が自己に有利な内容の契約を相手方に強いるという不公平が生じることもあるだろう。そこで求められるのが、契約自由・私的自治の修正である。た

とえば、労働契約や電気・ガスの供給契約等は、当事者の契約自由・私的自治のみに委ねることはできないだろう。近代の「形式的に自由で対等」という私人像から、弱者を保護するための介入や規制の必要である。このような介入や規制が、契約自由・私的自治の修正原理としての社会法という領域である。

　業者が、買うことを強要したり、購買意欲を促進させたり、ときには消費者の無知につけ込んだりしながら、不本意に契約をさせることがある。消費者が解約したいのに応じてもらえなかったり、説明されたものとは違う商品であったりといった、消費者トラブルが起こる。財産的被害が生じることも予想される。いわゆる消費者法は、立場の弱い消費者を守るために当事者の契約に介入するものである。たとえば、1976年の訪問販売法など（現在は特定商取引法）は、訪問販売、通信販売、マルチ商法といった商法につき、社会問題化し、消費者トラブルが増加するなかで、これらに対処しようとした。特定商取引法は、業者側に業者名や商品名を明示することや、重要事項を消費者に告知することを義務付けたり、あるいは不実のことを告知することなどを禁じるなどの規制をすることによって、財産的損害を未然に防いだり、拡大を防止しようとしている。

　ところで、悪徳商法が詐欺的商法ともいわれるように、人を騙して財産を得ることを詐欺というが、こうした財産的損害を生じさせる商法を詐欺で取り締まることはできないのだろうか。しかし、悪徳商法に対する刑事的規制には、困難な問題がある。たとえば、高金利、高配当をうたって出資を募るような商法については、事業者に償還能力がないことが明らかになるまでなかなか捜査が動かない。消費者被害が拡大してからの摘発である。早い段階での介入が難しい理由は、まず、悪徳商法の手口が複雑・巧妙なので、詐欺罪に該当する事実を立証することが困難であるということがある。さらに、こうした詐欺的商法といえども、一見正当な商取引を装っているということがある。正当な取引行為であっても、ある程度の「はったり」や「駆け引き」はつきものであろうし、単なる民事上のトラブル

との区別も困難である。正当な取引にもかかわらず、警察権力が介入することは経済活動の自由への民事介入として許されることではない。

　すでに述べたように、実際の取引では、当事者は実質的には自由対等ではないので、社会法的な介入が求められる。契約について、弱者に不利にならないように強制したりするのは、第一には修正された民事法すなわち社会法の役割であり、刑法ではなく、行政的な対応である。

　消費者保護のために立法された消費者法は、取引関係に入る前に消費者に情報提供することや、契約内容を書面にしたものを交付しなければならないというように、業者に一定の義務を課している。また、ある営業活動を行うのに特別な資格を設け、認められた者にしか一定の取引をやらせないというように、業者それ自体の規制をすることもある。もちろん、これら行政規制があっても守られないようでは意味がないから、実際に守られるようにするための仕組みが必要である。規制の実効性を確保する方法には、免許取り消し、営業停止命令、業務改善命令というような行政処分がある。

　しかしそれでもなお、消費者法に刑事罰が定められるのは、こうした行政処分すら守られないことを想定するからである。ここには刑罰の謙抑性の理念がある（Chapter1 Section6「交通事故と刑罰」も参照）。にもかかわらず、しばしば刑罰で直接契約関係に介入することがあるのは、本来は謙抑性や最終手段性から背後に控えているべき刑事制裁が、行政の果たすべき役割の代替機能を果たさざるをえなくなってしまっているからにほかならない。本来行政がなすべき被害防止、事前予防のための監督や指導といった仕組みがうまく作用していないことを意味する。最終手段性を無視して当初から刑事罰による規制を考えるのは賢明な態度ではない。国民主権、消費者主権、市民の立場から行政規制の在り方を検討・構築することが求められる。

SDGs と新しい企業・消費者像

　企業は営利を追求する目的で設立され、経済活動を第一に行う組織である。しかし、日本の1970年代の産業公害に典型的だが、企業のやみくもな利潤追求は、しばしば深刻な社会矛盾を引き起こす。近年、SDGs（持続可能な開発目標）が注目されている。2015年に国連総会で採択されたSDGsには、2030年までに到達すべき17のゴールとそれら167のターゲットが掲げられている。これらの目標のなかには、飢餓をなくすことや安全な水やトイレの確保といった、（とくに）開発途上国においてかかわりの深い目標も掲げられるが、そればかりではなく、クリーンなエネルギーや、働きがい、経済成長といった、先進国においても目指されるべきものも含まれる。さらには、気候変動への取り組みや、海や陸の豊かさ、平和といった、国を超えての地球規模の包括的な問題にまで及んでいる。

　SDGsへの取り組みは、経済活動に対しても大きな影響をもつものである。政府や経済界主導で進められているものもあるが、わたしたち一人ひとりのかかわり方も重要である。たとえば、「安くておしゃれな服」を購入するのにあたって、多数ある商品のなかからどういう基準でそれを選択するだろうか。価格が安いということは、消費者にとって魅力の一つであるが、なぜ安いのか、ということも考える必要がある。広大な森林を切り開き、土壌汚染、水質汚濁につながる大量の枯葉剤をはじめとした農薬を使用し、そうした環境破壊のなかで原料の綿花の栽培がなされてはいないだろうか。あるいは、危険を伴う劣悪な労働環境（低賃金、長時間、強制労働など）のもとで、さらには児童労働によって生産されているといったことはないだろうか。

　利潤追求至上主義ともいえる経済活動や企業の成長は、人権侵害につながるような人々の犠牲の上で成り立っている場合もある。また、消費者も安価だという理由だけで購入しているのだとすれば、結果的にはそうした人権侵害に加担することになる。2011年には国連人権理事会で、すべての国と企業が尊重すべきグローバル基準として「ビジネスと人権に関する指

導原則」が定められた（日本政府のもとで「行動計画」が策定されたのは2020年になってからである）。人権問題に対する取り組みの遅れた企業は、国際的にも経済取引の相手として認められなくなってきている。

　持続可能な世界を実現するというためには、企業自身がその生産過程において問題のないことを説明（表示）する責任があるだろうし、消費者自身にもまた、そうした企業の商品を選んで購入する姿勢が求められることになる。また、企業間の取引においても同様だろう。たとえば原料を相手先企業から購入し、それをもとに自社製品（消費財）を生産するといった場面でも、企業自身がどの企業と契約するかという際に、持続可能な世界を意識した企業と取引したい、というようなことがありうるだろう。さらには、投資家、個人株主の目線でもとらえることができる。地球温暖化、環境破壊につながる化石燃料ばかりを使い続けるような企業には投資しない、というようなことである。持続可能な世界の実現を目指そうとする企業は、企業自身にとってもイメージの向上につながり、消費者・労働者、他企業、資本家からも支持される「持続可能な企業」たりうるだろう。

　もっとも、国際社会と今の日本政府・企業のとらえ方には差があることにも注意が必要だ。もともと人権問題や世界共通の利益を意図した目標なのにもかかわらず、日本の政府や企業はむしろ、企業利益との関係で取り組んでいるようにみえる。多岐にわたる目標だから多くの省庁が関連するはずなのに、日本では外務省が中心となっている（首相が推進本部長なのはともかく、副本部長は外務大臣で、ウェブのプラットホームも内閣府などではなく、外務省にある）。また、外国政府との交渉や海外での取引の機会の多い大企業からなる経団連は、海外からは日本企業そのものの姿として映る。ここでの日本の政府や企業の取り組みは、表向きだけでも取り組んでいるというポーズをしておかないと国際社会から相手にされないからだ、とするのは過ぎた言い方だろうか。さらに国内をみても、目標の趣旨を十分に理解して取り組んでいる企業がある反面、依然、自社利益中心の企業もあり、企業間でも二極化しているようだ。

88

経済社会に対するわたしたちのまなざし

　経済活動に伴う犯罪のごく一側面についみてきた。それではわたしたちはどのような経済社会を目指し、どんな営みをすればよいのだろうか。これに答えるのは簡単ではない。新自由主義的経済制度が猛威を振るうなか、自己決定・自己責任といったコトバがいたるところにあふれ、経済効率の追求が至上命題のようになっているからである。

　たとえば社会的規制の典型例のはずの、労働法の領域はどうだろうか。非正規雇用に典型なように経済格差の問題が叫ばれて久しい。「本人の努力が足らないからだ」「怠けていた自業自得だ」として、正規雇用にありつけない人々に対して厳しい意見も聞かれることがある。しかし、就労の問題は、本当に本人が努力を怠ったせいだけなのだろうか。

　自己の支配下にある労働者を派遣して業務に従事させる形態は古くからあったが、戦後、経済の民主化、財閥解体などと並んで、労働基本権の確立が目され、それまでの封建的な「労働者供給事業」は禁止されることとなった。しかし、高度経済成長期以降、自社の社員を他社に派遣し業務処理を請け負わせる労働形態が広がり、またこうした形態が、厳しい雇用状況にあった中高年の就業機会にもつながっているということから、労働者供給事業のなかから、部分的に労働者派遣事業を認めるかたちで労働者派遣法が1985年に制定された。制定当時は、一定の技術力や専門性を必要とする業務に限定し、また、こうした専門業務に限ることで常用労働者が派遣労働に入れ替えられることを防止していたが、その後1999年には派遣法も規制緩和の対象となり、原則どのような業務でも派遣労働の対象となった。改正の背後には、企業側の労働需要に応じた即戦力を確保したいという要望を本質とした経済効率が背景にある。個人の価値観に応じた労働形態、雇用の調整といえば聞こえがよいが、現実には、非正規雇用の首切りや低賃金労働を体よく制度化した結果になった。非正規雇用に対する企業側の期待は、景気の動向に伴う労働市場の需給調整、安全弁としての役割であり、人間の労働を、人材、労働力というよりは、備品、資材の感覚で

しか扱わない姿にみえる。

　個人は今日の経済社会のなかで財も情報ももたず、個体的な生存、生身の存在として生活する消費者・労働者であるにもかかわらず、それらに目を向けずに、画一的・抽象的に合理的な経済人として扱われている。そして、どのような経済活動を行うかは各人の判断・自由であり、それによって生じた結果もまた本人に帰属するということを前提にした社会である。ここでは強者・弱者の関係を考慮しないまま、対等な経済取引競争者として同一条件で競争させており、これが現代の自己責任の姿となっている。経済界的には、これまでの社会的規制・安全規制は、経済効率・利潤追求の妨げになるとして撤廃・縮小されてきた。政治的には、公共サービスの縮小、利潤追求を至上命題とする民営化、経済的非効率部門の市場からの撤退・閉鎖であり、社会的には公共空間の喪失を意味する。そして必要不可欠な公共域が後退した結果、それを個人の力で埋め合わすのを余儀なくされる社会である。

　自助、共助、公助というコトバにみられるように、政府は、「まず自分でできることは自分でやり、次に家族や地域で助け合う。そのうえで政府がセーフティーネットで守る」と説明する。誰も好きで病気になるわけではないように、好んで貧困を選ぶ人もいない。病気にかかったときに医療機関を受診するように、貧困になったときにも社会的・公的対応が必要なはずである。しかし、たとえば生活保護の受給をどこか恥や悪ととらえる社会風潮がみられることがある。病気の時の医療受診は恥や悪なのだろうか。政府の考え方は、貧困を自業自得、自己責任の問題にすり替え、社会保障について国が果たすべき役割を放棄するための方便のように聞こえる。こうした政府の考え方は、生存権の否定・縮小ではないのだろうか。

　格差社会とは、強い者は自力で対処するが、それができない者は脱落する社会のことである。市民的公共性よりも経済的効率性が優先する結果、弱者の切り捨てが進行している。個人の尊重、社会的連帯という観点からは深刻な事態である。いわゆる「勝ち組」の人たちは自己の世界に満足し、

あるいはそうでなくてもおのれの生活のみにあくせくするのに精一杯となり、他方、こうした競争に負けた人たちの生活や不幸には無関心となり、また犯罪をはじめとする社会的逸脱という他者の行動には不寛容な態度をとるようになりはしないか。ここには健康で文化的な最低限度の生活という生存権を軽視したり、短絡的に治安強化や厳罰化を求める契機が見え隠れしている。「誰ひとり取り残さない」ための市民的役割とは何か、わたしたちの課題である。

本間重紀『暴走する資本主義』（花伝社、1998年）

井口俊英『告白』（文春文庫、1999年）

橘木俊詔『格差社会——何が問題なのか』（岩波新書、2006年）

湯浅誠『反貧困——「すべり台社会」からの脱出』（岩波新書、2008年）

ハンス・ロスリング＝オーラ・ロスリング＝アンナ・ロスリング・ロンランド（上杉周作＝関美和訳）『Factfulness：10の思い込みを乗り越え、データを基に世界を正しく見る習慣』（日経 BP 社、2019年）

斉藤豊治＝浅田和茂＝松宮孝明＝髙山佳奈子『新経済刑法入門〔第3版〕』（成文堂、2020年）

現 代 社 会 の 動 態 と 刑 事 法
SECTION

6 交通事故と刑罰

■■■　**はじめに**　■■■

　身近な法律問題を生ずる状況として交通事故を挙げる人は少なくない。自動車による事故は日常的に起こるうえ、死傷者を伴う大きな事故は、ニュースになることも多いからである。センセーショナルにとりあげられた事件が刑事裁判にまで至れば、事故を起こすと罰せられるものだと、人は考える。しかし、悲惨な事故の報道に接して被害者に同情し、二度と同じことが起こらないようにするためには事故を起こした相手を重く罰すべきだと考える人に比べて、自身が事故を起こすことにまで想像を及ぼす人は決して多くないのではないだろうか。しかも、たとえば高齢となった自分が自動車による事故を起こすかもしれないことまでは。

高齢運転者の特徴と処罰範囲の拡張

　運転免許制度は、所定の要件を満たした者に自動車の運転資格を認め、道路における危険防止等をはかるために設けられているが、免許を得たことが交通の安全を保障することを意味しない。運転免許をもっていても、磨かなければ技能は低下する。運転者の体調、不注意は運転に影響を及ぼす。他方自動車工学の技術が進歩するとはいえ、自動車の安全性能にも限界がある（COLUMN「AIによる運転の自動化と刑事責任」参照）。いかに処

罰を避けようと心がけていても、加齢による身体能力の衰えは避けられない。自動車事故の防止を処罰のみに頼って実現することには無理があるのではなかろうか。

むろん、現行の法制度も自動車事故を刑事罰だけで防止しようとはしていない。損害が生じた場合には、民事裁判による賠償責任を負わねばならず、その金銭的負担は事故を起こさないようにする歯止めとなる。また、運転免許の停止、取消等をも含む行政上の処分は、運転免許が必須の仕事に就く者には手痛い制裁となるため、違反行為の抑止になると考えられる。刑事罰は、これら民事上もしくは行政上の制裁ではまだ十分でない場合に限り発動される最後の手段である。

過失犯のなかでも自動車による事故で人を死傷に至らしめた場合の適正な処罰のために2007（平成19）年、刑法に自動車運転過失致死傷罪が追加された。その後2013（平成25）年、危険運転致死傷罪等と共にこれを罰する自動車の運転により人を死傷させる行為等の処罰に関する法律（以下、「自動車運転死傷行為等処罰法」という）が、刑法から独立して特別に設けられた。ただし、その解釈適用は、刑法の一般理論に従って行われる。刑法は、故意に他人の権利を侵害する等の場合を処罰するのが原則であるから、注意を怠ったことで悲惨な結果を惹き起こすとしても、過失による自動車事故は、例外的に処罰されるにすぎないのである。しかし、近年の立法や判例の動向は、自動車事故の処罰範囲を広げる方向を示している。しかも、高齢や特定の病気の症状等のように自分ではいかんともしがたい心身の状態が事故につながった場合にも刑事罰の対象となる例が相次いでいることには注意を要する。

2018年、高齢で低血圧の症状があり、めまいや意識障害を起こすおそれがあることから主治医や家族から自動車の運転をしないよう注意されていた被告人が、運転をしている途中に急激な血圧低下から意識障害に陥り、死傷を伴う事故を起こした。この事例につき、被告人には運転を厳に差し控えるべき注意義務があったにもかかわらず、それを怠ったとして、裁判

所は、自動車運転死傷行為等処罰法上の過失運転致死傷罪の有罪判決を下した（東京高判令2・11・25裁判所ウェブサイト）。第一審では無罪判決が言い渡されたのに対し、「罪を償いたい」と被告人側が有罪を主張し、これを受けて控訴審判決が有罪を宣告したという異例の経緯を経て、高齢（事故当時85歳）の被告人に相当程度の実刑を免れないとして、禁錮3年の実刑が言い渡された。

　また、2019年には、高速で交差点に進入した自動車が起こした死傷事故が世間を賑わせた。裁判では、高齢（事故当時87歳）の運転者がブレーキとアクセルとを踏み間違えたかどうかが裁判の争点となり、2021年9月、90歳になった被告人に禁錮5年の実刑判決が言い渡され、被告人は争わず、この有罪判決が確定した。

　ブレーキとアクセルとの踏み間違いによる事故が高齢者に多発していることは、すでに多数報告されている。問題は、そのような状況を踏まえ、高齢者の運転自体に対して事故の危険を高めるとして非難を浴びせるような論調が形成されていることである。年齢や病気の有無等一定の属性や特徴を、交通事故を生み出す危険な因子ととらえ、これらの因子をもつ者に危険防止のために運転を控えることを求め、それに従わなかった場合に重い処罰を科する立法政策は、自動車運転死傷行為等処罰法の改正の過程で、一定の症状を呈する病気等の影響で自動車の運転等に支障が生じるおそれがある状態で自動車を運転し、その病気等の影響により正常な運転が困難な状態に陥り、人を死傷させた場合、ただ単に過失により人を死傷させた場合に比べて格段に重く処罰する規定が作られたことにすでにみられる。

　しかし、運転を誤らせる要因となりうる人の属性や特徴を過度に強調することは、それが決定的であったかという事故の原因の正確な分析を阻害するだけでなく、それらの属性や特徴をもつ者への偏見を抱かせ、不当な差別を惹き起こす点でも問題がある。年齢による心身の衰えが自動車の安全な操作を困難にさせると一般的にいえても、高齢者の運転がおしなべて危険で重く処罰すべき悪質性があるということには論理の飛躍がある。自

動車の危険な運転とはどのような状態を指すか、また、高齢者の運転が危険といえるかを解析する必要がある。

高齢運転者の特徴と事故の危険性

近年、高齢運転者による交通事故への注目が高まり、これに伴い事故の報道が相次いでいることから高齢者による自動車運転への目は一段と厳しくなっている。社会全体の高齢化からすれば、高齢者による事故の増加は不思議ではない。実際には高齢者による交通死亡事故の件数は必ずしも増えていない（免許保有者10万人あたりの発生件数を比べても、若年層の件数が高いことにつき、表参照）。注目される高齢者特有の事故原因の分析も進んでいる。

まず、身体的には視力等の低下により四囲の状況に関する情報を取り入れ分析する力が弱まること、それとともに反射神経が鈍麻し、適切な反応がしにくくなること、また、これらが高じて運転操作全般が不的確になることが考えられ、さらに体力の衰えにより、長時間にわたる運転継続は徐々に難しくなることが一般的に知られており、とくに高齢運転者に対して注意が喚起されている。さらに心理的側面として、運転が自分本位になり、交通環境の客観的把握も加齢に伴い困難になることも見逃してはならない。もっとも、これらの要因ゆえにすべての高齢者が自動車の運転を差し控えなければならない（少なくともそれに違反すれば処罰をする）とまではいえない。もし、そうだとすれば、一定の年齢を超えると一律に運転が禁じられるような乗物が公道を往来する状態自体が安全性を害するとして見直しを迫られるべきものとなるであろう。

先の判例も高齢者の運転という点のみに着目して有罪判決を下したわけではない。高齢に加えてめまいや意識障害を起こす等の状態に陥った経験や主治医、家族等の注意を踏まえて正常な運転が困難になる状態に陥ることについて予見可能であったこと、運転を差し控えるべき義務があったことを認定して原審の無罪判決を覆したのである。もっとも、自動車を運転

表　原付以上運転者（第1当事者）の年齢層別免許保有者10万人当たり
　　重傷事故件数の推移

（各年12月末）

年 年齢層	平成22年(2010)	平成23年(2011)	平成24年(2012)	平成25年(2013)	平成26年(2014)	平成27年(2015)	平成28年(2016)	平成29年(2017)	平成30年(2018)	令和元年(2019)	令和2年(2020)	増減数	増減率	指数	免許保有者数（令和2年末）(人)	構成率
15歳以下	-	-	-	-	-	-	-	-	-	-	-				...	
16～19歳	198.3	188.6	176.0	169.5	153.5	138.5	138.3	125.5	116.8	105.4	102.9	-2.5	-2.4	52	854,129	1.0
20～24歳	81.4	77.4	73.4	71.4	64.9	60.4	58.0	54.4	52.7	48.7	41.1	-7.6	-15.6	51	4,662,129	5.7
25～29歳	53.3	51.3	51.1	49.5	46.0	41.5	39.7	40.2	36.6	33.2	29.0	-4.2	-12.6	54	5,359,236	6.5
30～34歳	45.2	42.4	41.1	39.4	36.4	33.3	33.7	32.6	29.6	27.5	23.7	-3.8	-13.8	52	5,953,512	7.3
35～39歳	43.7	41.7	40.6	37.8	34.2	32.0	30.6	30.3	28.0	26.7	23.0	-3.7	-13.8	53	6,937,529	8.5
40～44歳	45.1	40.3	39.0	37.0	34.8	34.4	32.6	31.7	29.2	26.5	22.6	-3.9	-14.8	50	7,894,480	9.6
45～49歳	42.5	43.2	38.4	38.7	35.4	32.5	32.0	33.1	31.2	28.4	25.5	-2.9	-10.2	60	9,234,566	11.3
50～54歳	46.6	43.3	40.2	38.5	34.1	35.0	32.6	32.7	30.6	29.5	25.9	-3.6	-12.1	56	8,153,558	9.9
55～59歳	51.2	45.4	44.4	42.0	38.9	35.1	32.0	33.7	33.1	28.4	25.3	-3.1	-10.9	49	7,319,255	8.9
60～64歳	50.3	49.7	48.3	44.0	41.1	39.4	36.4	36.0	33.1	32.1	28.0	-4.1	-12.8	56	6,543,373	8.0
65～69歳	56.7	50.6	46.8	44.9	41.2	38.5	39.0	39.2	37.2	33.8	28.1	-5.7	-16.9	50	6,628,330	8.1
70～74歳	65.4	60.5	57.8	49.6	47.9	48.1	46.2	41.1	38.0	36.6	30.9	-5.7	-15.6	47	6,545,104	8.0
75～79歳	85.6	76.8	73.8	71.8	64.5	58.3	54.5	52.9	47.4	46.0	40.3	-5.7	-12.3	47	3,477,195	4.2
80～84歳	109.1	100.0	83.1	86.1	82.6	73.1	69.8	62.3	59.9	57.5	44.4	-13.1	-22.8	41	1,758,903	2.1
85歳以上	116.8	113.2	113.1	97.6	99.0	86.3	84.5	81.0	65.2	64.0	60.9	-3.2	-4.9	52	668,588	0.8
合計	54.9	51.6	49.2	46.9	43.3	40.7	39.1	38.4	35.9	33.4	29.0	-4.4	-13.1	53	81,989,887	100.0
(再掲)																
16～24歳	101.8	96.7	91.3	88.8	80.1	73.7	71.3	66.0	62.8	57.6	50.7	-6.9	-12.0	50	5,516,258	6.7
65歳以上	69.8	63.9	59.5	55.7	52.0	48.8	47.7	45.5	42.2	40.1	34.0	-6.2	-15.3	49	19,078,120	23.3
70歳以上	79.7	73.2	68.8	63.6	60.2	57.0	54.7	50.2	45.5	43.7	37.1	-6.7	-15.2	47	12,449,790	15.2
75歳以上	95.0	86.7	80.2	78.7	73.6	65.8	62.4	58.8	53.0	51.2	43.9	-7.3	-14.3	46	5,904,686	7.2
80歳以上	110.8	103.2	90.3	89.1	86.9	76.6	73.8	67.3	61.4	59.3	48.9	-10.3	-17.4	44	2,427,491	3.0

注1　増減数（率）は、前年同期と比較した値である。
　2　指数は、平成22年を100としたものである。
　3　算出に用いた免許保有者数は、各年の12月末現在の値である。
　4　「原付以上運転者」とは、自動車、自動二輪車及び原動機付自転車の運転者をいう。
　5　「第1当事者」とは、最初に交通事故に関与した事故当事者のうち最も過失の重い者をいう。

すれば事故につながるおそれがあるような「危険」があることは、単なる過失犯にとどまらない悪質性を帯びた「危険な運転」やそれに類する行為であることを常に意味するわけではないことにも注意を要する。自動車運転死傷行為等処罰法上、危険運転に準じて処罰される一定の症状を呈する病気がある者への規定の適用は、自動車の運転等に支障が生じるおそれがある状態で自動車を運転し、その病気等の影響により正常な運転が困難な状態に陥り、人を死傷させたことが必要であり、しかもそのことを認識している場合に限り処罰されるのであるから、その認識がなく、単に過失によって人を死傷させる場合とは異なることも踏まえておかなければならない。さらに付言するならば、違反行為があったとしても、実刑を科すべきかどうかは別の判断がありうる。高齢者の心身の状態の衰えが運転の適否に影響を及ぼすことの研究が進められているのであるから、刑事施設に拘禁して実刑に服させることが本当に最善の策かも慎重に検討しなければならない。

　このように、高齢者の運転を一律に「危険」とみて事故を起こした場合に重い罰を科すことには問題があることが判明したであろう。そこで、現状ではさまざまな角度から道路交通の安全施策が図られている。たとえば、運転者の自覚に訴える制度である。身体機能の低下を自覚し、返納したいという声に応えて、1997(平成9)年の道路交通法改正により運転免許の自主返納制度が導入された。返納件数は増加し続けていたが、2020(令和2)年以降減少に転じている（コロナ禍の影響によるものかは分析を要しよう）。加齢により従前のような運転が困難になると一般的に言えても、高齢者の運転がすべて危険であると決めつけることはできないうえ、代替的な移動手段がままならない場合に一方的に運転免許をとりあげることは不当であるから、運転の能力と免許の要否を運転者自らが熟考し、自主的な返納の選択肢を設けてその判断に委ねることにも意味がある。

■ あおり行為と妨害運転の処罰

　「危険」な自動車運転として対策が求められたのは、高齢者の運転ばかりではない。東名高速道路における死傷事故が大きく報道されたことで、あおり行為の悪質性に注目が集まった。パーキングエリアで注意されたことに腹をたてた被告人がその相手を狙い、高速道路を走行中、通行を妨害する目的で、相手が運転する車を追い越して車線変更したうえで自車を減速させて著しく接近させるなどのいわゆるあおり運転を4度にわたり繰り返し、直前で自車を停止して相手の車を追越車線上に停止させたところ、大型貨物自動車が同車に追突し、2名を死亡させ、2名に傷害を負わせた事例につき、裁判所は、危険運転致死傷罪の成立を認め、被告人を懲役18年の刑に処した（横浜地判平30・12・14裁判所ウェブサイト。控訴審は東京高判令元・12・6東高時報70巻1-12号119頁）。危険運転致死傷罪は、たしかに妨害運転の類型として、「人又は車の通行を妨害する目的で、走行中の自動車の直前に進入し、その他通行中の人又は車に著しく接近し、かつ、重大な交通の危険を生じさせる速度で自動車を運転する行為」を行い、よって、人を負傷させた者は15年以下の懲役に処し、人を死亡させた者は1年以上の有期懲役に処する（同法2条4号）。しかし、被告人のあおり行為によって停車させられた被害車両に大型貨物自動車が追突することで死傷結果が生じた場合にも上記の危険運転致死傷罪が成立するのか、規定の文言からは明らかでなく、事件の争点となった。裁判所は、4度にわたるあおり運転とこれに密接に関連した停車は、被告人の当初からの一貫した意思に基づくものであるとして、この行為と死傷結果との間の因果関係を認め、有罪の判断を下したのである。しかし、法規定の文言からは、妨害目的の「運転」が処罰対象であることが明らかに読み取れても、あおり行為による「停車」行為までそのなかに含まれることは明らかではない。むしろ処罰される行為とこれに科される刑罰とが法律によって明確に規定される必要があるとする、刑法の基本理念たる罪刑法定主義の観点からは、「停車」をも「運転」に含めるような解釈は、許されないと批判された。

　この問題を受けて、2020（令和2）年、国は、道路交通法に新たにあおり運転罪を追加し、①通行区分違反、②急ブレーキ禁止違反、③車間距離保持違反、④進路変更禁止違反、⑤追越し方法違反、⑥車両等灯火違反、⑦警音器使用等違反、⑧安全運転義務違反、⑨最低速度違反、⑩停車・駐車禁止違反を処罰対象の基本行為類型として掲げ、他の車両等の通行を妨害する目的で、当該他の車両等に道路における交通の危険を生じさせるおそれのある方法で行った場合、3年以下の懲役又は50万円以下の罰金により罰すること、また、上記の罪を犯し、よって高速自動車国道等において他の自動車を停止させ、その他道路における著しい交通の危険を生じさせた場合、5年以下の懲役又は100万円以下の罰金で罰することを定めた。また、自動車運転死傷行為等処罰法の危険運転致死傷罪にも新たに以下の類型が追加された。「車の通行を妨害する目的で、走行中の車（重大な交通の危険が生じることとなる速度で走行中のものに限る。）の前方で停止し、その他これに著しく接近することとなる方法で自動車を運転する行為」（同法2条5号）および「高速自動車国道又は自動車専用道路において、自動車の通行を妨害する目的で、走行中の自動車の前方で停止し、その他これに著しく接近することとなる方法で、走行中の自動車の前方で停止し、その他これに著しく接近することとなる方法で自動車を運転することにより、走行中の自動車に停止又は徐行（自動車が直ちに停止することができるような速度で進行することをいう。）をさせる行為」（同6号）である。これらの規定の追加により、東名高速道路における死傷事故と同様の事例が起こったとしても、その行為は新規定によって包摂されることとなる。

　自動車運転の規制に関しては、従来、人の生命、身体等の保護を図る刑法ないし特別法と道路の安全や秩序保持をはかる道路交通法とがそれぞれの目的に即して規定を設けてきたが、あおり運転の規制では、両者が重複する場面が生じる。処罰の隙間を埋める立法の結果、事故を招くような行為が行われた時点で処罰が可能になり、さらに実際に危険な状態が生じれば、加重された刑の適用が可能になる。危険で悪質な運転行為への対応に

はそれが必要だという反論が可能かもしれないが、道路交通法上のあおり罪には必ずしも具体的な人や車に対する危険を招くような行為に限らず、抽象的な危険を惹起するにとどまる行為（典型的には⑧の安全運転義務違反）が含まれているうえ、もう一方の危険運転致死傷罪に追加された行為類型には、（たとえば自動車運転死傷行為等処罰法２条５号の場合）必ずしも相手車両と著しく接近したという状態を生じさせなくとも重く処罰される、あるいは、（たとえば同６号の場合）自動車通行の妨害目的を有していれば、渋滞中で徐行と停止が繰り返されるような状況下で典型的な悪質危険運転とは異なる態様から生じた死傷結果も処罰範囲に含まれうることが懸念される（すでに法制審議会刑事法〔危険運転による死傷事犯関係〕部会第１回の議論で指摘されていた）。刑法は隙間なく処罰することを旨とするのではなく、刑罰でなくては目的を達することができない場合に限って用いられるべきだとする刑罰の補充性、断片性、謙抑性の観点からすれば、処罰の必要性がない場合をも含みうるような文言には問題があるといえる。

まとめ

　以上のように、事故を起こした責任があるとしても、刑事責任を問われる（刑罰を受ける）とは限らない。最終的に刑罰を科すべきかを判断するには、民事、行政責任では果たしえない重い罪責があるのか、また、実際に刑罰を科す意味があるのかを見極める必要がある。高齢者の運転には、心身の衰えから適時に道路状況に即応して危険を察知し回避する行動をとりにくくなるという特徴が見出されるが、運転を一律に禁じることは実態に即したものといえない。公共交通機関が未整備な地域では、生活の手段として自動車が不可欠であり、高齢での運転を余儀なくされる例が少なくない。人口減少による交通インフラの脆弱化により、自動車を手放すことができない状況はむしろ加速しているといえるのである。また、心身の衰えを自覚しつつ運転することが、重い処罰を科す前提とされる危険性や悪質性の発露であるともいいがたい。他方、近時注目を浴びているあおり運

転等のなかには典型的に危険で悪質な行為が含まれるが、その限界を立法によって広げた結果、必ずしも危険で悪質とはいえないものまで処罰されてしまいかねない状況にある。刑罰は最終手段として真に必要な場合にのみ発動させる基本理念を踏まえた立法、解釈が求められる。

参考文献

交通法科学研究会編『危険運転致死傷罪の総合的研究』（日本評論社、2005年）
城祐一郎『ケーススタディ危険運転致死傷罪』（東京法令出版、2016年）
高山俊吉＝本庄武編『検証・自動車運転死傷行為等処罰法』（日本評論社、2020年）

······················ COLUMN ······················
AIによる運転の自動化と刑事責任

　経済成長に伴い、自家用車の普及が進み交通量が急増する反面、自動車事故の防止が日本社会の課題となった。事故防止のための法整備が徐々に進み、安全のための技術も日々開発されている。ところが、人間工学、機械工学の技術を結集して事故を防ぎ、人の死亡をできるだけ回避するような安全な街づくり、車の設計に努めても、人間の心理は、むしろ高まった安全性をも考慮に入れて、かえってリスクを高める「リスク補償」行動に出てしまうという研究がある（芳賀繁『事故がなくならない理由（わけ）』〔PHP新書、2012年〕）。人間にまかせていては、いつまでたっても安全の達成ができないのなら、いっそのこと安全行動を完璧にプログラムした車両自身に運転させてはどうか、大量のデータを分析し、目的に合致した合理的なタスクを正確に実行するAIをつくれば、事故を完全に防ぐことができるのではないか、というひと昔前なら夢のようだと考えられるようなプロジェクトが部分的にではあれ実現しつつある。

　その一つとして進められているのがAIによる運転の自動化（自動運転）である。自動運転は、事故防止だけでなく、渋滞を緩和して物流を効率化し、来たるべき高齢化社会の移動手段としての役割が期待されている。政府は、自動運転のレベルにつき、SAE（Society of Automotive Engineers）Internationalの定義（下表参照）により、2020年以降、レベル3の走行環境整備を図り、レベル4の実現に向けて安全性評価の環境づくりが緒に就くことを目標とした。運転にかかわる人の役割もレベルに応じて変わる。レベル3までは作動継続が困難な場合に自然人である運転者が対応することになるが、レベル4以上では運転席にいても自然人は運転をシステムにまかせる乗客のような役割になると考えられる。もっとも、その実現の過程で公道上に自動運転システムを備えた車両と

備えていない車両とが混在する過渡期が生じることとなり、これを想定した法制度の整備も必要となる。すでにこれに対応するために自動運転にかかる制度整備大綱が発表され、これに応じた法整備も進められている（レベル２の自動運転に関し、運転者の刑事責任を認めた判例としては横浜地判令２・３・31がある。樋笠堯士「AIと自動運転車に関する刑法上の諸問題」嘉悦大学研究論集62巻２号21頁〔2020年〕参照）。人の生活を便利にする技術は、人間の身体や行動の延長と考えられる限りで、これを用い作動させたことで生じた結果について、人の責任が問われる。しかし、人のコントロールを離れたシステムの作動の結果について同様の責任が問われるのかについては検討の余地がある。しかし、理論的にAIが完璧に作動しうるとしても、実際に自動運転の導入で事故が０になるとは限らない。少なくとも完全な自動化が実現するまでは、レベルに即した車両の動作に関する法的責任が帰せられることになる「運転者」の概念を整備する必要があろう。自動運転による事故の完全な阻止には、しばらく時間がかかることになる。

（表）

レベル	概要
レベル０	運転者が全ての動的運転タスクを実行（現行一般の自動車運転）
レベル１	車線内での走行位置調整、先行車両との距離を保つ速度調整のいずれかにおいて、自動走行システムが運転者を補助し、車両運動制御のサブタスクを運転自動化システムが作動するよう設計された特定の条件や領域において実行
レベル２	自動走行システムが車線内での走行位置調整、先行車両との距離を保つ速度調整の双方の車両運動制御のサブタスクを運転自動化システムが作動するよう設計された特定の条件や領域において実行
レベル３	自動走行システムが全ての動的運転タスクを特定の領域において実行。作動継続が困難な場合、システムの介入要求等に運転者が適切に応答
レベル４	自動走行システムが全ての動的運転タスクに対応し作動継続が困難な場合への応答を特定の領域において実行
レベル５	領域の限定なく、自動走行システムが全ての動的運転タスク及び作動継続が困難な場合への応答を実行

現 代 社 会 の 動 態 と 刑 事 法
SECTION
7
薬物依存と刑罰

■■■　薬物自己使用は犯罪なのか？　自己責任で解決すべき健康障害なのか？　■■■

　違法な薬物を使用したり、あるいは市販の薬の目的外使用や過量服薬をしたりして、薬物依存症に陥ったり、健康を害したり、最悪の場合亡くなってしまう人がいる。あなたはそれを本人の自己責任なので放っておくべきだと考えるだろうか？　あるいは、社会に害悪をなす犯罪として厳しく罰するべきだと考えるだろうか？　そう考えるとすればそれは、「ダメ。ゼッタイ。」と教えられてきたにもかかわらず禁止されている薬物を使ったから？　「薬物による幻覚・妄想によって凶悪犯罪を引き起こす」ことになるような危険な人物だから？

　国連薬物犯罪事務所の報告書によると、2017年には、世界中で58万5000人が薬物使用を原因として亡くなり、3500万人が薬物使用障害に苦しみ、治療を必要としている。そのうち、治療を受けられているのは7人に1人にすぎないうえに、提供される治療の質が低いことも多く、治療の名のもとでの人権侵害も問題視されている。日本でも同じように、薬物使用によって依存症となったり、あるいは急性中毒、自殺、事故死で亡くなる人も少なくない。また日本の刑事政策においては、薬物事犯の再犯率の高さも問題となっている。日本で薬物問題の中心となっている覚醒剤*は、身体依存性ではなく精神依存性の高い薬物であるが、生きづらさを抱えて心の弱さから薬物に手を

覚醒剤…アンフェタミンとメタンフェタミンの種類がある。中枢神経に働き、興奮作用をもたらす。精神依存性が強く、常用すると幻覚・被害妄想などの覚醒剤精神病症状をおこすことがあり、使用をやめた後も、何らかの刺激により類似の症状が再燃するフラッシュバックをおこすことがある。以前は「シャブ」という俗称で知られたが、近年は「アイス」「スピード」「エス」などと呼ばれ、注射のほか加熱吸引の使用法も広がっている。

出して依存症に陥って苦しんだとしても、本人の自業自得なので、犯罪者として取締・処罰の対象となって社会のなかで隠れるように暮らしたり、あるいは刑務所に入るのは当然なのだろうか？　自己責任として社会から切り捨てたり、犯罪として処罰する以外の道はないのだろうか？

薬物自己使用についての日本の法制度と薬物政策

　現在の日本においては、違法薬物の自己使用は「犯罪」であり、処罰の対象となる。たとえば、日本における代表的な違法薬物である覚醒剤については、覚醒剤取締法によりその自己使用は10年以下の懲役に処せられることになっている（同法41条の３）。他方では、薬物自己使用がもはや自分の意思では止められない状態に至れば、それは薬物依存症というれっきとした「病気」である。2000年の精神保健及び精神障害者福祉に関する法律の改正により、「精神作用物質による急性中毒又はその依存症……を有する者」は「精神障害者」である（同法５条）と明確に定義されたことによって、薬物依存症は精神保健福祉の対象ともなっているのである。

　このように、薬物自己使用には、「犯罪」としての処罰による対応と「病気」・「障害」としての保健福祉による対応とがある。「犯罪」としての対応についてみてみよう。犯罪白書によれば、2019年に刑務所に新入所した新受刑者１万7464人のうち、覚醒剤取締法違反による受刑者が4378人であり、新入所受刑者の25.1％もの割合を占めている。しかも、そのほとんどが、薬物取引事犯いわゆる売人ではなく、薬物自己使用罪あるいは自己使用目的での所持罪などいわゆる末端乱用者である。また、同年の覚醒剤取締法違反で検挙された成人のうち、同一罪名再犯者率は66.9％に達している。すなわち３人のうち２人は、前にも同じ覚醒剤取締法違反で１度以上検挙されたことがあるにもかかわらず、また刑事司法の場に舞い戻っているのである。

　覚醒剤事犯の増加と厳罰化による抑圧はこれまでいたちごっこを繰り返してきており、その歴史はただ単に重罰を科すだけでは薬物自己使用の問

題が解決しないことを示している。処罰による対処は限界に達していると考えられるが、それでも処罰が続けられる背景事情として、薬物依存症の専門治療機関が全国的に不足していて、治療のニーズに応えられないことや、経済的困窮によって治療費が捻出できないため薬物依存症者が簡単には医療機関を受診できないことなどが、医療体制側の問題として挙げられよう。しかし、一番の理由は取締機関側の姿勢によるところが大きいように思われる。薬物自己使用は犯罪として逮捕されるという図式があるため、本人が医療的社会的に困難を抱えていても、自発的に医療や福祉の窓口につながりにくいのである。

　ここで、日本の政府の薬物対策についてみてみよう。内閣に設置された薬物乱用対策推進本部が1998年以降5年ごとに薬物乱用防止五か年戦略をとりまとめている。そこでは、薬物乱用防止の大きな柱に、薬物密売組織による薬物の供給への取締強化とならんで、薬物の需要根絶策として末端乱用者の検挙の徹底の方針が掲げられている。この末端乱用者の徹底検挙の方針は、薬物自己使用には処罰よりもヘルスケアを優先する国際的潮流とは異なり、これまでとりまとめられた第一次から第五次までの五か年戦略すべてにおいて、一貫して堅持されている。

　この政府の薬物政策における末端乱用者までの徹底検挙の姿勢は、刑事司法の運用の場にも影響を及ぼし、覚醒剤事犯の起訴率の高さ（2019年の全事件平均の起訴率32.9％に対して、覚醒剤取締法違反事件の起訴率75.7％）、実刑率の高さ（2019年通常第一審終局処理人員総数の全部執行猶予率63.1％に対して、同法違反事件第一審の全部執行猶予率37.0％）となって表われている。薬物自己使用者は刑事施設内で罰されるという実体になっているのである。

薬物自己使用は犯罪か？　何を侵害しているのか？

　しかし、ここで今一度考えてみよう。薬物自己使用が自分で自分を傷つける行為だとすれば、はたしてそれは犯罪といえるのだろうか？　薬物自己使用罪は何を侵害しているのか、その処罰の正当化根拠は何なのだろう

か？　これまで、①自己使用者本人による侵害から本人の健康を守るため（リーガル・パターナリズム*の観点）、②薬物を買うことで犯罪組織に資金提供し幇助しているため、③薬理作用の影響下で他人を害する危険や薬物入手目的の犯罪を惹起する危険があるため、④公衆の健康を危険にする、公衆衛生に対する侵害があるため、といった処罰根拠が挙げられてきた。しかし、①自傷行為は犯罪とはなっていない。酒やたばこなど健康に悪影響を与えかねないものであっても嗜好の自由は認められており、自己決定権に刑罰をもって干渉すべきではないだろう。また、②調査研究によると女性の場合、覚醒剤をただで入手している人の割合が高いという特徴がある。覚醒剤を性的な目的で使用する割合の高い男性の場合と異なり、女性の場合は容姿の悩みや人間関係での不安をきっかけに使用に至る場合が多く、そのような弱さにつけこまれたり、性的な搾取の手段として薬物が使用されている面があるのであれば、加害者よりもむしろ被害者の側面があるといえよう。③の根拠はあまりに間接的、偶発的である。たとえば、アルコールの影響と暴力行為との関連が指摘されているが、それでも飲酒は犯罪とされていないことを想起しよう。④公衆衛生に対する侵害・危険という面については、それへの対処につき、犯罪ととらえて取締・処罰による抑止政策をとるのか、健康問題・社会問題ととらえて保健的・福祉的アプローチを行う厚生政策をとるのか、国によって対応が異なっているのである。

　薬物犯罪は、薬物の供給（取引）と薬物に対する需要（自己使用）の双方向性を有する犯罪である。したがって、薬物犯罪は、薬物の輸出入・製造・販売といった不正取引事犯と自己使用事犯の二つの犯罪類型からなる。このうち、薬物不正取引事犯は、依存性を有する薬物を違法に輸入・製造・販売等して利益を得ることで社会に薬物禍を広げ、公衆衛生を侵害する犯罪であり、当然取締・処罰に値しよう。国連薬物犯罪事務所も、薬物不正取引事犯に対して国際協力による取締・資金剥奪を提唱している。一方、薬物自己使用事犯に対しては、国連薬物犯罪事務所は単なる処罰や強制的

リーガル・パターナリズム…ある行為を法によって禁止する理由として、他人を侵害するからではなく、行為者本人の利益のためと説明づける考え方。国が、親のような立場から、本人を保護するためその権利や自由に制限を加えることを認める。

治療ではなくヘルスケアを通じた対応を提唱しているのである。

海外の法制度

　では、海外の法制度に目を向けてみよう。他の国々では、薬物自己使用の問題にどのように取り組んでいるのであろうか。ヨーロッパでは薬物の自己使用罪処罰規定自体を設けていない国も多いが、自己使用罪処罰規定を有する場合において、治療による刑罰代替のシステムによる非刑罰化の試みも存在する。たとえば、フランスでは、薬物の違法な自己使用一般を軽い法定刑で犯罪化（1年の拘禁刑及び3,750ユーロの罰金）しつつ、保健社会福祉局の監督のもとでの医療的対応を原則化することによって刑事処分からダイヴァージョン*し、非刑罰化を図っている。薬物自己使用者は、治療を受けることで薬物自己使用についての訴追を免除されるようになっており、しかも、自発的な診療を促すための制度として、自発的な受診・治療の際には匿名制、無料制も保証されているのである。さらに、検察、予審判事、少年係判事、裁判所の各機関に、薬物自己使用者に対して刑罰を科す代わりに保健社会福祉局に治療のための移送をする権限を認める治療命令の制度も存在している。

　他方、アメリカでは、「薬物との戦争」政策を掲げた1980年代のレーガン政権以来、薬物犯罪に対して厳格な姿勢で臨んできたが、薬物事犯の急増と刑務所の過剰収容の激化を背景に、ドラッグ・コートという新たなシステムが全米に拡大した。これは、薬物自己使用事犯（非営利の所持犯）に対しては、本人の希望に基づいて、裁判所の監督下で民間施設に治療を委託し、無事に治療プログラムを終了すれば公訴棄却などにより拘禁刑を回避する制度である。もちろん、通常の裁判手続を求めることもできる。ドラッグ・コートの監督下での治療を希望する場合には、通常より安い費用もしくは無料で治療が受けられ、治療プログラムを無事終了したあかつきには刑事手続から外れるメリットがあるが、治療プログラムが途中で打ち切られる事態になれば、もともとの薬物事犯での裁判手続が開始される

ダイヴァージョン…刑事司法による介入がすすむほど、「犯罪者」のラベリングを強めることによって社会復帰が困難になるとの考えから、刑事司法による処理や刑事施設収容を回避し、他の非刑罰的方法をとること。

ことになる。治療プログラムの修了者は、通常どおりの裁判手続によって刑務所に入所した者に比べて再犯可能性が著しく低いと指摘されている。

　翻って日本をみてみると、日本では末端使用者までの徹底取締という抑止政策をとっているのは先述したとおりである。代表的薬物である覚醒剤の自己使用罪には10年の懲役という高い法定刑が設定されている。しかしながら、薬物の自己使用は10年の刑罰に見合うような重い犯罪なのだろうか？　また、法律では保健福祉による対応も予定されているのに、取締機関が徹底検挙の姿勢を掲げることで、「犯罪者」である薬物自己使用者をますます水面下に追い込み、治療機関へ赴いて薬物依存症という病気を治したり社会的な支援を受ける契機を阻んで問題を長期化させてしまうおそれはないだろうか。

薬物自己使用罪への対策の変化──諸機関連携と社会復帰支援

　しかしながら、末端乱用者までの徹底検挙という抑止政策が堅持される一方で、薬物自己使用問題への対策への変化も進んでいる。薬物依存からの回復に取り組む民間施設であるダルクをはじめとする社会内の人的・施設的資源が増加し、理論面においてもさまざまな調査研究や比較法に基づく新たな提言がなされている。矯正処遇の現場においても、施設を出所し社会復帰をした後へと処遇をつなげる観点から、施設内処遇に外部の民間団体から指導に加わってもらう援助を受けるようになっている。監獄法改正により2007年6月に施行された刑事収容施設及び被収容者処遇法では、処遇を行う際の社会との連携（同法90条）、薬物依存者に対しその事情の改善に資するようとくに配慮した指導を行うこと（同法103条）が明記された。

　政府の薬物政策においては、2008年の第三次薬物乱用防止五か年戦略以降、薬物乱用者に対する適切な治療と効果的な社会復帰支援による再乱用防止が目標に掲げられ、家族に対するものを含め、関係する多機関・団体の連携による支援が進められている。2018年に策定された再犯防止推進計画においても、重点課題の一つ「保健医療・福祉サービスの利用の促進」

のなかで、薬物依存を有する者への支援等が掲げられている。具体的には、薬物依存症の治療・支援機関の整備、刑事司法関係機関と保健医療・福祉関係機関の連携の強化、海外における拘禁刑に代わる措置も参考にした再犯防止方策の検討などである。実際、支援体制の整備に向けて予算も増やされることとなった。

　民間団体を含め、医療や社会福祉など関係する諸機関・団体が連携して支援にあたるのは、依存症を含めた健康問題や経済問題など背後にさまざまな困難を抱えた薬物自己使用者にとって必要不可欠な支援のありかたである。ただし、刑事司法機関と医療・福祉機関の連携のありかたには注意が必要である。治安的観点から医療・福祉が歪められるおそれがあるからである。そこでは、「本人の利益」となるような外観で、あるいは本人の「同意」に基づくかたちで、形式的には「治療」の名のもとで実質的には治安上の監視・拘束が行われることになりうる。薬物自己使用罪への適用を念頭に導入された刑の一部執行猶予制度や、検察庁と都道府県等の連携に基づく近年の「入口支援」の取り組みも、その運用を注視していく必要がある。「再犯防止」をキーワードに、適正手続が軽視され、「支援」や「福祉」といったソフトな名目を掲げて、再犯の危険を有する者への行動監視が強化されることになれば、責任原理は危機にさらされる。将来の危険（再犯のおそれ）に応じて制限処分が科されたり改善が強制されることになれば、それは刑罰ではなくもはや社会防衛のための保安処分である。（刑の一部執行猶予、および入り口支援の問題について、Chapter2 Section4「刑務所の内と外」を参照）

薬物依存症対策の変化

　薬物依存症対策の課題として、専門医療機関や人材などの体制の未整備、薬物依存症という病気への偏見や差別といった問題が挙げられる。しかし、当事者や第一線で治療や支援を担う専門家らの加わった調査研究等の成果もあって、適切な治療や社会復帰支援のための体制づくりはごくごく少し

ずつではあるが進みつつあるといえよう。依存症に対する認識にも変化が生まれつつある。

　立法の面では、依存症対策全般が本人の自己責任の問題から、社会全体で取り組むべき問題として取り上げられるようになってきた。依存症を自己責任や家族内の問題としていては解決できず、再乱用を防ぐためにも、本人や家族を孤立させないためにも、本人および家族の支援が社会全体で取り組むべき課題と認識されるようになってきたのである。アルコール問題について、2013年にアルコール健康障害対策基本法が、ギャンブル問題について、IR（カジノを含む統合型リゾート）設置と抱き合わせるかたちで、2018年にギャンブル等依存症対策基本法が制定されている。

　医療提供体制についても、整備が進みつつある。まずは、2016年の診療報酬改定で、薬物依存症の治療プログラム（スマープ）が「依存症集団療法」として医療機関での保険給付の対象として追加され、初めて診療報酬の対象となった。これは、同年6月の刑の一部執行猶予の施行に合わせて、医療機関での治療を後押しし、社会の受け皿を広げることを期待してのことである。通院・外来を基本として本人を社会と隔絶せずに支援につなげるこのプログラムの開発によって、薬物依存症治療プログラム提供病院の数は増加しつつある。厚生労働省の統計（NDB）によると、薬物依存症外来患者数は、2016年の6458人に対し、2017年は1万746人となっている。

　病気、とくに精神疾患への偏見・差別の解消については、学校教育の果たす役割は大きいであろう。メンタルヘルス教育につき、2016年の文科省の中央教育審議会の答申に基づき、学習指導要領が改訂され、約40年ぶりに、2022年度から「精神疾患の予防と回復」について高校の保健体育の学習指導要領に盛り込まれることになった。統計によると、10代後半から30代の若い世代の死因の第1位は自殺であり、とくに20代は自殺が死因の半数近くに及ぶ。精神疾患は子どもの不登校や自殺の一因として指摘されるが、学校では長年精神疾患について教えられてこなかった。今後は高校の保健体育の授業で統合失調症やうつ病、摂食障害などを取り上げ、誰もが

かかりうる病気であること、若年で発症する疾患が多いこと、早期発見と治療や支援の早期の開始によって回復可能性が高まること、できるだけ早期に専門家に援助を求めることが有効であること、さらには、人々が精神疾患について正しく理解するとともに、専門家への相談や早期の治療などを受けやすい社会環境を整えることが重要であり、偏見や差別の対象ではないことなどを理解するよう教えることが求められている。薬物依存症も精神疾患の一つであり、研究報告によるとうつ病など他の精神疾患や自尊感情の低さと薬物使用のつながりも指摘されている。

　さらには、芸能人の薬物自己使用罪での逮捕時のセンセーショナルな報道や過剰とも思われる出演作品の排除等に示されるように、薬物自己使用に対する世間のイメージの形成にメディアの果たす役割も大きいと考えられる。報道の問題については、NPO法人アスク（ASK）が2017年に薬物報道ガイドラインを作成し、「依存症については、逮捕される犯罪という印象だけでなく、医療機関や相談機関を利用することで回復可能な病気であるという事実を伝えること」、「相談窓口を紹介し、警察や病院以外の「出口」が複数あることを伝えること」、「友人・知人・家族がまず専門機関に相談することが重要であることを強調すること」といった、数項目にわたる指標を示している。

適切なメンタルヘルス教育でみんなの意識を変えよう

　2018年の第五次薬物乱用防止五か年戦略は、「薬物乱用者に対する適切な治療と効果的な社会復帰支援による再乱用防止」の目標のなかで、「薬物依存症は適切な治療・支援により回復可能」との視点を初めて明らかにし、薬物依存症に関する正しい理解の促進のための取り組みを行うとうたっている。これは、基本的には刑事司法関係機関等における薬物事犯者の社会復帰につなげる指導・支援の推進の枠組みのなかでの取り上げであるが、むしろ教育（一次予防）のなかで最も重視されるべき視点ではないだろうか。まずは社会の認識と体制が変わり、誰もが病気に対する偏見をも

たずに適切な治療や支援を地域で受けることができ、回復できていくのであれば、刑事司法による処罰や、威嚇を背景とした強制的な枠組みの中での治療や福祉の手段を用いる必要は将来的になくなっていくと考えられないだろうか。

　現在の日本では、「犯罪」としての薬物自己使用に対する徹底取締方針のみならず、「ダメ。ゼッタイ。」を基盤とする薬物使用・依存に対する規範意識育成教育もその中身が恐怖をあおる内容に偏っていて、薬物依存症に対する偏見を強化したり、薬物使用者を社会で潜在化させ、孤立させてしまっているとの指摘がある。そのことで適切な治療や支援に結びつけず、回復の道行きが困難になるのであれば、それは本人のみならず家族にもひいては社会にとってもよくないことである。困ったときに誰もが支援につながれるように、適切なメンタルヘルス教育によって薬物依存症についての正しい理解を社会のなかに広げ、わたしたち一人ひとりの意識を変える努力が必要であろう。

　薬物依存症は、適切で継続的な治療と支援によって回復することが可能な病気であり、精神保健福祉の対象である。精神疾患等の病気についての正しい理解が社会に広がれば、そしてたとえ自分や身近な人がこれらの病気にかかっても適切な治療と支援で回復することができるのならば、みなにとって生きやすい世の中になるのではないだろうか。

参考文献

松本俊彦監修『依存症がわかる本——防ぐ、回復を促すためにできること』(講談社、2021年)

法務省法務総合研究所編『令和2年版犯罪白書——薬物犯罪』(2020年)

松本俊彦編『アディクション・スタディーズ——薬物依存症を捉えなおす13章』(日本評論社、2020年)

松本俊彦『薬物依存症』(ちくま新書、2018年)

ダルク『回復する依存者たち——その実践と多様な回復支援』(明石書店、2018年)

松本俊彦＝古藤吾郎＝上岡陽江編『ハームリダクションとは何か——薬物問題に対する、あるひとつの社会的選択』(中外医学社、2017年)

丸山泰弘『刑事司法における薬物依存治療プログラムの意義——「回復」をめぐる権利と義務』(日本評論社、2015年)

石塚伸一編『薬物政策への新たなる挑戦——日本版ドラッグ・コートを越えて』(日本評論社、2013年)

.... COLUMN ....
若者と大麻

　大麻の使用罪の新設が検討されている。輸出入・製造・譲渡・所持などの違法取引の罪と使用罪の両方を有する他の主要な薬物取締法規と異なり、大麻取締法には現在使用罪規定がない。大麻使用罪新設の動きの背景として、医療用大麻承認の検討に加え、大麻事犯の検挙人員が近年急増している事実が挙げられる。とくに若者の間での拡大が指摘され、令和元年の大麻事犯の検挙人員のうち30歳未満の占める割合は56％となっている。このような検挙数の増加、若年層への広がり、海外での大麻解禁の動きから、第五次薬物乱用防止五か年戦略においても対応強化が掲げられ、大麻に関する取締当局の関心は高い。

　国際的には、2020年末に国連麻薬委員会において、最も危険な麻薬の等級から大麻を外すことが承認され、規制は継続しつつもその医療的価値が認められることとなった。さらには、医療用のみならず成人の嗜好用途での大麻の使用についても自由化する動きが目立っている。2018年に合法化したカナダのほか、アメリカやメキシコにも合法化に向けた動きがあり、フランスでも2019年に経済分析評議会が首相に提出した報告書は大麻の合法化を勧告している。

　大麻の自由化・合法化と聞くと、やりたい放題というイメージをもつかもしれないが、そうではない。流通を国の規制下におくということである。その主なメリットは、犯罪組織が闇市場での薬物売買で巨額の富を得るのを防ぎ、国庫の税収の増加分を依存症者対策等に充てることができること、健康に害を与えるような混ぜ物を入れた粗悪な薬物の流通を防ぐこと、未成年者を守ること（未成年者本人には販売せず、かつ未成年者に提供した者を重く罰する規定を設ける場合が多い）である。

　カナダの大麻解禁の背後にも、若者への蔓延の事実と、若者・国民を

健康被害から保護する思惑があった。このことに鑑みると、もちろん前提条件としての大麻の生涯経験率の彼我の差が大きいことには留意しなければならないが、日本で若者に大麻が蔓延しつつあるからといって、それを処罰する方向での改正は疑問である。若者の保護は別のかたちで考えるべきであろう。

現代社会の動態と刑事法
SECTION

8
非行少年・虐待親の被害とその埋め合わせ

■■■　特定少年とは？　■■■

　2021年5月、18歳・19歳を特定少年と位置づけその特則を置くことを主な内容とする少年法「改正」法案が国会で可決され成立した。18歳以上を成年とする民法とともに2022年4月に施行される。

　特定少年に関する特則の内容は次のようになっている。まず、家庭裁判所（以下、「家裁」）が特定少年の事件を受理した場合、刑罰が必要だとして検察官に送致（逆送）する形式的要件が、すべての罪に拡大した（62条1項）。次に、特定少年が短期1年以上の懲役・禁錮にあたる罪を犯した場合、但書に該当する場合を除いて逆送されることとなった（62条2項）。つまり、18歳・19歳が処罰される範囲が大幅に拡大する。そして、処罰されるとなると、少年の健全育成への悪影響を避けるためになされていなかった労役場留置*や資格制限*なども適用される（67条4項、6項）。加えて、少年のとき犯した罪については禁止されている本人推知報道（61条）が、特定少年による刑事事件が起訴される段階から、略式起訴を除いて解禁される（68条）。

　こうした処罰に向けた刑事手続が避けられた特定少年に対して、家裁は保護処分も選択できるが、少年院送致と保護観察の期間は、犯情によって定められることになった（64条）。犯情とは、刑事裁判実務でさまざまに用いら

労役場留置…罰金を完納できない場合に刑事施設に強制的に収容される代替自由刑をいう（刑法18条）。
資格制限…犯罪者の社会生活上の権利・地位を剥奪・制限すること。個別法令で有罪判決に伴う付随効果として、公務員など一定の職業に就くことなどが制限されている。

れる概念にすぎないが、一般的には犯罪の態様や結果を指す。見かけは軽微な事件であっても、特定少年が抱えている問題が多岐にわたることは少なくない。そうした特定少年が抱えている問題への手当てが欠けることが危惧される。他方で、特定少年が特殊詐欺の「受け子」を担わされたケースなどで、犯情悪質として、教育や保護のために必要な期間を超えて余計な保護処分が執行されることも危惧される。少年の場合は、少年院での立ち直りに向けての努力が評価され、それによって社会に戻る時期が決まる仕組みになっているが、特定少年の場合、本人がいかに少年院で努力しようとも、それが評価され社会に戻る時期が早まる仕組みはない。これでは、本人のやる気を削ぎ、立ち直りを妨害するのではないか？

　こうした「改正」は、特定少年を大人と少年の中間の存在と位置づけているように思われる。しかし、個別のケースをみる限り、現実の18歳・19歳の非行少年には、いじめ、体罰、虐待、学校からの排除、本人の困りへの無支援、さらには勉強や習い事などの強制を受け続けてきたにもかかわらず、それまでの非行を契機にした少年司法手続で十分な手当てが受けられなかったという意味での被害の埋め合わせの欠如がよくみられる。または、問題行動というかたちでの本人からのSOSが無視され、何の手当てもなされなかったということも少なくない。こうした、いわば特定少年に積み重ねられてきた被害を無視して、特定少年に厳罰を科すのは、単なるパワハラではないのか？　厳罰が、特定少年による再犯を防止するとはとうてい考えられない。

相変わらず手がつけられない課題

　少年法は18歳未満の少年を対象として1922年に立法された。それは成人の場合と同様に、検察官に大きな権限を与えたものであった。しかし、戦後、全面改正がなされ、18歳・19歳の犯罪者を、検察官が起訴猶予にして放置するか、起訴して処罰するかよりも、少年審判の対象として保護処分を可能にすべきという少年審判官等の現場の声を容れて、少年を20歳未満としてその対象を拡大するとともに、検察官に事件処理の裁量を認めず、

被疑事件をすべて家裁に送致するよう義務づけた（全件送致原則）。そして、家裁調査官による専門的な調査を経て、家裁の裁判官が、少年審判を開始するか否か、少年審判が開始された場合には、その少年に保護処分が必要か否かを判断することを原則として、例外的に、少年に刑事処分が相当な場合にのみ、逆送する構造が定められた。つまり、非行少年に対しては、その立ち直りに必要な保護を優先させることにしたのである。

　この少年法に対しては、検察官の権限を回復・拡大させる方向での「改正」が法務省によって何度も提起されたが、2000年となるまで、その方向での「改正」は実現しなかった。しかし、家裁が変質し、被害者等の声が大きく取り上げられるようになるなかで、政治家が主導した少年法「改正」が2000年の末に成立した。その後も、14歳未満少年の少年院送致、被害者等による少年審判傍聴、少年に対する自由刑の拡大など、少年の自由剥奪が拡大する反面で、家裁、検察官、警察の権限拡張ばかりが目立つ「改正」が４度繰り返された。その度に強調されたものが、「少年非行の凶悪化」であり、被害者への配慮、非行事実認定や非行少年に対する処分の「適正化」の必要性であった。つまり、「凶悪化した非行少年」には刑罰が、そして、そうした少年たちによる少年審判における「言い逃れ」を許さないためには、少年審判への検察官関与が「適正」であり、それらが少年審判の被害者等の傍聴を中核とするさまざまな被害者への配慮の一つと位置づけられたのである。

　他方、５度目となる今回の「改正」では、18歳・19歳の少年非行の「凶悪化」が根拠とはされてはいない。むしろ、法務省は、18歳・19歳の非行少年に対する処遇には問題はないという前提だったのだ。また、当初、法務省の法制審議会で示された「改正」案では検察官が18歳・19歳の事件処理の権限を掌握するかたちになっていたが、根強く幅広い反対運動のおかげで、それは取り下げられることになった。この点でも、従来の「改正」とは異なる。しかし、選挙権があり、民法上成年とされることになった18歳・19歳の非行少年に対して大人としての刑事責任を負わせるべきとの政

治家に忖度するかたちで、今回の「改正」は進められた。これは、2000年の政治家主導による少年法「改正」が引き起こしたものというべきものであろう。

その結果、少年からみた場合の少年法の弱点というべき点は、いまだに改正されてはいない。具体的にいえば、無実の少年を誤って非行少年にしないための手続が少年法には欠けているのである。大量に家裁に送付される捜査機関からの書面を、裁判官や調査官が見たうえで、調査や審判が進められる。そのうえで、誤って非行ありと裁判官が判断した場合でも、不処分決定で終われば、その決定に不服を申し立てることさえできない。また、20歳の誕生日間近まで家裁に少年事件が係属している場合、20歳の誕生日を迎えると、自動的に家裁から逆送されて、処罰のリスクにさらされてしまう実務運用があるので、少年や付添人は事実を争えない。この適正手続保障上の大問題は、何の手当てもなされないまま、「改正」によって、18歳の誕生日間近の少年にも及ぶことになってしまった。というのも、18歳の誕生日間近の少年は、特定少年として審判を受ける場合の不利益を懸念せざるをえなくなるからである。

上に挙げた以外にも、「改正」されていないはずの18歳未満少年に対する家裁における調査や審判に、特定少年に対する「改正」の悪影響が及ぶことも危惧されている。犯情が重視されるという特定少年に対する調査や審判がそのまま少年に対するそれらにももち込まれかねないからである。

■ 厳罰の構造

少年法では、ひたすら20歳以上の者に合わせて、重い罰を科せる方向での「改正」が進められた。その際の根拠の一つは、少年に対しても厳罰が科されることを示せば、それが少年の規範意識を覚醒させるというものであった。しかし、2000年の第一次「改正」直後に、少年鑑別所に収容されていた少年たちになされたアンケート調査では、そのような効果は確認されなかった。根拠とされたものは政治家の思い込みだったというべきであ

ろう。ちなみに、厳罰が犯罪を予防するという効果（刑罰の犯罪予防目的
については Chapter2 Section1を参照）は今に至るも科学的には実証されて
はいない。

　リアルな非行少年の叫びに耳を澄ますと、特定少年についてすでに挙げ
たさまざまな被害のほかに、本人は発達障がいなどで困っているのに、行
政から適切な支援が受けられなかったという被害を耳にすることができる。
もっと根本的な被害としては、貧困のため、毎日の食べ物にも事欠くとい
うものもある。さらには、そうした非行少年が、温かい食事が待つ暖かい
雰囲気の家庭に戻る場所がある同級生の姿と自分とを比べさせられること
も被害の一つとして挙げることが許されよう。

　こうした被害が積み重ねられ、いわば、被害者性が埋め合わせられる支
援などが欠けたままであれば、自らに自信をもつことはできないであろう。
専門用語を使えば、自己肯定感が育まれないままの状態といえる。そうし
た少年は、さまざまな困難に直面した場合に自力でそれを切り抜けること
ができない。そして、そうした危機的場面でほかの適切な選択肢を選べな
いまま非行という誤った選択肢を選ばざるをえなくなるのである。

　このような被害体験のうち、とりわけ虐待の被害体験が、少年院に収容
された非行少年に多く積み重ねられてきたことはすでに紹介した法務省に
よるアンケート調査および2015年度の同様な調査で明らかにされている。
虐待被害は、被害を受けた子どもたちの脳の発達にも悪影響を与える。虐
待被害によって、理性の働きや感情のコントロールを困難になるために、
何かの攻撃を受けたときに、感情的に攻撃を上回る反撃をしてしまううえ
に、それを止められなくなってしまうのである。

　しかし、そうした少年たちによる非行の結果が重大、あるいは、振り込
め詐欺の「受け子」など、悪質とされた場合、やはり厳罰が必要だとの主
張が繰り返される。その際には、こうした被害体験が積み重ねられた少年
でも非行に走らずに済んだ者と単純に比較され、さまざまな能力の開花を
妨げられた非行少年にとっての被害の積み重ねがどれほどつらいものであ

ったかは理解されないまま同じ苦しい状況なのに非行に走らなかった者がいるのに怪しからんと非難される。つまり、非行に走った少年の自己責任がその根拠として強調されるのである。

虐待親にも同じ構造が

ところで、子どもへの虐待の急増が大きな問題となり始めて20年以上が経過した。そもそも、子どもへの虐待は、暴行・傷害、強制性交・強制わいせつ、侮辱、保護責任者遺棄などの刑法上の犯罪にも該当しうる。こうした罪を犯したとされる虐待行為者に対する刑罰も厳しくなる一方である。この厳罰化の前提には、虐待行為者は、容易に子どもに対する虐待行為を止めることができたはずであるとの見方がある。また、児童相談所も適切な助言・指導を行うなど、養育環境に恵まれていないわけではないにもかかわらず、「だらしない」生活を送った挙句、子どもが意のままにならないと虐待を行い、しかも、児童相談所の職員には、その虐待を「しつけ」と強弁し、福祉的介入を拒むなど、虐待を反省しようとしないという見方もあるといえよう。現に、虐待行為者に厳罰を言い渡した判決では、しばしば、被告人の「だらしなさ」が言及され、社会的支援を拒絶したことがその刑事責任を加重する方向で用いられる傾向があると指摘されている。

しかし、こうした厳罰が虐待件数を減らすことと関連しているとは考えられない。厚生労働省によれば、2000年度は17,725件だった子ども虐待相談対応件数は、2019年度には193,780件と10倍以上となり、しかもこの間に減少した年は1度もなかったからである。

虐待は世代間で連鎖することが指摘されるようになって久しい。わかりやすくいえば、何かあれば親から平手で叩かれていた子どもが、成長して親になったときに、自分の子どもが何かの理由で泣き叫んでいるときに、思わず平手で叩いてしまう。このような悪循環は身体的虐待にとどまらない。要するに、子どもが困っているなどの危機的状況に際して、自らも虐待以外の方法で対応する術を十分に学んでおらず、虐待に至らざるをえな

いという状況がうかがえるのである。もちろん、虐待被害を受けたということは、非行少年の場合と同様に、理性の働きや感情のコントロールが困難となって、思わず虐待に至るということも生じうる。なお、虐待親が少年であることも稀ではない。

　しかも、こうした虐待被害を受けた虐待親ほど、自らの望みに反することをその親のみならず、行政や児童福祉施設からも受けてきたという事情も相まって、自らの望みを伝えることさえできなくなってしまう。ところが、このようなメカニズムは、家庭や周囲に恵まれて、自らの希望が叶うという成功体験を重ねてきた者には理解が困難なもののように見受けられる。虐待親が「社会的支援を拒絶」という物言いを選ぶ検察官や裁判官などは、そのメカニズムを理解することが難しい者の典型といえよう。こうした事情が、虐待の要因とされる、子育ての協力者がいない、産後うつ、経済的貧困、望まない妊娠、子どもの障がいなどがあっても虐待を思いとどまった者との比較と相まって、虐待を止めるのは容易だったであるとか、容易に支援を求められたはずとの厳罰の根拠に結びついている。

　したがって、虐待親の成育環境等についての理解困難が、虐待親の行為につき自己責任と断ずる背景の一つであることは明らかであろう。虐待親に対する厳罰と非行少年に対する厳罰は、同じような構造から生じているといっても過言ではない。

国による被害の埋め合わせがないことが非行少年にもたらすもの

　少年非行にしろ子ども虐待にしろ、厳罰に、それらを防止する特別の効果はない。たしかに、処罰が、処罰を受けたくないと考え、危機的な場面においても、非行や虐待に走らずに済むだけのスキルや能力をもっている者に対してそれらを予防する効果があることは否定できない。しかし、実際に、非行や子ども虐待に走る者のほとんどすべてには何らかの被害体験が積み重ねられていて、危機的な場面において、非行や虐待以外の選択肢をとるだけのスキルや能力がそもそも十分に備わっていないのであるから、

どれほど厳罰で威嚇したところで、危機的な場面では非行や虐待に走らざるをえないのである。

　それでは、厳罰は、非行少年の再犯を防止する効果をもつのであろうか？　この点について、実証的な研究はまるでなされていない。データをもっているはずの法務省も調査をまったくしようとしない。しかし、諸外国でなされた実証的研究の成果に照らせば、厳罰と再犯予防の効果との関連性があるとはとうていいえない。つまり、厳罰が非行少年の再犯を防止することについてのエビデンス（実証的根拠）はいまだ存在しないのである。

　これは、日本において非行少年が懲役刑を受けて少年刑務所に収容された場合を想定すると、当然ともいえる。少年刑務所とは、26歳未満の犯罪者を主に収容する刑事施設であり、職業訓練に力を入れてはいるが、やはり、刑務所であって、受刑者を社会から隔離するという苦痛を与えることにその本質がある。少年刑務所での受刑者には刑務作業ないし職業訓練をこなすことが強制されるだけであって、それまでに積み重ねられた被害の埋め合わせがなされるわけではないのである。残念ながら、少年刑務所において教育や指導を受刑者が受けられることはあっても、それは添え物にすぎず、受刑の本質ではない。受刑者はひたすら沈黙して刑務作業等をこなすだけで、淡々と刑期を過ごすだけなのである（受刑者処遇と釈放後の社会内処遇についてはChapter2 Section4を参照）。したがって、そのような苦痛だけで、自らの生き方を変えることができる能力がある者は受刑後に再犯をしない生活を送ることができるであろう。しかし、被害が積み重ねられた非行少年はそのような能力をもたないがゆえに、何の被害の埋め合わせもない少年刑務所で何年受刑しようとも、社会から切り離される期間が長くなればなるほど、社会とのギャップが大きくなり、すぐさま危機的な状況に陥り、再犯へと進まざるをえなくなるのである。

　厳罰は、被害者が受けた損害を賠償をも困難にする。たとえば、刑務所に収容された非行少年が、平均月額５千円程度の作業報奨金を10年の服役

期間中にどんなに貯めても60万円にしか達しない。これでは、被害者が受けた損害の賠償にはとうてい足りない。しかも、受刑期間中は、税金や年金の原資を納付する社会の担い手とはなれないのである。

　なお、特定少年の場合、比較的軽微な罪でも、逆送され、執行猶予付の有罪判決を受けることもあることが想定される。しかし、これも受刑という、非行少年に対する烙印押しが回避されるにすぎず、被害の埋め合わせがなされるかどうかは非行少年を取り巻く状況が偶然好転するかどうかによるほかない。起訴後、特定少年の実名が報道されることになれば、インターネット等で特定少年はさらし者とされ、誹謗中傷されることになろう。これも、少年の社会での居場所を奪い、少年の再犯の危険性を高める結果をもたらすことが危惧される。結局、特定少年を含め、被害が積み重ねられてきた非行少年に対して、家裁が逆送決定を行い、起訴後、有罪判決を受けることは、そうした少年たちの再犯を促進することはあっても、防止することにはつながらないといわざるをえないのである。

無援の子育てと切り捨てがもたらすこと

　それでは、厳罰は虐待親による虐待行為を防止する効果をもつのであろうか？　これも、非行少年の場合と同様な理由で、虐待の抑止効果も再虐待防止効果も期待できない。ただし、刑務所に収容されている期間、虐待被害を受けた子どもがさらに虐待親から虐待されることは防がれる。

　しかし、虐待の疑いをかけられた親を逮捕し、被害者たる子どもと引き離すことができたとしても、その後の子どもへのケアをどうするのかという問題が生じる。これは、刑事法で手当てできない。児童福祉法に基づき、このような保護が必要な子どもたちに対して一時保護を行い、里親委託や施設入所等を含むしかるべき措置がとられなければならないが、一時保護所が満員で受け入れられないケースが多発している。さらには、措置された先の児童福祉施設でも虐待を受けることも決して少なくない。つまり、虐待被害を受けた子どもたちへのケアの量と質が圧倒的に不足してもいる

のである。これが、将来の非行少年を生む土壌となっている。

　加えて、児童福祉法における児童が18歳未満の者を指すために、虐待被害を受けていても18歳となると児童福祉法の対象ではなくなってしまうという問題もある。少年法で処分の対象ではあっても、児童福祉法による支援の対象とはされないというズレは、さまざまな被害体験を積み重ねてきた18歳の少年が民間のボランティアによる支援に依存せざるをえないという現状をも生み出す。

　ところで、虐待事件を丹念に取材した杉山春は子どもを虐待死させる親たちについて、次のような指摘をしている。

　　「虐待死をさせる親たちは、詳しく目を凝らせば、「極悪人」というよりも、社会のさまざまな支援から遠ざかった不遇な人たちだ。むしろ、古典的な家族の形しか知らず、新しい家族に関する価値観にアクセスできず、それでも家族にこだわり、閉じこもった人だ。そして、実は、どれもが子どもを育てたいと願っていた時期があるのだ。」

　このほかに、労働条件や貧困、福祉、医療、教育などのさまざまな問題のツケが家族にまわされた結果、家族間の矛盾が高められ、求心力をはるかに上回る遠心力が働いて、家族の形成・維持を困難なものにさせているとも指摘されている。子どもが減っていくなかで、子育てに対する公共サービスが減少すればするほど、子育てする者を取り巻く状況は、厳しさを増す一方になる。これで、虐待行為に走ろうものなら厳罰が待っているというのであれば、誰が子育てを担うのであろうか？

　無援の子育てと、虐待者および虐待被害者の切り捨ては、子どもの減少に拍車をかけ、それは日本社会の担い手の減少にも拍車をかけることになるのである。日本社会は内側から崩壊することになろう。

近代刑法原理からの帰結

　被害体験が積み重ねられて、非行や虐待に至ってしまった者に厳罰を科したとしても、同様な状況にある者への予防効果や、本人への再犯防止効果は期待できない。厳罰は、単なる切り捨てにすぎないのである。いわば、追い詰められて犯罪や非行というかたちでSOSを出さざるをえなかった者に厳罰を科さずにすむための理論こそ追究されねばならない。生じた法益侵害結果の大きさだけで、厳罰を求めるのは、近代以前の結果責任主義にほかならないのである。

　近代刑法原理のなかには責任原理がある。これは、責任なき行為者を処罰してはならず、責任に応じて刑罰は量定されねばならないということを、その内容とする。そして、刑事責任に関する通説的な見解である、規範的責任論によれば、適法行為を期待することが不可能であった場合には責任がなく、適法行為を期待することが不可能とはいえないまでも困難であれば、責任は減少し、刑罰は軽いものでなければならない。刑法39条にある、心神喪失や心神耗弱の規定は、この責任原理からの帰結の一つである。

　すでにみたように、被害体験が積み重ねられてきたことが、少年非行や虐待行為の背景にあり、しかも、行為者の力でその背景を変えることはできない以上、責任原理に照らせば、非行少年や虐待親に適法行為の期待可能性がない、あるいは、それが大きく減じられているのであるから、厳しい処罰がなされてはならないはずである。

　また、近代刑法がもつ謙抑性、断片性、適応性という性格によれば、たとえ重要な利益を保護する場合であっても、刑法による保護が新たな弊害を生む場合などには、刑法による保護は控えられるべきで、他の法律による対応が優先されるべきことが帰結される。すでにみたように、非行少年や虐待行為者の処罰には弊害が伴う。しかも、少年法による保護手続・処分、児童福祉法による措置や児童扶養手当法などによる経済的な支援、そして民法による親権停止など少年非行や子ども虐待の防止に向けた諸制度が刑法以外にも置かれている。したがって、刑法による処罰以前に、それ

らによる対応が優先されるべきなのである。もちろん、これらの制度が完全に機能しているわけではない。しかし、だからといって、刑法による処罰が優先されることは妥当ではない。それらを機能させるために必要な取り組みが優先されねばならないはずである。

　このように、近代刑法原理は、少年非行や子ども虐待の防止に向け、刑法による処罰以前になされるべき取り組みがあることを帰結するのである。

求められる被害の埋め合わせ

　非行少年や虐待親に対して厳罰判決が言い渡された後に、この事件の裁判に関与した裁判員が被告人に対して「もっと早くに誰かに相談してほしかった」などのコメントを発している記事を見かけることは少なくない。しかし、求められるのは、このようなコメントではなく、裁判員や裁判官が、被告人が公的機関などに相談してひどい目にあってきたからこそ、誰にも相談できなくなったという事実を認定し、それに基づき的確にその刑事責任を判断することなのである。上のコメントは、こうした事実が等閑視されている現実を鮮やかに示すものであるともいえよう。

　本来、非行少年や虐待親が被害を受けてきたのであれば、まず求められることは、そうした被害への埋め合わせのはずである。児童福祉法に基づく支援や保護はその一つといえよう。少年法による保護も、こうした被害の埋め合わせの一つとして理解され、再構築される必要があるといえよう。というのも、近時積み重ねられてきた離脱研究の成果によれば、犯罪や非行を繰り返してきた者が犯罪や非行をやめることと関連性をもつのは、いわば、本人が自己肯定感を回復する経験をすることであって、その性格を矯正することではないからである。従来の、少年院での非行少年処遇で中核とされてきた性格の矯正じたいも見直しの対象とされる必要がある。

　もちろん、被害の埋め合わせはどこか一つの公的機関だけで完結するものではない。さまざまな機関やさまざまな人との連携なしには、被害の埋め合わせはなしえないのである。そのために、諸機関の連携はいかになさ

れるべきかを検討することも大きな課題である。

　被害の埋め合わせを進めることは、もちろん、非行や犯罪の被害者等への支援を進めることも帰結する。被疑者や少年にとっての適正手続保障と同時に、非行や犯罪の被害者等への公的な支援がただちになされなければならない。そのことが、非行少年や犯罪者の立ち直りの重要性に非行や犯罪の被害者等が理解を示す契機となりうるからでもある。

　以上、大きな課題だけしか提示できていないが、わたしたちの社会が変わるために何に取り組まねばならないかを考え、行動に移す必要がある。日本社会の破滅を回避するために残された時間はそう多くないように思われる。

参考｜文献

岡田行雄『少年司法における科学主義』（日本評論社、2012年）
岡田行雄編『非行少年のためにつながろう！』（現代人文社、2017年）
岡田行雄「子ども虐待への刑事法的介入」熊本法学129号（2013年）84-120頁
岡田行雄「少年司法における虐待被害」熊本法学133号（2015年）41-76頁
岡田行雄＝山口由美子「少年犯罪被害者になって」熊本法学149号（2020年）79-103頁
杉山春『児童虐待から考える』（朝日新聞出版、2017年）
特集「少年法『改正』、何が失われようとしているのか」法と民主主義556号（2021年）2-40頁
羽間京子「少年院在院者の被虐待体験等の被害体験に関する調査について」刑政128巻4号（2017年）14-25頁
山口直也編『脳科学と少年司法』（現代人文社、2019年）

現代社会の動態と刑事法
SECTION
9
刑事法の国際化

■■■　日本の刑事司法は中世？　■■■

　「日本の刑事司法は中世のようだ」。このように国連の場で批判されたのは2013年5月のことであった。国連・拷問禁止委員会の対日審査において、日本の刑事司法制度は自白に頼りすぎており、また取調べに弁護人の立会いがなく透明性に問題があるというのである。これに対して、日本大使は「日本の人権状況は先進的だ」と反論した。

　さて、2019年末に起きた、カルロス・ゴーン氏の逃亡事件は記憶に新しいところであろう。日産自動車会長職にあったゴーン氏は、2018年11月に東京地検特捜部に逮捕され、4度にわたる逮捕・勾留・起訴、130日間に及ぶ身柄拘束ののちにようやく保釈されていた。そして公判開始を待つさなか、日本を密出国して国外逃亡したのであった。その理由について、「非人道的な扱いを受け、自身と家族を守るためには、逃亡する以外の選択肢がなかった」と述べ、日本の司法制度を批判する会見を行った。

　国家は、国民の生命・自由・財産を強制的に剥奪するという国内における刑罰権という独占的な権力をもつ。ゆえに、この刑罰権の発動は、その国の人権保障状況を最も反映するものとなる。いまや、各国の人権状況は国際的な場における審査の対象となる時代である。日本の刑事法は国際スタンダードにかなう刑事法といえるだろうか。

日本型刑事司法

　ゴーン事件が改めて露わにしたことは、日本では罪を認めない人に対する身柄拘束が長期に及ぶいわゆる「人質司法」の問題、逮捕や勾留など身柄拘束の判断をする裁判所の公平性に対する疑念、さらには有罪率99％を支えるいわゆる「検察司法」など、「日本型刑事司法」に対する問題であった（日本型刑事裁判についてChapter2 Section3、日本型行刑についてChapter2 Section4を参照）。こうした長期の身柄拘束や、接見禁止付きの勾留、厳しい制限付きの保釈条件に対して、海外メディアからは日本の刑事司法に対する懐疑的な論評が相次いだ。

　これらの海外からの批判について、ゴーン氏の会見から間もない2020年１月、法務省は「我が国の刑事司法について、国内外からの様々なご指摘やご疑問にお答えします」として、ホームページで下記のような問いとその回答を日本語と英語で公開した。いわく、「日本の刑事司法は、『人質司法』ではないですか。」「日本では、長期の身柄拘束が行われているのではないですか。」「『無罪推定の原則』とはどのような意味ですか。逮捕や勾留を繰り返して長期間にわたり身柄拘束をすることは、この原則に反するのではないですか。」「日本では、なぜ被疑者の取調べに弁護人の立会いが認められないのですか。」「日本では、自白しないと保釈が認められないのですか。」「日本の有罪率は99％を超えています。なぜそのような数値なのですか。」等々である。その回答については、読者のみなさんが自身で確かめてほしい（法務省ホームページ https://www.moj.go.jp/hisho/kouhou/20200120QandA.html）。

　ゴーン事件は、ほかにも、他国の制度との違いを浮き彫りにした。アメリカでは、連邦裁判所で開かれる裁判に提出された書類や証拠の多くが、電子記録として保管され、裁判進行中でもインターネット上で閲覧することができるという。日本では、刑事訴訟記録の閲覧は、判決確定後の一定期間に限られ、しかも「個人情報」や「被害者保護」を根拠に開示されないことが多い。さらに、捜査段階で作成された資料が法廷ですべて開示さ

れるわけではない（2005年の改正刑事訴訟法で、公判前整理手続に付された刑事事件については、検察官の手持ちの証拠リストを開示するよう定められたが、開示の可否は検察官の裁量に委ねられている）。検察官は公益の代表者であり、かつ「裁判の公開」という原則からすれば、当然、捜査資料や裁判記録は国民のものであるべきだ。

捜査手法の国際化

「犯罪のグローバル化」や「国際協力」といった言葉のなかで、「刑事法の国際化」が求められている。この名目で捜査手法が相次いで強化されてきたことが目をひく。たとえば、「麻薬新条約（ウィーン条約）」（1990年11月発効）の批准*を目的に、麻薬特例法が制定された（1991年10月）。ここでは、犯罪組織の不法収益の剥奪を目的として有罪判決に先立って没収・追徴することを可能とした「没収・追徴保全手続」、犯罪組織壊滅を目的とした捜査手法としての「コントロールド・デリバリー（泳がせ捜査）」が導入された。さらに、没収・追徴保全手続を拡大する「組織犯罪処罰法」、通信傍受令状により警察が電話やメールなどの通信を傍受することを認める「通信傍受法」などが制定された（1999年8月）。

2004年には、組織犯罪処罰法が規定する組織的な犯罪につき（犯罪行為以前の）共謀行為の処罰化を図る、いわゆる「共謀罪法案」が国会に上程された。立法当局の説明では、「国際組織犯罪防止条約（パレルモ条約）」（2003年9月発効）を批准して、「組織犯罪に立ち向かう国際協力の輪に参加し、これらの国際協力を促進すること」を目的とするものとされたが、組織的に犯罪を「共謀」した（実行したとはいえない）段階でも処罰されるという点をめぐって各界から激しい反対の声があげられた。結局、この法案は2005年、2009年に廃案となった。しかし、法案成立を目指した与党は、2017年に「テロ等準備罪」と名称を変え再度上程し、法務委員会の採決を省略して参議院本会議での採決を強行した。法務省は、「一般の方々はテロ等準備罪で処罰されません」「監視社会・密告社会になることはあ

条約の採択、発効、批准…多数国間の条約は、国連総会で採択され、批准国数など一定の条件を満たすことにより発効する。批准とは、国が、署名した条約について、その条約に拘束されることへの同意を最終的に表明することである。日本の場合、条約の締結には国会の承認を得る必要がある（憲法73条3号）。批准には天皇による認証を必要とする（憲法7条8号）。

りません」「テロ等準備罪は、国際的に見ても人権に十分配慮したものです」と説明する（法務省ホームページ「教えて！テロ準備罪」を参照）が、たとえば「共謀共同正犯」が拡大解釈の結果、共謀の概念が広がってきたことや、かつて治安維持を名目に思想犯を処罰する「治安維持法」が制定された歴史にかんがみれば、処罰の早期化は市民社会の自由を脅かす危険性が常にともなうことに注意する必要がある。

国境を越える人権侵害への対応

　「外圧」で処罰化が迫られる分野もある。人身取引（トラフィッキング）などの人権侵害事案である。

　国際的には古くから奴隷や人身売買を禁止する条約が存在していた（1926年「奴隷条約」や1933年「女性売買禁止に関する条約」など）が、処罰規定としては、「違法行為に対して厳格な刑罰を科すために必要な手段をとる」といった簡素なものであり、宣言的なものにとどまっていた。しかし、1980年代後半、国境を越えた人権侵害行為が放置されているという批判が高まり、個人による行為に対して国際的な犯罪として刑事的対応が求められるようになった。「拷問及びその他の残虐な、非人道的な又は品位を傷つける取扱い又は刑罰に関する条約」（1984年12月採択）や「子ども売買、子ども買春及び子どもポルノに関する子どもの権利条約選択議定書」（2000年5月採択）、「人、特に女性及び子どもの密輸の防止、抑止及び処罰に関する議定書」（同年11月採択)*では、個人の刑事責任が規定されており、各締約国が自国の刑法において処罰することが求められている。

　しかし、これらの人権問題に対する日本の対応は鈍い。条約や国際慣習法などで禁止される犯罪について、刑法では、属地主義、属人主義、保護主義、世界主義（普遍主義)*が定められており、国際性を有する国内法上の犯罪については、基本的には内国刑法において対応すべき問題とされてきたからである。

　ところが、2004年、人身取引対策の対策が甘いとして、アメリカによっ

人身取引禁止議定書…性的搾取だけでなく、労働搾取や臓器摘出など広く人を目的とした搾取を禁止する。人身取引は、人そのものが取引の対象となっていることから、現代の奴隷制ともいわれる。アメリカは、2000年に「人身取引被害者保護法」を制定し、以降、各国政府の取り組みを評価した年次報告書を作成・公表している。

て「監視対象国（Tier 2 Watch List)」に格付けされたことは、日本に衝撃を与えた。同年、内閣府男女共同参画局、警察庁、法務省、外務省、文部科学省、厚生労働省、海上保安庁からなる「人身取引対策に関する関係省庁連絡会議」を設立、「人身取引対策行動計画」が策定され、興行ビザの要件を厳格化して、刑法に人身売買罪（226条の2）を新設した。

　こうして矢継ぎ早の対策はとったものの、「国際人身取引問題は日本には存在しない」というのが政府の基本的な姿勢である。この結果、これまで「最低基準に達していない国（Tier 2)」とみなされている（2018年と2019年を除く）。外国人技能実習制度や子ども買春の問題への対策が不十分で、課題に真正面から向き合っていないというのがその理由である。また、被害者の保護が徹底しておらず、時として犯罪者としての扱いをすることが指摘されている。

国際刑事裁判所

　戦争犯罪や平和に対する罪、人道に対する罪、ジェノサイド（大量虐殺）などの「コア・クライム」に対しては、国際社会全体に対する罪として、国際社会が直接対処すべき犯罪とみなされるようになってきた。国際紛争や内戦によって、国家刑罰権が十分に機能しない場合、または、当該国家がその犯罪を処罰するつもりがない、あるいは処罰しない場合には、国家の枠組みを越えた超国家的刑罰権が必要との認識が高まったのである。

　国際法は、「国際社会の共通利益」の保護のために、国家に対して四つの義務を課している。

①侵略の禁止

②力による植民地支配の樹立または維持の禁止

③奴隷制度、ジェノサイド、アパルトヘイトの禁止

④大気・海洋の大量汚染の禁止

　これらの「国際社会の共通利益」に対する重大な違反が国際犯罪であるととらえられる。このような犯罪に対して国際的に取り組むことになった

　刑法の適用範囲…日本の刑法は、日本国におけるすべての国内犯に対して適用される（属地主義・1条）。一定の重大な犯罪については国民の国外犯にも適用され（属人主義・3条、4条）、国民が国外で被害者となる場合についても定める（消極的属人主義・3条の2）。その他日本国固有の法益を侵害する犯罪に対する国外犯規定（保護主義・2条）、条約等により各国が一致して処罰すべきとされる犯罪に対する国外犯規定（世界主義・2条、4条の2）がある。

要因としては、第一に国際社会全体の利益、あるいは共通の利益という概念が発展してきたこと、第二にこのような利益の確保のために国際社会が個人と直接対峙する必要性が認められたこと、第三に多数国間条約や国際機関により国家が共同していく枠組みが整えられたこと、があげられる。

　2003年、国際刑事裁判所設立条約（ローマ規程）*に基づいて、個人の重大な国際犯罪を裁くための国際刑事裁判所（ICC：International Criminal Court）がオランダ・ハーグに設置された。国際刑事裁判所は個人の犯罪を扱うという点で、国家間の紛争を処理する国際司法裁判所（ICJ：International Court of Justice）*とは異なる。また、第二次世界大戦後に設置されたニュルンベルク国際軍事裁判所（1945年）及び極東国際軍事裁判所（1946年）、オランダ・ハーグに設置された旧ユーゴ戦争犯罪国際法廷（1993年）、タンザニア・アルーシャに設置されたルワンダ国際法廷（1994年）など、これまで一時的に国際刑事裁判所が設置されたことはあったが、この国際刑事裁判所は常設の裁判所という点で意義をもつ。

　常設裁判所が求められた理由には、第一には、旧ユーゴ、ルワンダの二つの裁判所がいわゆる国連の安全保障理事会決議を経た強制措置の一環としての裁判所であり、すなわち時間・空間的にきわめて限定されたものであったということ。第二に、刑罰を科すためには、科刑の均衡性が意識されるようになったということがある。すなわち、その刑罰を正当化するためには、公正な裁判により、同じ手続に則って裁かれる必要がある。第三には、財源の問題が挙げられる。個別の事例に応じて臨時的な裁判所を立ち上げるよりも、常設裁判所を設立した方がコストパフォーマンスに優れているというわけである。

　戦争の世紀といわれた20世紀は、２度の世界大戦と幾多の地域紛争をひき起こし、虐殺と非人道的行為を繰り返してきた。「数百万の子ども及び男女が、想像を絶する残虐な行為の犠牲になり、人類の良心に深い衝撃を与え」た（ローマ規程前文）。このような認識のもとで戦争によってひき起こされる非人道的行為に対する「不処罰の歴史」からの脱却を誓ったので

ローマ規程…1998年７月、賛成120、反対７（米国、中国、イスラエルなど）、棄権21で採択され、その後60か国以上の批准を経て2002年７月に発効した。日本は2007年10月に加盟国となった。2021年現在締約国は123。
国際司法裁判所…国家間の紛争を国際法に従い、裁判によって解決することを目的として、1946年に国連の常設の司法機関として設立された。本部は、国際刑事裁判所と同じくオランダのハーグにある。裁判官は国籍の異なる15名（任期９年）で構成される。当事者

あった。

　裁判官は18名（任期9年）で、刑事法または国際人道法・人権法の専門家であって、世界の主要な法制度を代表すること、地理的に平等な代表性をもつこと、男女の裁判官を公正に代表することが求められる（36条）。初代裁判官には7名の女性が選任され、2021年現在、女性裁判官は9名である。裁判は、二審制をとる。事件が発生した場合は、関係国のほか、国連安全保障理事会も付託でき、また検察官も職権により捜査を開始することができる。ただし、安保理の要請による訴追・捜査の停止も認めている（16条）。このことは政治機関が司法機関に対して関与することを認めたものであり、問題が残されている。

　言い渡される刑は拘禁刑（原則として30年未満、例外的にきわめて重い犯罪の場合には終身刑）または罰金刑のみで、判決が確定すれば、刑の執行は申出のあった締約国において行われるが、引受国がない場合には国際刑事裁判所本部のあるオランダで執行される。ここで問題となったのは、死刑の適用の可否であった。重大な犯罪であるとして死刑の導入を主張する国もあったが、国際的合意が得られないとして、導入は見送られた経緯がある。国際刑事裁判所規程の刑罰規程が各国の刑罰の適用に何ら影響を与えるものではないことが条文に挿入されることで決着が図られたが（80条）、死刑制度についての国際スタンダードを示すものだろう（死刑問題については、Chapter2 Section6を参照）。

　2021年現在、国際刑事裁判所では中央アフリカ共和国、ダルフール（スーダン）、コンゴ民主共和国、ケニア、リビア、マリ、ウガンダの17の案件について訴訟手続が進められている。政府と反政府武装組織の間で紛争が続くウガンダで多数の子どもが誘拐、徴兵されているとして、大統領が2003年に国際刑事裁判所の検察官に事案を付託、2004年から捜査が開始された事案では、武装組織の幹部に対して、2021年に有罪判決が言い渡された。2002年に中央アフリカ共和国に派遣した部隊による戦争犯罪と人道に対する罪で残虐行為の責任が問われたコンゴの元副大統領に対しては、

　　　は国家のみである。一審制で上訴はできない。

2018年に上訴審で無罪判決が言い渡されている。

　国家間の紛争を解決する国際司法裁判所と異なり、国際刑事裁判所は個人処罰を目的としている。個人の訴追が必要とされたのは、第一に、人道に対する罪が国家によって行われたとしても、国家の行動を決定し遂行する機関は個々人にほかならない。そしてこの個人の責任を問う制度がないかぎり、国家の犯罪を抑止できないという考え方が広まったからであった。第二に、これまでの国際人道法や国際人権法も、各締約国に犯罪者を処罰するように求めてきたが実効性がなく、「国際法上の義務」とすることでしか対応できなかったからである。ローマ規程は「国際犯罪について責任ある者に対する刑事裁判権を行使することがすべての国の責務であること」（前文）を確認し、「これらの犯罪の実行犯を不処罰に放置しておく状態を終了させ、こうしてこのような犯罪の予防に寄与すること」によって法による正義の実現を求めた。国際刑事裁判所に期待されるのは、国際人道法、国際人権法上、最も深刻な犯罪を、主権の枠を越えて確実に対処する権限をもつということであった。ゆえに、本来的には犯罪地国と被疑者国籍国が処罰権をもち、それが行使されない場合に国際刑事裁判所が裁判権をもつという「補完性」が原則となっている。

　一方で、条約非締約国についてこのような強制権限をもつことができるかが問題となる。個人による国際犯罪であることが国際社会に承認され、そのかぎりで個人に対する刑罰権も、国際法上存在すると考えられる。ゆえに、条約の非締約国であっても、人道に対する犯罪を犯した個人処罰は可能であるとみるべきであろう。

■ 国際人権基準の国内化を

　各国の人権状況が国際的な場で審査される時代において、もはや「日本型」に固執することはできない。これまでも、国連・自由権規約委員会や、国連・子どもの人権委員会など、条約に基づく人権機関が、条約の実施状況を各国ごとに審査しており、これまでに最終見解として懸念事項および

勧告を提示してきた。さらに、2006年に国連・人権理事会が設置され、2008年4月から「UPR（普遍的・定期的レビュー）」制度による審査を実施している。各国は、4年半ごとに審査を受ける。審査基準は、国連憲章、世界人権宣言、締結している人権条約、自発的誓約、適用されうる人権法との整合性である。

　こうした国際人権の共通価値に対して、国内における人権監視や人権侵害があった際の救済の担い手になるのが「国内人権機関」である。国内人権機関（National Human Rights Institutions）とは、1993年12月に国連で決議された「国内機構の地位に関する原則（パリ原則）」に基づく、政府から独立した人権救済機関である。すでに世界130か国以上に設置されているが、日本ではいまだに独立した国内人権機関が存在しない。日本は、1998年の自由権規約委員会の第4回政府報告書審査以来、国内人権機関を設置するよう勧告されてきた。「とりわけ、警察や入国管理局職員による虐待に対する申立を調査救済する独立の機関が存在しない」ことが懸念されているにもかかわらず、法務省が管轄する人権擁護局があるからその必要性はない、というのが日本政府の姿勢である。もっとも、民主党政権時代の2011年、法務省政務三役は新たな人権救済機関（人権委員会）の設置について基本方針を確認している。法務省に設置する案で、たとえば入管施設に収容された外国人に対する虐待が疑われる事案について、管轄を同じくする法務省が適切な調査又は救済に動けるか疑問符もつくが、少なくとも政府からの独立をうたっている点では前進であろう。この基本方針を反故にしてはなるまい。国家と衝突する人権課題については、政府から独立した機関であればこそ、人権擁護に資する適切な立法措置や施策を提言することが可能になるのである。人権施策について最も監視されるべきは立法府、行政府、司法府である。現在の政府の消極的姿勢が、人権を軽視しているとみなされる原因となっている。

　近年、環境問題や社会問題への関心が高まり、持続可能なより良い世界を目指すことを目的としたSDGsが注目されている（SDGsについては、

Chapter1 Section5を参照）。企業でも ESG、すなわち環境（Environment）、社会（Social）、企業統治（Governance）への投資こそが持続的な成長にとって結果的には合理的とされる。経済問題にしろ環境問題にしろ、通底する人権問題を等閑視することは許されない。

　人権課題は「遠くの途上国」で起きているわけではない。難民、入管施設における長期収容、技能実習生制度など外国人の人権問題、刑事司法における長期の未決勾留、死刑の問題、経済格差、子どもの貧困、精神科病院における長期入院の問題、患者・障害者差別、ジェンダー差別、エスニックマイノリティの人権、ヘイトスピーチなどの問題は、日本が抱える人権課題である。しかし仮に、「外圧」に押されて国内人権機関ができたとしても、実効性をもがれた組織であれば監視・救済はおぼつかない。とくに、パリ原則は国内人権機関の構成メンバーについて、「人権の促進及び擁護にかかわる（市民社会の）社会的諸勢力からの多元的な代表を確保する」ことを求めている。政府から独立した機関とはどういうことか、実効性を担保するためにどのような権能が必要だろうか。国際人権からみた日本の姿を点検する姿勢が求められている。

 参考文献

高野隆『人質司法』（角川新書、2021年）

アムネスティ・インターナショナル日本国際人権法チーム『ぼくのお母さんを殺した大統領をつかまえて――人権を守る新しいしくみ・国際刑事裁判所』（合同出版、2014年）

安田峰俊『「低度」外国人材　移民焼き畑国家、日本』（角川書店、2021年）

平野雄吾『ルポ入管――絶望の外国人収容施設』（ちくま新書、2020年）

申惠丰『友だちを助けるための国際人権法入門』（影書房、2020年）

山崎公士『国内人権機関の意義と役割――人権をまもるシステム構築に向けて』（三省堂、2012年）

·················· C O L U M N ··················

テロリズム、組織犯罪、サイバー犯罪そしてデジタル独裁？

　2000年代から話題となったのが、テロ犯罪（テロリズム）、組織犯罪そしてサイバー犯罪である。これらの犯罪には以下三つの共通性があり、それゆえに一歩間違えれば、デジタル技術を用いて自由を抑圧する国家（デジタル独裁国家）となりかねないものではある。すでに東アジアなど一部諸国では現実のものとなりつつある。

　上記三つの犯罪概念の共通性の第一は、その摘発・処罰に反対しにくいわりには、その定義が曖昧であることである。定義が曖昧というのは、刑事法学を含めた法学の第一歩から間違っている。というのも、犯罪概念の定義が曖昧だと、その「犯罪」の有無を判断する警察、検察庁、裁判所などの機関の解釈の余地（幅）は広くなる。これら行政・司法の判断の余地が広がれば広がるほど、「犯罪となる行為」がどこまでなのかはわからない状態となる。それは処罰のルールについての刑法上の大原則である罪刑法定主義の原則から離れるということになる。この原則は、処罰のルールは選挙で選ばれた立法権限を有する国会で行為前に明確に定めるべしというものである。が、これら三つの犯罪の定義はいずれも明確とはいいがたい。たとえば、いわゆる共謀罪・テロ等準備罪の定義は、組織犯罪処罰法（平成11年法律第136号・令和2年法律第22号）6条の2にある。同罪の正式名称は、「テロリズム集団その他の組織的犯罪集団による実行準備行為を伴う重大犯罪遂行の計画」であり、テロリズムは組織犯罪の一つとされる。この犯罪の処罰範囲の広さは、実際に確認してほしい（同法の組織犯罪集団の対象犯罪となる別表第3と法定刑の規準となる別表第4）。またテロリズムの定義は、特定秘密保護法（平成25年法律第108号）12条2項1号にある。この規定もわかりにくいが、三つの目的と二つの実行行為から定義される（いずれも法令提供サービス e-GOV

〔https://elaws.e-gov.go.jp/〕で閲覧できる。以下ネット資料はすべて2021年8月29日最終確認）。サイバー犯罪の定義は、『平成24年度　警察白書』で「高度情報通信ネットワークを利用した犯罪やコンピュータ又は電磁的記録を対象とした犯罪等の情報技術を利用した犯罪」とされる（https://www.npa.go.jp/hakusyo/h24/honbun/html/o2180000.html）。要するに、インターネットを通じた犯罪はすべてサイバー犯罪となりうる。テロリズムも組織犯罪も、その計画実現のためにインターネットなどを用いることが多く、その意味で、これら三つの犯罪は、互いに関連してくるし、それゆえに、互いに関連した総合的な幅広い対策が取られやすい。

　第二に、これら三つの犯罪に共通するのは、その性質上、国境などの物理的な障壁がないために国内を越えて、国際問題となりうることである。たとえば、首相官邸の内閣官房長官をトップとする「国際組織犯罪等・国際テロ対策推進本部」という名称をみればそれがわかる（http://www.cas.go.jp/jp/gaiyou/jimu/jyouhoutyousa/terrorism_torikumi.html）。

　そして第三に、テロリズム、組織犯罪そしてサイバー犯罪の各対策に終わりはないということである。犯罪の定義が曖昧で、その対象は限りなく広がり、それゆえに、わたしたちの日常への監視と常に隣り合う結果となる（警察制度の歴史と日常生活の監視の危険性については、Chapter2 Section7を参照）。さらに日本で問題なのは、肌感覚としての人権感覚の欠如あるいは歴史からの教訓の欠如である。たとえば、EU（ヨーロッパ連合）では、人権保障の観点から2021年4月にテロ犯罪などを監視するAI（人工知能）開発への規制を決めた。残念ながら日本の政府や社会に、そのような発想は乏しい。戦前の刑事司法の悲惨な歴史から学び、その教訓を現在に活かそうとする姿勢が乏しいからであろう（内田博文『治安維持法と共謀罪』〔岩波新書、2017年〕、内田博文『刑法と戦争——戦時治安法制のつくり方』〔みすず書房、2015年〕、Chapter2 Section2）。もちろん、その背景には、これらの問題に対する、わたしたち市民の関心の乏しさもある。

　以上のように、テロリズム、組織犯罪そしてサイバー犯罪は、監視・処罰すれば終わりというものではない。「何を監視し、処罰するか」は国家次第であり、しかも、これら犯罪の定義が曖昧なために、処罰に値する行為を事前に予測しづらいし、監視対象はインターネットなど日常生活に及び、永遠に終わらない。それゆえに、これらの犯罪の摘発・処罰による「国家（刑罰権行使）による安全」も大切だが、それにも増して大切なのは、国家刑罰権が暴走しないための「国家（刑罰権行使）からの安全」である。そのために必要なのは、社会の担い手でもある、わたしたち市民の刑事司法への肌感覚としての人権感覚といえよう。

現代社会の動態と刑事法
SECTION
10 沖縄の米軍基地問題と戦後刑事法

■■■　**沖縄県名護市辺野古で**　■■■

　キャンプ・シュワブの第１ゲート前の路面に一本の線が引かれた。国道329号線と米軍の使用する「施設及び区域」（米軍基地）の境界をあらわす。2015年２月22日、海兵隊普天間飛行場の代替施設（沖縄県では「辺野古新基地」と呼ばれる）建設事業に反対するＡは、この境界線を踏み越えたとされ、米軍の日本人警備員らによって押さえつけられ、基地内に引きずり込まれた。そのとき仲間の一人がＡを境界線の外側に引き戻そうとしたが、日本の警察官らがこれを制止し、米軍の逮捕行為を容易にした。

　Ａは後ろ手に手錠をかけられ、基地内の事務所に連行され、そして約４時間後に同じゲート前で日本側に引き渡された。日米地位協定*の実施に伴う刑事特別法（以下、刑特法）12条２項は、この身柄引渡時の緊急逮捕規定である。逮捕時間の起算点は引渡時である。同法２条の基地立入罪の疑いで緊急逮捕されたＡは、名護警察署に留置され、翌日、送検された。那覇地検は勾留請求せず釈放し、６月26日、不起訴（起訴猶予）にした。

　Ａは基地を背にして拡声器を使用し、新基地建設に抗議をする人々に「下がろう」と伝えようとしたとき、背後から体を押さえつけられたという。おそらく基地内の警備員らはＡと線の位置を見て、彼を線の手前に認めたので、

日米地位協定…「日米安全保障条約第６条に基づく施設及び区域並びに日本国におけるアメリカ合衆国軍隊の地位に関する協定」。1952年に旧安保条約と同時に発効した行政協定を、1960年の新安保条約発効時に改定したのが日米地位協定である。同協定17条は米軍犯罪に対する刑事裁判権等に関する規定である。しかし「日本国にとって実質的に重要である」事件の他は日本が第一次裁判権を行使しないという1953年の「密約」があるため、交通事犯を除く米軍要員による一般刑法犯の起訴率は、現在も20％程度である。

彼の体に手をかけた。しかし米軍法に服さないＡに対して米軍は裁判権をもたないので、日本の警察官らの面前で、彼を基地内に連行する理由はない。こうしてＡは日本国の主権の及ばない場所で数時間を過ごすことになった。米軍要員には日本国法令の遵守義務があるが、米軍が刑特法２条の罪の法益とＡの人身の自由を価値衡量して、つまり日本国法令に基づき、これを適正に解釈して警察権を行使するとは限らないのである。

　なお、米軍による身柄拘束が８時間に及んだ同様の事案では、日本側の身柄引受けの遅延およびその後の緊急逮捕について国賠法上違法であると判断された。しかし米軍の行為については、身柄拘束理由の告知すら正確になされておらず、国際人権法の違反があったが、日本の裁判所は、その適否を判断しなかった（那覇地判平成31・３・19判例時報2428号132頁）。

在日米軍に対する刑事人権

　沖縄は、戦後27年間にわたりアメリカ統治下にあった。その間に日本本土では米軍基地の整理縮小が進んだが、沖縄では「銃剣とブルドーザー」で土地が接収され、次々に基地が建設された。2022年に返還50年となった現在も、その多くが残され、過重な基地負担が続いている。沖縄の米軍基地問題は、厳しさを増したとされる近年の日本の置かれる安全保障環境の中で、ますます法的にも解決の難しい問題になっている。

　その象徴ともいえるのが、1996年のSACO最終報告*で返還合意された普天間飛行場であり、名護市辺野古に移設を進める日本政府とその阻止を目指す沖縄県との対立が長期化している。福岡高裁那覇支部は、2016年３月４日、行政訴訟で争う両者に対して、地方自治法上は対等・協力の関係にあるべきだから、その対立の原因はともかく、「そうなってはいけないという意味で双方ともに反省すべきである」と述べ、工事を中止すべき旨の和解勧告をした。しかし辺野古移設が唯一の解決策であるとする日本政府の姿勢はその後も変わらず、「刑事法と公有水面埋立法」で基地建設が強行されているといえる。他方で国民の一部からは、沖縄の米軍基地を本

SACO 最終報告…1995年９月の米兵強姦事件をうけ、沖縄県民の基地負担軽減と日米同盟関係の強化のために、同年11月、日米両政府により「沖縄の基地に関する特別行動委員会」（Special Action Committee on facilities and areas in Okinawa）が設置され、翌96年12月、その最終報告で、基地返還計画や日米地位協定の運用改善措置がとりまとめられた。普天間飛行場の返還は県内移設を条件にするとされた。

沖縄タイムス2015年２月23日付
沖縄タイムス社提供

土に引き取る市民運動論も提唱されており、論争を呼んでいる。

　この混迷のなかで、たとえば2016年には「公務執行妨害罪、傷害罪、器物損壊罪等で20件、延べ27人」が検挙されたのであるが（『平成29年警察白書』187頁）、冒頭で紹介したように刑特法２条違反の疑いでも、2015年以降、延べ10数名が米軍警察に身柄拘束されるという事態に陥った。アメリカは「施設及び区域内において、それらの設定、運営、警護、及び管理のため必要なすべての措置を執ることができる」（日米地位協定３条１項）。これは基地の排他的使用権と呼ばれる。それゆえ米軍の「軍事警察は、それらの施設及び区域において、秩序及び安全の維持を確保するためすべての適当な措置を執ることができる」（同17条10項ａ）。つまり、米軍警察には日本の刑訴法が適用されない。米軍警察による逮捕は、刑訴法上の私人逮捕ではなく、事実上の身柄拘束であるというほかない（『日米地位協定の考え方〔増補版〕』*157頁）。したがって、米軍警察との関係で、憲法上の刑事人権規定は、どのようにして保障されうるのか、という問題があらためて提起される。

　しかし、これは、アメリカ統治下にあった沖縄が、まさしく日本復帰の

『日米地位協定の考え方〔増補版〕』…外務省の「秘　無期限」文書であり、執務上の基本資料として1973年に作成され、その増補版が1983年に作成された。内容的には日米地位協定の逐条解説書である。外務省は文書の存在を否定してきたが、琉球新報社が入手し、同社編『外務省機密文書　日米地位協定の考え方〔増補版〕』（高文研、2004年）として公刊した。頁数は同書による。

方法で解決しようとした問題であった。1945年に沖縄を占領したアメリカは、日本の行政権を停止し、占領政策を遂行するため、軍政府を樹立して（1950年に米国民政府と改称）、沖縄住民に対して刑罰法令を発布し、そして裁判権を行使して刑を執行した。米軍は、米軍人に対する軍法会議に加えて、軍と民の裁判所を設置した。このうち後者のいわゆる琉球政府裁判所では、主に沖縄住民間の犯罪行為について、占領目的に反しない限りで旧日本法（1947年一部改正前の日本刑法等）の効力を認めて、沖縄住民に刑事裁判を行わせた。しかし軍政府裁判所または民政府裁判所等と呼ばれた軍の裁判所も、沖縄住民に対して同時に裁判権を有しており、原則としてアメリカの安全に対する罪など、米軍法令の禁止する罪の多くについては、沖縄住民に対して英語の裁判をした。米軍法令の正文は英語であり、発布後に住民側政府広報に訳文が掲載されたが、「法令」とはいっても、それは罪刑法律主義にいう「法律」ではなかった。沖縄統治の基本方針は「軍事的必要の許す範囲において住民の経済的及び社会的福祉の増進を計るにある」（1952年4月30日極東軍総司令部指令）。それは契約論的に基礎づけられることのない占領による刑法であった。それゆえ沖縄からは、戦後憲法下に刑事法があることの意義がよくみてとれた。

戦後憲法の沖縄再施行と近代刑事法

　一般的に戦後沖縄史は、1972年の日本復帰を基準にして沖縄戦後史と沖縄現代史に二分される。このうち前者の時期区分については諸説があるが、アメリカの沖縄統治がサンフランシスコ平和条約3条に基づくことを明記した1957年の行政命令10713号*「琉球列島の管理に関する行政命令」を基準にして、米軍法令の支配する前半期とこれを終わらせ、その機能を日本政府に移譲するまでの後半期に分けられるとする見解がある（吉本秀子『米国の沖縄占領と情報政策』〔春風社、2015年〕）。この見解を裏づけるように、米軍の刑事裁判所における裁判件数は、1950年代終盤以降に急速に減少し、1964年以降は、1968年の沖縄住民2名による米軍人傷害致死事件を

　行政命令10713号…アメリカの沖縄統治の基本法は、1945年のニミッツ布告、1950年の極東軍総司令部指令（1952年改正）、1957年のアイゼンハワー大統領の行政命令10713号へと変遷した。同行政命令により高等弁務官制が導入された。高等弁務官の権限は絶対的で琉球政府行政主席と琉球上訴裁判所裁判官の任命権、刑の減軽・赦免権、法令の公布権、立法院の立法に対する修正・拒否権、琉球政府公務員の罷免権等を有した。行政命令が改正され、琉球政府行政主席の公選制が採用されたのは1968年である。

唯一の例外として毎年０件となる。これは同行政命令を受けて翌58年に発布された米国民政府布令144号「刑法並びに訴訟手続法典」改正７号等の効果である。これにより従来は米軍法に服する者を除くすべての者とされていた民政府裁判所の人に対する裁判権が、米軍人の家族・軍属等および「合衆国の安全、財産又は利害に特に重大な影響あるものと高等弁務官が決定した犯罪で起訴された者」に限定された。

　日本本土でも、占領軍は軍事占領裁判所を設置して、占領軍の安全に対する罪等については日本国民に対して裁判権を行使できた（SCAPIN-756）。占領軍がこの裁判権を失うのは憲法施行時ではなく、旧日米安全保障条約が発効した1952年である。これに対して沖縄では、憲法がなかったとはいえ、1950年代終盤以降、沖縄住民に対する第一次裁判権は、原則として民の裁判所にあるとされるようになっていた。これは軍の裁判所が裁判権を放棄すれば、民の裁判所で事件が受理されない限り、沖縄住民に対して一方的に発布された米軍法令の効力が司法的に削がれることを意味した。しかし、憲法下の日本の裁判所が占領目的阻害罪を適用したように、実際には琉球政府裁判所が米軍刑事裁判所の機能を部分的に担うことになった。

　日本国憲法が1972年に沖縄に再施行された。そして沖縄の裁判所の刑事裁判権は、奄美返還時とは異なり、法的安定性を重視する観点から、琉球政府の反対を押し切り、軍と民を問わず、原則として承継された（沖縄返還協定＊５条３項、４項）。刑法の国外犯規定を準用して裁判をやり直す方法では、たとえば返還前の無許可基地立入行為について、返還後に米軍法令の罪も刑特法の罪も適用することができなくなるので、安定的に米軍の利益が保護されないと考えられたのである。同様に確定裁判の効力も、軍と民を問わず、原則として承継された。琉球政府からすれば、そこには憲法上疑義のある判決が多く含まれており、とくに軍の裁判所で刑事裁判を受けさせられたことは、それ自体が被害補償の対象というべきであった。しかし、沖縄の民の裁判所が、軍の裁判所の機能を携えて、憲法のある日本に返還された。戦後沖縄史を一貫する米軍基地問題は、刑事法制史的な

沖縄返還協定…1971年６月17日に調印、1972年５月15日に発効した琉球諸島及び大東諸島に関する日本国とアメリカ合衆国との間の協定。これにより沖縄の施政権が日本に返還された。1970年３月31日に「沖縄復帰対策の基本方針」が決定され、法務省に一任された司法・法務関係の復帰対策は「裁判権の包括承継」を基本方針とした。刑事裁判権の国際的承継という前例のない立法作業は「苦しい創造作業」であったという（安田道夫「復帰前後の思い出」法の支配31号〔1977年〕57頁以下）。

観点からは、1972年を先取る1957年に転換点があり、そこから現在まで、みずからの裁判所が、刑罰権の契約論的な基礎づけの有無にかかわりなく、米軍の利益を優先する占領刑法の機能を担い続けることになった。

　たしかに日本本土では「二つの法体系」論が「憲法体系」と「安保法体系」の矛盾を指摘していた。一例をあげれば旧日米安全保障条約3条に基づく在日米軍は「戦力」であり、憲法9条2項に違反する。それゆえ同条約に基づく刑特法2条の罪は、合理的な理由があって軽犯罪法1条32号よりも重い刑罰を定める特別法であるとは解されないので憲法31条に違反する。実際に砂川事件伊達判決は、このように述べて立川飛行場内に数メートルほど立ち入った被告人らを無罪にした（東京地判昭34・3・30下刑集1巻3号776頁）。しかし、検察官が跳躍上告し、最高裁は、駐留外国軍は「戦力」に該当せず、また、一見極めて明白に違憲無効であると認められない限りは、高度に政治的な同条約の違憲性は司法審査権の範囲外にあるとして原判決を破棄し、差し戻した（最判昭34・12・16刑集13巻13号3225頁）。現在もこれが判例である。同様の立場の日本政府は、アメリカとの軍事同盟関係をいっそう深化させ、これを積極的平和主義と呼ぶまでになった。

　これは仮想敵国のない国連憲章の集団安全保障*の考え方とは異なり、アメリカの戦争に引き込まれうることを意味する。それゆえ現在も憲法学の多数説は、駐留米軍や自衛隊の違憲論をとる。しかし、憲法制定過程を辿れば、平和国家日本の裏側には、もともと軍事要塞沖縄があった。アメリカは日本を武装解除して、沖縄を自由に軍事利用した。さらに朝鮮戦争が始まると米軍の指揮権下で日本に再軍備を進めさせた。この意味で法体系間の矛盾とは、平和主義そのものの矛盾であった。それゆえ沖縄を返還できる程度に日本の軍事化が進むと憲法下で占領刑法がそのまま機能して、平和主義の矛盾が刑法的に表出する。つまり軍事力の論理が刑事人権を脅かす。これが刑事法の意味における沖縄返還の現実である。こうして刑罰権力は近代法を超えていく。近代法の原理は自由である。戦後日本の刑事

　　集団安全保障…武力行使を国際的に管理・規制する方法であり、国連憲章の国際協調主義は、相互に武力不行使を約束するが、約束違反に対しては一致協力義務を確認し、安全保障理事会の決定に基づく軍事的強制措置（憲章42条）までの一時的保全措置として、集団的・個別的自衛権の行使を容認する。ただし常任理事国（中・仏・露・英・米）は拒否権をもつので、もともと国連軍と大国の衝突は想定外といえる。国連平和維持活動（PKO）は紛争当事者の同意を前提にして派遣される非強制的措置である。

法学は、市民革命期の近代刑法原則に立ち返って契約論的に刑罰権を基礎づけ、そして刑事法制度を民主化しようとした。しかし、戦力不保持の平和主義は、近代刑法原則からは導き出せないのである。近代刑事法は軍事力に超えられるものとしてあるのであれば、どうすれば戦後憲法下に刑事法を置き直すことができるのだろうか。

■ 占領刑法の実態

(1) 伊江島土地闘争

　日本政府は、日米地位協定2条4項aに基づきキャンプ・シュワブ水域の一部を臨時使用して臨時制限区域を設定し、刑特法2条によって立入規制して基地建設の工事を続けている。米軍の現に使用しないとされる基地が、刑特法2条の立入禁止場所になりうるのかは疑問である。日本国憲法に拘束されない米軍の意思を根拠にして、沖縄県の意思を排除して行う基地建設は不正であって、刑法的な保護に値する業務ではなかろう。

　しかし、歴史的に省みれば、先行して加えられる大きな不正が法的に見過ごされてきたのが占領刑法の実態である。不正に抵抗する人々が逮捕され、刑事裁判で不正が正当化され、ごまかされてきた。その不正とは、たとえば『人間の住んでいる島』（阿波根昌鴻*、1982年）の写真記録をみれば、そこに「犯罪の痕跡」を確かめることができるという。

　同書21頁は新聞記事の切り抜きである。並里清二が畑に杭を打たないでくれと懇願したが殴打され、押さえつけられ、1949年軍政府布令1号「刑法並びに訴訟手続法典」2.2.8条（基地立入）、2.2.13条（米軍要員に対する暴行）、2.2.15条（公の騒乱惹起）の各罪の疑いで逮捕された。その予備審理が、那覇地区警察署構内で開かれたが、定刻を過ぎても軍側証人が出廷しないため公訴棄却された旨を報じている。写真の中で並里と裁判官レイモンド・ピークが握手をしている。裁判官も喜びを分かち合っているように見えて印象的である。しかし軍側証人とは、並里を現行犯逮捕した憲兵隊員のことであるから、隣の記事を読めば、その不出頭の理由が、まさしく同

阿波根昌鴻…伊江島の米軍土地接収に反対し、非暴力の住民運動を率いた（1901〜2002）。米軍に対する住民の心構えを箇条書きにした1954年の「陳情規定」の中に「決して短気をおこしたり相手の悪口は言わないこと」「布令布告によらず道理と誠意を持って幼い子供を教え導いていく態度で話すこと」等とある。土地を奪われた住民らと1955年に沖縄島を「乞食行進」し、土地接収の不当性を訴えた（翌年2月まで）。1984年に反戦平和資料館「ヌチドゥタカラの家」を建設し、平和の尊さを説き続けた。

沖縄タイムス1955年3月14日付
沖縄タイムス社提供

時刻に伊江島で米軍演習場として土地が囲われ、住民らの家屋が破壊され
るなどしていたからであると理解できる。ここに「犯罪」がある（阿波根
によれば「放火犯、土地強盗」）。

　しかし同年6月13日、住民32名が接収地で許可なく農作業を続けたため
逮捕され、翌14日、米国民政府コザ簡易裁判所＊で基地立入罪（米国民政
府布令144号2.2.8条）の有罪判決を受けた。「土地を取り上げられた農民は
有罪、取り上げた米軍が告訴人であり検事である。またその正否を決める
裁判長も米軍であるので、裁判は形式的でしかも米兵の一方的証言によっ
て判決を言い渡し、午後3時前に終わったのである」（阿波根昌鴻『米軍と
農民』〔岩波新書、1973年〕117頁）。つまり、米軍の許可なきことを、米軍
が認めれば有罪とされた。このように米軍の裁判所で、米軍の刑法が使わ
れ、米軍の「犯罪」が正当化された。その後も伊江島土地闘争は占領刑法

　簡易裁判所…1958年までの民政府裁判所は上級裁判所（Superior Court）と簡易裁判所
　（Summary Court）に分けられ、後者は1年以下の禁錮もしくは1万円以下の罰金またそ
　の両刑を併科することができた（布令144号1.2.3.1条）。被疑者は、逮捕後48時間以内に簡
　易裁判所で予備審理（Preliminary Hearing）を受けるものとされていたが、被疑事実が
　軽罪である場合は、予備審理に代えて直ちに裁判を受けていた（同1.4.3条）。

を用いて抑え込まれた。さらに1960年には米軍演習場内で弾拾い中の住民７名が機銃掃射や爆弾で負傷させられ、翌61年には演習場外で草刈り中の住民１名が爆弾を直撃され死亡した。返還後の1974年に起きた伊江島事件*でも、住民１名が演習場内で追い回され信号銃で撃たれて負傷したが、日本政府は公務外の行為であるとはみなさず、裁判権を放棄した。

(2)　Ｅさん射殺事件

　琉球大学附属図書館に米軍刑事裁判所の裁判記録が残されている。沖縄返還時に同大学戦後資料収集委員会が、米国民政府と交渉し、借り受けて複写したという来歴を有する一次史料である。個人情報保護の必要もあり、所蔵情報が非公開とされ、未整理のまま保管されてきたが、近年、調査研究が進められている。そのなかに次のような事件があった（PSD Case No. C-95-56全15件中の１件）。

　1956年４月９日、米国民政府コザ簡易裁判所で住民２名が、米国財産窃盗（布令144号2.2.6条）と基地立入の各罪で有罪判決を受けた。告発状には、「被疑者らは1956年４月８日午前６時、旧"Ｃ"RAAD地区で、通行証なく立入禁止区域に入り、スクラップ（ブラス）を掘り出していた。同地区は無許可立入が禁止されており、"Off Limits"の標識が設置されていた」と記載されている。裁判で憲兵らが次のように証言した。

　「４月８日午前６時頃、私は、沖縄警備警邏隊スナガワ・ゲンジ隊長および沖縄警備警察アサト伍長と共に旧Ｃ演習区域を警邏中、数名の女性が侵入しているのを目撃した。本件逮捕時、被告人２名の前にスクラップが積み上げられており、薬きょうの入った袋１個を所持していた」（第8118憲兵隊警邏隊長トーマス・シャーパー２等特技兵）。

　「1956年４月８日午前６時頃、私は、シャーパー２等特技兵とスナガワ隊長と警邏中、旧Ｃ区域でスクラップを掘り出している沖縄女性に出くわした。スナガワとシャーパーが別々の方向から近づいていった。被告人Ａを逮捕したのは私である。私が近寄ると彼女は掘り出しを止め、ただ座り

伊江島事件…米軍人・軍属の「公務執行中の作為又は不作為から生ずる罪」については、米軍当局に第一次裁判権がある（日米地位協定17条３項）。米軍が公務証明書を発行し、日本政府が譲歩した。詳しくは垣花豊順「合衆国統一軍事裁判法典15条に関する一考察」琉大法学17号（1975年）、信夫隆司『米軍基地権と日米密約』（岩波書店、2019年）。1957年に群馬県の相馬ケ原演習場で主婦が撃たれたジラード事件は日本が裁判権を行使し、傷害致死罪と判断された（前橋地判昭和32・11・19判時131号４頁）。

込んでいた。彼女は通行証をもっていなかった。被告人Ａが逮捕された区域は米軍の制限区域である。そこは旧実弾演習区域であり、危険である。同様にＢも同時刻に同区域内で証人２名によって逮捕された。彼女も同制限区域の通行証を所持していなかった」（沖縄警備警察アサト・カメギチ伍長）。

　証拠は以上である。被告人らは、弁護人もなく、証人らに反対尋問をすることもなく、ただ沈黙していた。そして拘禁10日執行猶予６月および罰金300Ｂ円*の併科刑に処された。しかし同月29日の琉球新報夕刊でＡは次のように述べている。「座って草むらを掘っていると、間もなくしてジープに乗った米兵ガードと沖縄人ガード２人が前方からやってきて、ジープから米兵と沖縄人ガードが、降りてきて『ママさん止れ』と沖縄人ガードの言ったあと『止れ』と言いざま（日本語で）米兵ガードがいきなり発砲した。私（Ａ）は『止れ』という言葉と同時に身をすくめたので、後方にいたＥさんのことは全然わからなかった。弾は尻の方からへそのところに貫通していた。ガードと私達の距離は約30米だった」。

　これは「与那嶺Ｅさん射殺事件」の記事である。つまり被告人らは３名で制限区域内に入って薬きょうを拾っていた。これに対して憲兵が発砲し、１名を死亡させ、２名の身柄を拘束した。米軍警察は、武器を持たない軽微な盗犯を逮捕するために、人に対して実弾を発砲した。Ｅを死亡させた憲兵に対する処分の有無は不明であるが、上記の裁判記録には何の不正もなかったかのように何も記されていない。

　このような裁判の効力が承継されているのである。もちろん沖縄の裁判所の有罪判決に対しては、一部の例外を除き、再審請求ができる（沖縄復帰特別措置法27条）。しかし沖縄の軍の裁判所は裁判書謄本請求権や公判調書閲覧権を保障しなかったのであり、事実上、その記録は蓋をされて棚上げされてきた。このままでよいのか、というのが返還50年目の問いである。次のように述べた日本の裁判官がいる。「犯罪の捜査が常に必ずしもキレイごとではあり得ないことは認めなければならないが、捜査活動中の官憲

　　Ｂ円…沖縄の住民間で流通したＢ軍票（Type "B" Military Yen）のことであり、単に¥と表記された。軍雇用員の平均月収を20ドルと計算し、交換率は「¥120＝＄1」とされた。米軍要員らはMPC（Military Payment Certificate）と呼ばれたドル表記軍票を使用していた。MPCで運賃の支払いを受けたタクシー運転手らがMPC所持罪で有罪とされることも多かった。1958年９月16日、法定通貨がすべてドルに切り替わった。沖縄返還時の交換率は「１ドル＝305円」である。

の故意の犯罪行為の上に公訴が行われるという如きことは、法治国として我慢のできないところ」である。それは憲法31条（法の公正な手続による裁判の保障）に違反し、公訴提起そのものが無効である、と。しかし、この公訴棄却判決は、逮捕手続と切り離して被告人の行為の責任をそれとして問いうるとされ、結果的に破棄されてしまった（最判昭和41・7・21刑集20巻6号696頁）。

　しかし、今からでも日本の裁判所は、再審を開いて沖縄の裁判所の不当な有罪判決の誤りを正すべきではなかろうか。たとえばチッソ水俣病川本事件*二審判決は「訴追することによって国家が加害企業に加担するという誤りをおかすものでその弊害が大きい」「けっして弱い者いじめに堕することがあってはならない」と検察官を戒めて公訴を棄却した（東京高判昭和52・6・14高刑集30巻3号341頁）。同様に、戦後70数年間に及ぶ沖縄に偏った米軍基地被害という深刻な問題状況があるのだから、被疑者1名が米軍人によって射殺されているのに、他の被疑者2名に名目的な刑を科した裁判の効力を承継し続けるのは、法的安定性（米軍の利益保護）に名を借りて弱い者いじめを追認する誤りをおかすものということができないだろうか。

(3)　米軍北部訓練場刑特法2条違反事件

　2016年7月、北部訓練場の一部返還に伴うヘリパッド移設工事が国頭村・東村で再開された。やんばるの森の自然環境が破壊され、また、軍用輸送機オスプレイの飛行騒音により移設先住民の環境権が著しく侵害されることなどが懸念された。しかし、全国6都府県から沖縄に機動隊員数百名が派遣され、住民らの反対運動を抑え込んで工事が進められた。

　被告人は「正当な理由がないのに、平成28年9月24日、アメリカ合衆国軍隊が使用する施設であって、入ることを禁じた場所である沖縄県国頭郡所在の在沖米軍北部訓練場内に入った」として起訴された。これでは当該基地の全域が立入りを禁止されているようであり、また、そのどこに、い

チッソ水俣病川本事件…水俣病患者の川本輝夫らが、1971年12月から20か月にわたり、被害補償等についてチッソ社長と直接交渉するために、東京本社前で座り込みを続けた。患者らは社長との面会を求めたが、従業員らがこれを阻止し、両者が衝突した事件。川本が従業員らの腹部を手拳で殴打し、嚙みつくなどし、全治1、2週間の傷害を与えたとして起訴され、1審が罰金5万円、2審がこれを破棄して公訴を棄却した。検察官が上告し、最高裁は2審の公訴権濫用論を斥けたが、著正違反にはあたらないとして上告棄却。

つ、どのようにして立ち入ったことが犯罪事実とされているのかも不明である。北部訓練場は広大な森林地であり、フェンスもなく、立入規制も行われていなかった。よもや同基地内を通る県道名護国頭線（日本の臨時使用区域）を利用したことが罪と疑われたのではないだろう。しかも事件当時は、警察官の立会いのもと、連日のように数十名が同基地内のヘリパッド建設工事区域内に入って環境保全目的でその監視等をしていた。ただし、その工事現場への立入規制を事業主である沖縄防衛局がしていた。

　同基地内において、刑特法2条の行為客体である立入禁止場所を指定できるのは、基地の排他的使用権を有する米軍である。それゆえ米軍には、その境界明示の義務が課される（刑事裁判管轄権に関する合意事項8＊）。それなのに裁判所は、「立入りを禁じる明示がなされていることは、刑特法2条の犯罪を客観的に構成する要素や同罪の処罰条件ではないと解される」「刑特法2条の文言に刑罰法規として不明確な点はない」と判示して有罪を認定した（那覇地判平成30・3・14LEX/DB25560372）。立入禁止場所の境界が明確にされていなければ行為客体は可視化されたものとしては存在しない。そのため、どこに立ち入れば犯罪行為になりうるのかを知りえないが、それでも「不明確な点はない」と判断された。同基地における立入禁止場所の境界は、地図上で決定されていたという。日本の裁判所は、米軍の利益保護（実際には沖縄防衛局の工事、つまり日米同盟強化の目的）を優先し、これを日本国民や、米軍要員を除く在日外国人に対して公示する必要を認めなかった。

　被告人は、執行猶予中の身分であったところ、他の2件の傷害および公務執行妨害の公訴事実と併せて3件で起訴されたが、1件が無罪になって懲役刑に再び執行猶予が付いたので控訴しなかった。検察官の控訴もなく、上記の有罪判決がそのまま確定した。

戦力不保持の平和主義

戦争に敗れた日本は武装解除され、民主化され、そして治安体制も解体

刑事裁判管轄権に関する合意事項8…立入禁止場所の「境界は、日英両国語をもって左記の趣旨を記載した標識又は標示によって明確にされるべきものとする。『合衆国区域（施設）／在日合衆国軍隊／許可なき立入は日本国の法令により処罰される。』」。合意事項は日米合同委員会で取り決められた全52項目からなり（1953年11月までに49項目、その後3項目追加）、長らく非公表とされてきたが、現在は外務省のウェブサイトで読める（国・地域＞北米＞アメリカ合衆国＞日米安全保障体制＞在日米軍関連）。

されて、憲法31条以下の刑事人権規定が置かれた。冷戦とともに、このような占領政策は逆コースに転換される。戦後日本の刑事法学は、治安体制の再来を警戒したが、米軍駐留や自衛のための戦力保持の是非については議論を深められなかった。憲法下の刑事法から占領刑法の機能を取り除くために、最後にこの点を考えてみよう。

　琉球上訴裁判所判例集に次の事件が収録されている。被告人は、村長選挙に際し、選挙運動員として聴衆の面前で演説を行い、村の兵事主任であった対立候補者Ａが「非戦闘員で妊娠している女の子を殺した」「如何に戦争中とはいえ女を殺すという事は人間ではない」等の虚偽事実を摘示したとされ、名誉毀損罪*および軍政府布令17号「改正市町村議会議員及び市町村長選挙法」88条１項Ｂ号違反の罪で有罪判決をうけた。弁護人は「壕で数名の者が殺害されたことに付てＡが直接手を下さなかったとしても責任の一端がありそれが戦後Ａがやったという噂として伝えられた事実が窺われる」旨を主張して上告したが、何らの裏づけ資料も得ないまま風聞を軽信した点に過失があるとされた（琉上判1963・12・20琉上刑集11巻258頁）。

　住民の誰が撃ったにせよ、それは、1945年７月頃、日本軍の糧秣倉庫として使用されていた糸数壕で起きたことであった。日本兵から歩哨に立たされた住民らが、食糧探しのため壕に近づいた住民らを銃撃し、相次いで計３名が射殺された。沖縄に配備された第32軍司令部作成の「報道宣伝防諜等に関する県民指導要綱」は、「60万県民の総蹶起を促し」「総力戦態勢への移行を急速に推進し、軍官民共生共死の一体化を具現し」「必勝道に邁進する」という方針を掲げていた。兵員補充のため、防衛隊、学徒隊、義勇隊または救護班・炊事班等として軍事動員された住民らは、「万一敵手に陥りたる場合に於ては皇軍の一員として生きて虜囚の辱を受けず、死して罪禍の汚名を残すことなき態度を持すべし」（国民義勇戦闘隊教令17条）と教えられていた。さらに捕虜となる恐怖をあおられていた。戦力化された住民の投降は許されておらず、斃れて後やむのであった。他方で日

名誉毀損罪…1947年の一部改正前の刑法230条の罪。その法定刑は「一年以下ノ懲役若クハ禁錮又ハ八〇ドル以下ノ罰金」であり、選挙法違反の罪の法定刑の長期は２年であった。しかし、意外にも原判決が「重い名誉毀損の罪」をもって処断したため、上告審で破棄された。琉球政府裁判所は基本的に二審制である。なお、沖縄刑罰法令としての日本刑法から皇室に対する罪や姦通罪等が削除されたのは1968年立法138号「刑法の一部を改正する立法」による。「立法」は日本の「法律」にあたる。

本軍は住民からの情報の漏洩をおそれ、「爾今軍人軍属を問わず標準語以外の使用を禁ず。沖縄語を以て談話しある者は間諜とみなし処分す」（球軍会報）と発令していた。それゆえ「壕外に出て米軍の捕虜となった住民は、すべて米軍のスパイ容疑者として絶対に壕に近づけるな、近寄ってくる者はすべて射殺すること」になった。壕内は日本兵の指揮下に置かれたからこうなったのであった（石原昌家『虐殺の島』〔晩聲社、1978年〕17頁以下）。壕の外では米軍に保護された住民らが収容所生活を始めていた。

　住民が敵のスパイと疑われた点で同じであるが、次の「アフガニスタンのヤギ飼い」の例は、トロッコ問題*のような教室設例とは異なり、実際にあった道徳的ジレンマであるとされる（マイケル・サンデル『これからの「正義」の話をしよう』〔早川書房、2010年〕36頁以下）。『ローン・サバイバー』という題名で映画も制作された。アフガニスタンに派兵され、秘密作戦遂行中の米兵4名が、住民2名と遭遇し、彼らを解放すればタリバンに作戦を知られるおそれがあったため、殺すか否かの決断を迫られ、解放した。そして彼らは襲撃され、3名が死亡し、さらに救出チームのヘリコプター1機も撃墜された。住民解放を選択し、生還した1名の苦悩は大きい。

　こうした緊急状況で危難を転嫁するか否かの選択は、理論上、個人の自由に委ねられる。もちろん現実の戦場では、勝利のために撃つべきであるともいえる。実際に沖縄戦では敵のスパイとして日本兵らに殺害された住民が少なくない。刑法理論の通説によれば、自己保全のための例外的な緊急行為は正当化される。そして自然人のそうした戦争状態を常態としては終わらせるために社会契約を結び、刑罰権が基礎づけられたとするのが近代刑事法である。もちろん捕虜の虐待や拷問は禁止される。しかし、なぜ沖縄戦では、住民が住民を殺害し、あるいは「集団自決」*と呼ばれる住民同士の玉砕行為が起きたのかを反省すれば、例外的な状況とはいえ、それを招いたことに不正があったというほかない。沖縄戦の悲劇は、米軍の無差別砲爆撃によって多くの人命等が失われただけではなく（米軍は日本本土に爆弾約16万トン投下、沖縄戦で約20万トン使用）、皇土防衛のための捨て石

トロッコ問題…ブレーキの故障で暴走するトロッコが、そのままでは線路上で作業中の5名を轢き殺してしまう。トロッコを待避線に向ければ、そこにいる作業員1名を轢き殺してしまうが、5名は救われる。あなたならどうするか、という倫理学の問題である。近年は、運転者の安全確保も理論上の取捨選択の対象とした上で、この種の緊急状態に陥ることを見込んで、どのように完全自動運転車をプログラミングすればよいのかが問われている。

とされ、日本兵らから「土人」と蔑まれ、スパイと疑われ、そして内国化政策のあげくあらためて非国民とみなされるなど、沖縄は日本で見下されていたから、住民を犠牲にして顧みない軍事作戦がとられて住民らが日本軍との「共死」を強いられたことにある。

　それでも住民らのなかには、追いつめられたとき自決・玉砕するのではなく、軍令に反しても、もう少し生きてみようとして投降した者がいた。これが「命こそ宝」の考え方である。弱者の平和主義であり、勝ち目のない戦いをやめた行為は間違っていなかった。例外的状況に陥れば死への選択を迫られる弱者が生命を託した窮余の一策であった。それゆえ沖縄では、体験継承に課題は残るものの、「平和を愛する諸国民の公正と信義に信頼して」（日本国憲法前文）、あらゆる戦力を保持しない平和主義を支持する者が少なくない。アメリカ憲法にはこの平和主義がないので、現在も米兵らはその例外的状況を呼び込んでしまう。ヤギ飼いの例は道徳的ジレンマではなく、大国の政治的な選択の結果というべきである。

　軍隊は住民を守らない。「敵は住民、婦女、老幼を先頭に立てて前進し、我が戦意の消磨を計ることあるべし。斯かる場合我が同胞は己が生命の長きを希はんよりは皇国の戦捷を祈念しあるを信じ敵兵殲滅に躊躇すべからず」（国土決戦教令2章14）。幸いに本土決戦は回避された。それは遅きに失したとはいえ正しい選択であった。しかし沖縄の住民らは地上戦に巻き込まれて多くが死亡した。同様に米軍基地被害も本土では軽減されたが、沖縄では過重な基地負担が続く。日本政府は日米軍事同盟の利益を優先し、沖縄県の意思に反して新基地建設を強行しているが、沖縄で軍事基地なき島の平和は諦められないことである。

　防衛省と自衛隊は、南西諸島への地対空、地対艦ミサイル配備を加速させている。有事の際の国民保護計画の策定は市町村が担うが、離島の住民や観光客らをうまく避難させうるかは、どこまで軍事力の論理がそれを許容するかによる。他人や他国の力の論理を抑え込むためには権利としての力（刑罰権や自衛権）を要し、その限りで個人の自由は制約される。この

集団自決…住民らが、日本軍から渡された手榴弾の周りに集まり爆発させたが、不発弾も多く、親が子を、夫が妻を殺していった。国のために玉と砕けて殉ずることを美化した戦時用語「玉砕」に代えて1950年頃から「集団自決」と呼ばれるようになった（金城重明『「集団自決」を心に刻んで』〔高文研、1995年〕）。第3次家永教科書裁判（最判平成9・8・29判夕709号63頁）や大江・岩波沖縄戦裁判（大阪高判平成20・10・31判時2057号24頁）では、これが名誉ある自発的死か、強いられた戦争被害かが争われた。

ように近代刑事法学は考えてきた。そのため、例外的な戦争状態で、弱者に残されるのは死への自由である。現代社会はこれを「死ぬ権利」として肯定し、そしてわたしたちは「痛み」を共有する心を失うのだろうか（本書「はじめに」参照）。しかし、権利としての強制力を行使する方法は、自由の価値の一本槍ではなく、「命こそ宝」の平和や平等の価値にも制約されてこそ、日々の暮らしの平穏が保たれる。軍事力を保持すれば、軍事力の論理につねに脅かされ、法を超える力に支配されたままである。軍事的利益が優先され、刑事人権が侵害されることのないように、戦後刑事法学は戦力不保持の平和主義を大切にしていきたい。

参考文献

阿部岳『ルポ沖縄 国家の暴力』（朝日文庫、2020年）
新崎盛暉『日本にとって沖縄とは何か』（岩波新書、2016年）
国場幸太郎（新川明＝鹿野政直編）『沖縄の歩み』（岩波文庫、2019年）
古関彰一＝豊下楢彦『沖縄 憲法なき戦後』（みすず書房、2018年）
新城郁夫『沖縄に連なる』（岩波書店、2018年）
三上智恵『証言 沖縄スパイ戦史』（集英社新書、2020年）
森川恭剛『沖縄人民党事件』（インパクト出版会、2021年）
吉浜忍＝林博史＝吉川由紀編『沖縄戦を知る事典』（吉川弘文館、2019年）

CHAPTER 2

市民生活と
刑事司法の交錯

市民生活と刑事司法の交錯
SECTION

1

わたしたちが刑罰を語る意味

■■■ 厳罰を求める声 ■■■

　最近は新聞やテレビよりもインターネットのニュースサイトでニュースを知る人が増えているようだ。それを紹介する Yahoo! などのポータルサイトや Twitter などの SNS では個人がコメントをつけることができ、コメント数や「いいね！」の数でそのニュースがどのくらい注目されているかを知ることができる。

　世間を騒がす犯罪のニュースにはたくさんのコメントがつくが、匿名であることも作用してか、厳罰を求める過激なコメントが目立つし、そのようなコメントに多くの「いいね！」が集まる。これをそのまま世論の反映ととらえることには慎重であるべきだけれども、こうした厳罰を求める声が一定数存在することは確かだろう。

　実際にも厳罰化立法が次々と成立している。具体的な法改正については交通事故や少年法など本書の関連する章を参照していただくとして、ここで注目したいのは、その背景にある世間の意識である。すなわち、こうした法改正を支持する人の多くが抱いているであろう、「ルールを守れない非常識な人がいるなら刑罰で強制して当然だ」という思考である。

　本章ではその思考を掘り下げ、わたしたちが刑罰を語る意味について考えてみたい。

　そもそも、刑罰は何のために必要なのだろうか。ぱっと思いつくのは、①被害者のためとか②犯罪を抑止するためといった答えだろう。このような刑罰の存在意義に関する理論を刑法学では「刑罰論」という。そこで、まずは上記①②の答えを刑罰論の議論に引きつけて検討することから始めよう。

刑罰は被害者のため？──応報刑論の視点

　まず①について考えよう。加害者を罰しないと被害者や遺族が報われない。だから刑罰は被害者や遺族の応報感情を満たすために必要なのだ。このような考えは当然のように聞こえるが、刑罰の目的を応報感情の充足と言い切ってしまうことには問題がある。

　被害者感情と一口に言ったところで、その内容は人それぞれであり、時間の経過によっても変化する。これくらいの被害を受けたらこれくらいの応報感情を抱くといった相場があるわけでもない。また、被害者は加害者を許せなくて当然だが、被害者の納得するまで加害者を排除し続けると、おそらく社会が立ち行かなくなる。わたしたちは加害者が相応の刑に服したことをもって赦したこととして、彼らを再び社会に受け入れなければならない。

　刑罰論では、応報と応報感情を区別する。犯罪を行った報いとして相応の刑罰を科すべきだという考えを応報刑論という。そこでいう応報には、千差万別の応報感情とは異なり、これくらいの犯罪にはこれくらいの刑罰という公平性が求められ、それゆえに量刑相場が存在する。裁判官は、量刑相場を無視して被害者の望むままの刑罰を言い渡すことはできない。

　したがって、処罰によって被害者の溜飲が下がることもあるだろうが、刑罰という制度は被害者のためにあるわけではない。被害者の被害や感情はさまざまであり、直接的な被害だけでなく精神面、経済面への影響など多岐にわたる。表面的には受けた被害は同じように見えても、その後不安から外出できなくなる人もいれば、働けなくなって家族の生活にも影響が及ぶ場合もある。犯罪結果の厳格な認定が求められる刑事裁判では、こう

した多様な被害を的確にとらえることが制度的に困難である。

　犯罪被害者等基本法では、刑事司法での措置以外にも多種多様な施策が掲げられている。それにもかかわらず、犯罪被害者や遺族の意向を厳罰のみに収斂させるのは、むしろ被害者の多様なニーズを不当に切り詰めることになりかねないことに注意したい。凶悪事件の報道に接するたび、被害者や遺族を気の毒だと思い、「加害者は許せん、厳罰だ！」とひととおり憤った後、わたしたちの多くは次の凶悪事件の報道に気持ちが移っていくのではないだろうか。しかし、多くの被害者や遺族は、加害者が処罰された後もさまざまな被害や苦難を抱えてその後の人生を歩むことになる。加害者への厳罰に目が向きやすいからこそ、そこから零れ落ちるニーズを丁寧に拾い上げることが大切である。

　では、刑罰論で応報を論じる意味はどこにあるのだろうか。応報刑論の意義とは、行為責任の枠内に刑罰を限定することにある。歴史を振り返ると、刑罰は、犯罪に行為者の責任があるといえない場合にまで科されることがあり、連座といって罪を犯した者の親族などにまで罰が及ぶ制度も存在した。しかし、刑罰は犯罪の重さと釣り合いがとれなくてはならず（罪刑の均衡）、責任非難の対象はあくまで行為者の行った犯罪行為である（個別行為責任）。したがって、応報刑論の考え方からすると、刑罰が犯罪の重さに応じてランクづけされていることが重要であって、被害者の被った苦痛と同じ刑罰を科す必要はない。被害者の応報感情がいかに強いものであったとしても、行為責任を超えた刑罰を科すことは許されないのである。

刑罰の犯罪抑止効果は？──目的刑論の視点

　次に②について検討しよう。たとえ犯罪を行っても処罰されないのであれば犯罪が横行し治安が悪化する。だから刑罰で威嚇することで犯罪を予防することが必要だ。このような考えも自明のように思える。

　刑罰論では、応報刑論に対して、犯罪予防という目的のために刑罰を科すべきだという考えを目的刑論という。犯罪予防はさらに一般予防と特別

予防に区別される。一般予防とは、一般人の犯罪を予防することであり、刑罰の威嚇効果に着目するものをとくに消極的一般予防という。この犯罪をしたらこれくらいの刑罰が科されると明示することで一般人の犯罪を思いとどまらせるのである。特別予防とは、すでに犯罪を行った者の将来の犯罪を予防することであり、刑罰の再犯予防効果に着目するものである。たとえば、刑事施設で社会復帰のためのプログラムを実施するといったことがあげられる。

　威嚇効果に期待するのであれば、刑罰は重ければ重いほど良いと思うかもしれないが、話はそう簡単ではない。近代以前は、斬首、火あぶり、車裂きなど、死刑は当然、いかに苦痛を与えて殺すかという点で刑の重さを量るきわめて残虐な刑罰が用いられていたが、犯罪はなくならなかった。また、刑罰の威嚇効果は最大5年の自由刑*で高止まりするとの海外の実証研究もある（吉田敏雄『懲罰社会と刑法』〔成文堂、2014年〕72頁参照）。刑罰の消極的一般予防効果は、ゼロではないが限界があり、刑罰威嚇だけで犯罪を撲滅することはできない。

　刑罰の特別予防効果も同様である。刑事施設では受刑者に改善指導や教科指導などの矯正処遇を行っているが、令和2年版犯罪白書によると、2019（令和元）年の入所受刑者の再入者率*は58.3％と依然として高い。また、2015（平成27）年の出所受刑者の2年以内再入率*は全体で18.0％であるが、出所事由別に分けると仮釈放が11.2％に対して満期釈放が27.2％と高い。

　ここからわかるように、刑罰は犯罪予防にとって無意味ではないが、万能薬ではない。むしろ副作用の強い劇薬に例えられる。犯罪は、その時代の社会構造や、その人を取り巻く社会環境に大きく依存するところがあるため、その予防には教育や福祉といった一般的な施策の果たす役割が大きいのである。

　では、刑罰論で目的を論じる意味はどこにあるのだろうか。目的刑論の意義は、予防効果の見込めるものだけに刑罰を限定することにある。応報

刑罰の種類…刑罰によって剥奪される法益の種類に着目して、死刑など生命を奪う刑を生命刑、懲役や禁錮など自由を奪う刑を自由刑、罰金など財産を奪う刑を財産刑、むち打ちなど身体に損傷や苦痛を与える刑を身体刑という。
再入者率…入所受刑者人員に占める再入者の人員の比率をいう。
再入率…2年以内再入率とは、各年の出所受刑者人員のうち、出所年を1年目として、2年目、すなわち翌年の年末までに再入所した者の人員の比率をいう。

刑の観点のみでは刑罰は無意味な害悪の付与でしかなく、犯罪予防に役立たないばかりか、社会から隔離することで社会復帰を妨げむしろ再犯を助長してしまうこともある。しかし、刑罰も国の刑事政策の一環であり、犯罪予防という正当な目的をもった合理的なものでなければならない。したがって、目的刑論の考え方からすると、刑罰の名のもとで不必要な苦痛や自由剥奪などの害悪を強制することは許されない。

相対的応報刑論——歴史に学ぶ刑罰論

現在の刑法学では、応報刑論と目的刑論の双方の考えをとりいれ、刑罰は応報の枠内で予防目的を実現すべきであるという相対的応報刑論が通説となっている。この背景には、国家刑罰権は過度に個人の権利を侵害しがちであったため、刑罰に応報と予防目的の二重の限定をかける必要があるという歴史の教訓がある。

応報刑の観点のみの問題点は前述したとおりだが、目的刑の観点のみでも効果がありさえすれば行為者の責任を超えた刑罰が正当化されてしまうという問題がある。たとえば、些細な犯罪行為であっても治療のために長期間監禁するとか、再犯の危険がなくならないので生涯監禁するといった方法であり、これはもはや刑罰とはいえず保安処分と呼ばれる。

つまり、刑罰論は、歴史に学ぶなかで、刑罰権限定の理論であることに自覚的になり、その方向に発展してきたといえる。

規範意識の確証——世間の刑罰観

しかし、現在、そのような考えは世間の支持を得られにくいように思われる。たとえば、「たとえ死刑に犯罪の抑止効果がなくても、殺人などの重大な犯罪を行った者には死刑を科すべきだ」という意見について、あなたはどう思うだろうか。これは、2008年に某市で行われた厳罰化意識調査アンケートの質問項目の一つである。目的刑論の考えからすると、予防効果のない刑罰は科すべきでないのでこの意見には賛成できない。これに対

して、実際のアンケートでは、「そう思う」が83.1％で、「そう思わない」が6.3％であった。実は、世間は刑罰に犯罪予防効果など期待していないのではないだろうか。この意識調査の質問項目全体を分析することで、「厳罰化への支持は、犯罪を減らしたいという意識が直接的に影響するのではなく」、「権威主義的傾向が強い人ほど、また、モラル低下懸念が強い人ほど厳罰化を支持している」という仮説が裏づけられたという（松原英世『刑事制度の周縁』〔成文堂、2014年〕46頁以下参照）。

　この仮説によれば、厳罰化を支持する人の多くは、それによって犯罪を減らしたいというよりもモラルの低下を回復しようとしていることになる。つまり、少年法の厳罰化を支持する人の多くは、厳罰化によって少年犯罪が減るかどうかよりも、事件を起こした少年のモラルのない身勝手な態度が許せないというのが一番の理由なのだろう。このことは近年厳罰化された飲酒運転、あおり運転、児童ポルノの単純所持などにもあてはまるかもしれない。「そんな非常識なことをする人がいるなんてありえない！」という気持ちが厳罰化を支持する一番の原動力となっているのではないだろうか。そうであるとすれば、刑罰は、その社会における守るべき常識ないしモラルを再確認するために用いられているということができる。この常識の再確認のことを「規範意識*の確証」と呼ぶとすれば、刑法学でもこれに似た考えとして積極的一般予防論*という見解がある。

　つまり、世間では、刑罰は規範意識を確証するため（その社会における善い市民の条件を確認するため）に存在するので、「決められたルール（規範）を守ることが善い市民」であり、「市民として守るべき規範を遵守できない非常識な人には刑罰で強制して当然だ」という思考に至るわけである。いよいよこの思考の問題点を掘り下げてみたい。

原因論の衰退──ポスト・トゥルース時代の刑罰観

　決められたルールを守ることは市民として当然の義務なので強制して何が悪いと思われるだろう。しかし、決められたルールに従わせるだけでは

規範意識…規範を守ろうという意識で、人々が社会規範に沿った行動をとるのもこの規範意識によるとされている。法だけでなく、宗教、道徳、倫理なども社会規範として重要なはたらきをしており、規範意識を育成するうえで教育の果たす役割も大きなものがある。ただ、公共心の喪失、モラルハザードが生じるなかで、法によって規範意識を強制的に育成しよう、あるいは社会規範に占める法のはたらきを飛躍的に高めようという声が強まっている。

必ずしも問題の解決にならない場合がある。

　たとえば、飲酒運転で検挙される者のなかにはアルコール依存症者が一定割合存在するが、アルコール依存症は飲酒をコントロールできない病気なので、いくら重罰化したところでこの人たちの違反を防止することは難しい。問題解決には犯罪の社会的・環境的要因に着目する必要がある。

　また、約150年前のアメリカには逃亡奴隷法という法律があり、奴隷の逃亡に手を貸したり、逃亡奴隷だと知ったにもかかわらず所有者に返還しなかったりした者を処罰する規定があったが、少なくとも現代のわたしたちの感覚からすると、このルールにただ従うことが善い市民の態度であるとはいいがたいだろう。

　つまり、ルールに従っているかどうかという表層的な側面にのみに注目すると、なぜ違反が生じるのかという原因究明や、ルールそのもののおかしさに目が向かないのである。

　近年はこうした側面がますます等閑視されているように思われる。犯罪の原因について社会的・環境的要因に言及することは、自己責任論の浸透も相まって、むしろ加害者を甘やかし被害者を貶める行為として非難の対象となることも少なくない。しかし、よく考えてみるとわかることだが、今後そのような事件の被害者を出さないようにするには加害者の処罰だけでは足りず、冷静な原因究明と再発防止策の検討が不可欠のはずである。

　また、原因論の衰退は、現代のポスト・トゥルースと呼ばれる状況とも関係しているように思われる。ポスト・トゥルース（post-truth）とは、イギリスのEU離脱やアメリカ大統領選でのトランプ陣営勝利が決定した2016年を象徴する言葉として、オックスフォード英語辞典が選んだものであり、世論形成において客観的な事実よりも感情や個人的な事柄に訴えるほうが影響力のある状況を指す。近年はCOVID-19やそのワクチンに関するさまざまなフェイクニュースがSNS等で拡散しており、日本も例外ではない。

　このような真偽不明の事実や憶測が入り乱れる過度の情報社会では、個

積極的一般予防論…威嚇による消極的一般予防を批判し、刑法の任務を一般人の規範確証に求める立場。つまり、犯罪行為（規範の否定）に対して国家が刑罰を実際に科すことで（否定の否定）、一般人は当該規範が犯罪の存在によっても揺るぎないことを確認し、法への忠誠が習熟されるとする。この理論については、その社会ですでに確立している規範を確証するものであるから国家主義的な押しつけではないとされる一方、そうであったとしても国民意識に根づくとされる規範の内実が明らかでなく、結局は国民世論への無批判

人が正しい答えにたどりつくことは困難となる。それゆえ、いきおい自分の見たい事実にしか目を向けなかったり、権威によって裏づけられたわかりやすいルールを絶対視したりしがちとなる。このような情勢ゆえに、刑罰に規範意識の確証を期待する声が強くなるのかもしれない。刑罰法規は、権威によって裏づけられたわかりやすいルールの最たるものだからである。

　こうして厳罰化を支持する人たちはインターネット上でも厳罰化を支持する情報だけに囲まれ、さらに極端な世論が形成されていく。近年、こうした現象はサイバーカスケードやフィルターバブル、エコーチェンバーなどと呼ばれ、問題視されている。

社会の分断・匿名の暴力・排外主義の進行

　違反の原因やルールそのものの妥当性に目を向けず、決められたルールを絶対視するような生き方は、ときにそのルールに自ら依存し、社会の同調圧力を強め、逸脱者への暴力を助長し正当化する危険すらある。

　最近では、COVID-19の感染防止対策に伴う自粛要請に応じない個人や店舗を非難したり攻撃したりする行為が自粛警察と呼ばれ問題となっている。感染拡大に歯止めがかからない大変な状況下であり、今は国の要請に素直に従って全員が我慢しなければならないときなのに、それを守らない非国民には制裁を加えてよいということであろう。ルールを違反する個人にのみ焦点があてられ、はたして自粛だよりのルールで感染拡大が防止できるのかといったルールそのものの妥当性には批判の矛先が向かない。

　このような思考や行動はコロナ禍以前から存在していた。たとえば、世間の耳目を集める犯罪の被疑者が逮捕されると、その者の住所や職場などの個人情報を特定してインターネットの掲示板等に書き込む人たちがおり、その情報をもとに被疑者の自宅や職場に誹謗中傷の電話や手紙が大量に送りつけられる事態が生じている。ここにも、ルールを守れるのが市民であり、違反者はもはや市民ではないので何をしてもよい、という思考がみてとれる。ときにその特定情報が誤りであり、無関係の人間が攻撃対象とさ

な追認になりうるとの批判もある。

れる場合が問題だとしてニュースになることもあるが、情報が正しければよいという話ではない。そもそも国家刑罰権を有さない一市民が正義の名のもとに制裁を加えること自体に問題がある。

　先の自粛警察の例からもわかるように、そこでのルール違反は犯罪行為に限られない。法的には何ら問題のない行為であっても、それが世間のルール（あるいは一部の人たちの正義感に基づくルール）に違反する場合は容赦ない非難の対象となりうる。近年でも SNS 上での誹謗中傷が問題となり、自死者も出るなど深刻な事態を招いている。そこで行われているのは正義に適った刑罰の代行などではなく、不特定多数による一個人への私刑であり、匿名の暴力である。

　わたしたちが問題の原因を深く追求せずに、もっぱら刑罰というわかりやすい強制手段によって非常識な人を規律しようとするほど、実は自己責任・自己決定や排外主義・社会の分断をますます促進させることになりはしないだろうか。

ルールが間違っていることもある

　どうやら「決められたルール（規範）を守ることが善い市民である」という価値観を信奉するだけではうまくいかないことがわかってきた。この価値観に抜けている視点は何だろうか。それはずばり違反者の側ではなくルールそのものの側に問題がないかを問う視点である。

　たとえば、前述の逃亡奴隷法について、当時すでに奴隷制は多くの市民から反対の声があがっており、奴隷制に対する批判から逃亡奴隷法にあえて違反する人も少なくなかった。違反者は起訴され刑事裁判にかけられることになるが、アメリカでは陪審制*がとられており、もしあなたがその事件の陪審員だったとしたら、どのような評決を出すべきだろうか。事実認定からすれば有罪評決しかないはずだが、実際には、逃亡奴隷法や禁酒法違反で起訴された者や、ベトナム戦争への抗議のために建造物に侵入し起訴された者などに対して、アメリカ市民は法を無視して無罪評決を出し

陪審制…陪審員は一般市民から抽選され、陪審員のみで「この人が犯人かどうか」の事実認定を行い、有罪・無罪の評決をだす。一方、適用される法やその解釈については職業裁判官の説示に従わなければならない。もっとも、州によって制度に多少の違いがある。

てきた。これはジュリー・ナリフィケーション（jury nullification 陪審による法の無視）と呼ばれ、ルールの内容やその適用方法が不正であり改められるべきことを立法機関や法執行機関に対してフィードバックする機能を果たしてきたといわれる。

　もっとも、ジュリー・ナリフィケーションは、陪審員の役割が事実認定に限られ、法律それ自体のおかしさに直接言及することができないためにとられる非常手段ではある。これに対して、違憲立法審査権を有する裁判官であれば、法律それ自体を違憲無効とすることも可能である。日本の最高裁判所も、当時の刑法200条の尊属殺重罰規定*について、不合理に重すぎる刑罰であり憲法14条に違反するとの違憲判決を下したことがある（最大判昭和48・4・4刑集27巻3号265頁）。

　ここからわかるとおり、決められたルールは絶対に守らなければならないという考えは自明ではないし、実際にも法を適用する司法には法を是正する仕組みが備わっている。あるルールが刑罰で強制されているからといって、そのルールが絶対に正しいということにはならない。むしろ、そのような強制力を伴うぶん、厳しい審査が必要であるといえる。

法を尊重しつつも是正する

　では、裁判官でも陪審員でもないわたしたちは、法の規定するルールとどのように向き合えばよいのだろうか。もちろん、自分が悪法だと思う法律は無視してよい、などということにはならない。悪法にも従わざるをえないことの例えとして、不当な死刑判決を受けて亡命を勧められながらもその判決を受け入れたソクラテスの話がよく引き合いに出される。ただし、その一方で、冤罪で自身を告発した人々を容赦なく論駁したソクラテスの姿も見落としてはならない。この点をとらえて、遵法義務とは、悪法を尊重しつつも、是正する義務であるといわれる（横濱竜也「悪法を是正する義務」静岡大学法政研究19巻2号〔2015年〕23頁以下参照）。唯々諾々とルールに服従することが遵法精神ではない。

尊属殺重罰規定…現在は削除されているが、刑法200条に「自己又は配偶者の直系尊属を殺したる者は死刑又は無期懲役に処す」との規定があった。この法定刑は相当に重く、現行法上で可能な最大2回の減刑を行っても3年6月以上の懲役となり、執行猶予（3年以下の懲役が対象）を言い渡すことができないものであった。

　近年はCOVID-19対策に罰則を設けることの是非が議論になっている。たしかに欧米では外出禁止等を罰則付きで強制するハードな規制がなされている。その一方で、たとえばフランスでは、個々の禁止命令に対する迅速な裁判上の救済がなされ、議会や国内人権機関*等が継続的に人権侵害の有無を監視し、報告書を公表するなどしており、単なる規制のみならずそれに対する監視や救済（検証と改善）も用意されているとの指摘が重要である（曽我部真裕「立憲主義のあり方から見る『自粛か強制か』問題」判例時報2458号〔2020年〕144頁参照）。わたしたちがルールについて語るとき、違反した場合にどのような制裁を科すかという側面のみが争点となりがちだが、強力な制裁を予定するのであれば、そのルールが実際にうまくはたらくかをどのようにチェックし、うまくいかない場合にはどのように改善するかという視野をもって議論することが重要であるといえる。

　したがって、ルールそれ自体の妥当性を問わずに決められたから従うことが善で、違反することが悪という判断はきわめて片面的であることがわかるだろう。わたしたちがルールに向き合うにあたり、そのルールの正しさを検証し誤りを是正する視点も車の両輪として必要なのである。

■ わたしたちが刑罰を語る意味

　これまでをふりかえり、わたしたちが刑罰を語る意味を考えてみよう。とくに18歳以上の読者は、今後、裁判員に選ばれ実際の量刑に関与しうる立場にあることからも、刑罰に無関心ではいられない。

　わたしたちは、理解不能な悪人や非常識な人間を懲らしめ、排除する視点で刑罰を語りがちであるが、刑罰論はそのようなことを正当化する理論ではなかった。そもそも、刑罰は一時的には排除（隔離）を伴っても、最終的には社会復帰（包摂）を想定して用いられるべきものであり、刑罰論とは、むしろわたしたち一般市民が刑罰法規の正しさをチェックするための理論だということが確認できたはずだ。

　とくに刑罰論が歴史に学ぶなかで刑罰権限定の理論として発展してきた

国内人権機関…136頁参照。

という事実は重要である。誤った刑罰が濫用されてきたことは誰もが否定できない歴史的現実であり、その反省から理論が生まれたのである。

　たとえば、憲法36条では残虐な刑罰を絶対に禁止している。これはアメリカ合衆国憲法の規定に由来し、さらにはイギリスの権利章典などにまで遡ることができる。その意味で残虐な刑罰の禁止は文明国における共通の規範的基盤を形成するものといえるが、必ずしもその規範どおりにいかなかったわが国の歴史的現実に鑑み、「絶対」的禁止が憲法上明記されるに至ったといわれる（樋口陽一ほか『注釈　日本国憲法　上巻』〔青林書院新社、1984年〕763頁参照）。ポスト・トゥルースといわれる時代だからこそ、このような歴史的現実とそこから発見された共通の価値の重要性を再確認すべきではないだろうか。

　刑罰法規に従いつつ、それが感情にまかせた過剰なものでないか（応報刑の視点）、そして、本当に犯罪抑止効果があるのか（目的刑の視点）をチェックし、問題があればその点を批判し、解決のためのより優れたルールを模索する。これからはそのような視点から刑罰を語ってみよう。

参考文献

ベッカリーア（風早八十二＝五十嵐二葉訳）『犯罪と刑罰』（岩波文庫、1959年）

佐伯千仞『刑法講義総論』（有斐閣、1981年）

梅崎進哉「厳罰化・被害者問題と刑法の存在理由」森尾亮＝森川恭剛＝岡田行雄編『人間回復の刑事法学』（日本評論社、2010年）3頁以下

井田良＝松原芳博編『立法学のフロンティア　3』（ナカニシヤ出版、2014年）

キャス・サンスティーン（伊達尚美訳）『＃リパブリック』（勁草書房、2018年）

連載「リーガルラディカリズム　Part I　ルールの破り方」論究ジュリスト27号（2018年）99頁以下および28号（2019年）93頁以下

アンドレアス・フォン・ハーシュ（松澤伸訳）『デザート・モデルの量刑論』（成文堂、2021年）

ティム・ニューバーン（岡邊健監訳）『犯罪学』（ニュートンプレス、2021年）

武内謙治＝本庄武『刑事政策学』（日本評論社、2019年）

···················· C O L U M N ····················
性犯罪の見直し

　平成29年法律72号により刑法の一部改正が2017年7月13日から施行された。この改正では、強姦罪の強制性交等罪への変更も行われた。改正後の刑法177条では、被害者の性別は問わないこととされた。女性が加害者になって男性に性交等を強いる場合にも強制性交等罪が成立することになった。処罰対象となる行為も「性交、肛門性交又は口腔性交」（性交等）に拡大された。強姦罪の強制性交等罪への名称変更に合わせて、刑法178条の準強姦罪も準強制性交等罪に名称が改められた。改正後は被害者の告訴がなくても起訴できるようになった。

　法律72号では、付則で、政府は、この法律の施行後3年を目途として、性犯罪について検討を加え、必要があると認めるときは所要の措置を講ずることと規定された。そこで、法務省は、「性犯罪に関する刑事法検討会」を省内に立ち上げた。検討会は、2021年5月21日、法相宛に報告書を提出した。

　強制性交等罪などでは加害者の「暴行・脅迫」が要件とされているため適用範囲が狭いとし、この要件を外し、同意のない性交をすべて処罰する「不同意性交罪」の創設を求める声も被害者団体を中心に強い。しかし、検討会は「不同意」のみを要件とすれば、処罰範囲を判断するうえで課題があると指摘し、加害者が用いる手段として暴行・脅迫のほか、威迫や偽計、監禁などを列挙することを提案した。公訴時効撤廃など多くの論点でも賛否が併記された。家庭内や教師・生徒間といった地位、関係性を悪用した性行為の処罰のありかたなども検討されたが、方向性を打ち出すには至らなかった。

　しかし、2021年9月10日の閣議後の記者会見で、上川陽子法相は、9月16日の法制審議会総会に諮問すると明らかにした。暴行や脅迫があっ

たと立証できないと強制性交等罪が成立しない「暴行・脅迫」要件をどう改正するかが最大の焦点となる。そのほか、性的画像の撮影や画像を他人に提供する罪の新設、没収・消去する仕組みの導入、公訴時効の期間、性交同意年齢の引き上げ、地位や関係性を悪用した性行為に対する処罰規定の必要性なども論点となる。

　ちなみに、福岡市内の飲食店で2017年２月、酒に酔った女性（当時22歳）に対し、抵抗拒否できないことに乗じて性交したとして準強姦罪（現準強制性交等罪）で起訴された会社役員に対し、福岡地裁久留米支部は、2019年３月12日、無罪を言い渡した。無罪判決は別の性犯罪事件の無罪判決とともに批判を集め、性暴力撲滅を訴える「フラワーデモ」が開催されるきっかけになった。

　検察側は「被告人は女性の状態を認識していた」として控訴した。控訴審の福岡高裁は、2020年２月５日、一審判決を破棄し、懲役４年の実刑を言い渡した。「飲み会に初めて参加し酔い潰れた女性が、被告人との性行為まで同意したと考えるには何段階もの飛躍がある」と断じ、酩酊して眠り込んで抗拒不能の状態だった女性を被告人が直接見て性交をしていることを根拠に、「被害者が抗拒不能状況にあると認識していたと優に認められる」と故意を認定した。

　最高裁第一小法廷（山口厚裁判長）も、2021年５月12日、裁判官全員一致の結論で、被告人側の上告を棄却する決定をした。

刑 事 手 続 の 流 れ

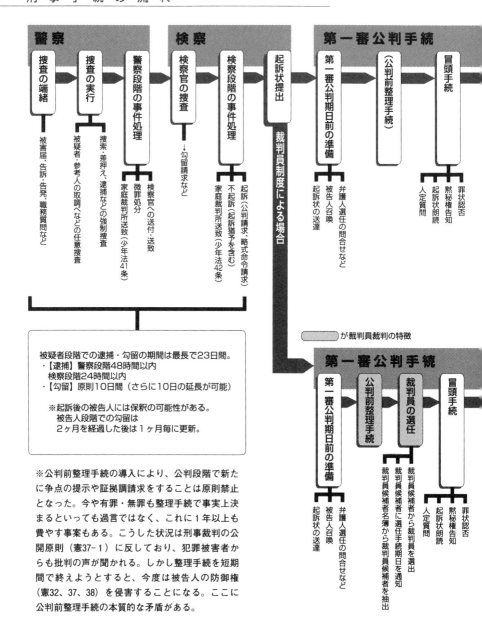

警察

捜査の端緒
被害届・告訴・告発・職務質問など

捜査の実行
被疑者・参考人の取調べなどの任意捜査
捜索・差押え、逮捕などの強制捜査

警察段階の事件処理
微罪処分
検察官への送付・送致
家庭裁判所送致（少年法41条）

検察

検察官の捜査
→勾留請求など

検察段階の事件処理
不起訴（起訴猶予を含む）
起訴（公判請求、略式命令請求）
家庭裁判所送致（少年法42条）

起訴状提出

裁判員制度による場合

第一審公判手続

第一審公判期日前の準備
起訴状の送達
被告人召喚
弁護人選任の問合せなど

（公判前整理手続）
人定質問
起訴状朗読
黙秘権告知
罪状認否

冒頭手続

被疑者段階での逮捕・勾留の期間は最長で23日間。
・【逮捕】警察段階48時間以内
　　　　検察段階24時間以内
・【勾留】原則10日間（さらに10日の延長が可能）

※起訴後の被告人には保釈の可能性がある。
　被告人段階での勾留は
　2ヶ月を経過した後は1ヶ月毎に更新。

が裁判員裁判の特徴

第一審公判手続

第一審公判期日前の準備
起訴状の送達
被告人召喚
弁護人選任の問合せなど

公判前整理手続
裁判員候補者名簿から裁判員候補者を抽出
裁判員候補者に選任手続期日を通知

裁判員の選任
裁判員候補者から裁判員を選出

冒頭手続
人定質問
起訴状朗読
黙秘権告知
罪状認否

※公判前整理手続の導入により、公判段階で新たに争点の提示や証拠調請求をすることは原則禁止となった。今や有罪・無罪も整理手続で事実上決まるといっても過言ではなく、これに1年以上も費やす事案もある。こうした状況は刑事裁判の公開原則（憲37-1）に反しており、犯罪被害者からも批判の声が聞かれる。しかし整理手続を短期間で終えようとすると、今度は被告人の防御権（憲32、37、38）を侵害することになる。ここに公判前整理手続の本質的な矛盾がある。

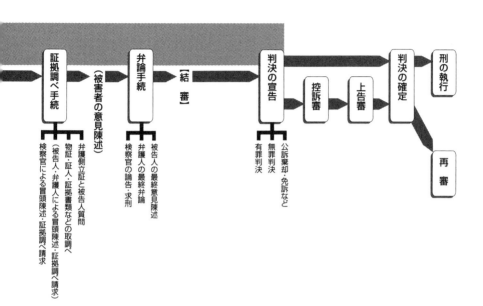

証拠調べ手続
〈被害者の意見陳述〉
検察官による冒頭陳述・証拠調べ請求
被告人・弁護人による冒頭陳述・証拠調べ請求
物証・証人・証拠書類などの取調べ
弁護側立証と被告人質問

弁論手続
検察官の論告・求刑
弁護人の最終弁論
被告人の最終意見陳述

【結　審】

判決の宣告
有罪判決
無罪判決
公訴棄却・免訴など

控訴審

上告審

判決の確定

刑の執行

再　審

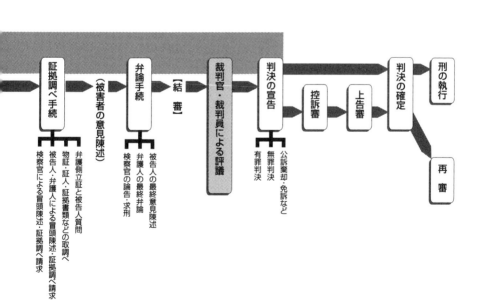

証拠調べ手続
〈被害者の意見陳述〉
検察官による冒頭陳述・証拠調べ請求
被告人・弁護人による冒頭陳述・証拠調べ請求
物証・証人・証拠書類などの取調べ
弁護側立証と被告人質問

弁論手続
検察官の論告・求刑
弁護人の最終弁論
被告人の最終意見陳述

【結　審】

裁判官・裁判員による評議

判決の宣告
有罪判決
無罪判決
公訴棄却・免訴など

控訴審

上告審

判決の確定

刑の執行

再　審

市民生活と刑事司法の交錯
SECTION
2

再審
──冤罪を防ぎ救済する努力とは

■■■ 「再審」とは ■■■

　神による裁判は、それが真実であり、そこに誤りが生じることはない。か
つてそのように考えられていた時代もあった。しかし、今日裁判は人間の手
によるものであることを疑う者はいない。それは、裁判に誤りが生じうるこ
とを意味している。したがって、裁判の正当性を保つためには、誤りをただ
さなければならない。そのための制度が「再審」である。しかし、再審をめ
ぐっては、冤罪被害者の救済（＝再審請求の容認）と法的安定性（＝再審請
求の否定）とが対立してきた。この相反する利益について、どのように折り
合いをつけるかが常に問題となってきたのである。（このような「対立」と
「折り合い」という構造の設定自体に問題があるとも考えられるが、少なくとも
これまでそのように考えられてきた。）この折り合い、つまり「再審請求を認
める理由の幅は、権威主義的国家ほど狭く、自由主義的国家ほど広い」（横
山晃一郎）ともいわれる。

　ここでは、日本の再審について考えてみよう。そこから、日本社会が置か
れている状況を垣間見ることができるはずである。

不利益再審の廃止と最高裁白鳥決定
　戦後の刑事訴訟法が不利益再審を廃止したことなどから、再審の目的は

「無辜の救済」にあるといわれる。しかし、再審は「開かずの扉」といわれ、それが十分に機能することはなかった。これが動くきっかけとなったのが、「白鳥決定」（最決昭50・5・20刑集29巻5号177頁）である。同決定は、再審理由の一つ（刑事訴訟法435条6号）につき、次のように述べている（以下、法令名をあげていない場合は刑事訴訟法を指す）。435条6号にいう「『無罪を言い渡すべき明らかな証拠』とは、確定判決における事実認定につき合理的な疑いをいだかせ、その認定を覆すに足りる蓋然性のある証拠をいうものと解すべきであるが、右の明らかな証拠であるかどうかは、もし当の証拠が確定判決を下した裁判所の審理中に提出されていたとするならば、はたしてその確定判決においてなされたような事実認定に到達したであろうかどうかという観点から、当の証拠と他の全証拠と総合的に評価して判断すべきであり、この判断に際しても、再審開始のためには確定判決における事実認定につき合理的な疑いを生ぜしめれば足りるという意味において、『疑わしいときは被告人の利益に』という刑事裁判における鉄則が適用されるものと解すべきである」。（ただし、白鳥決定は再審請求を認めなかった。）その後の財田川決定（最決昭51・10・12刑集30巻9号1673頁）は、白鳥決定をさらに深化させている。

　白鳥決定の重要性は、同決定に前後して再審請求された「免田事件」を考えてみればよりわかりやすい。免田事件に対して最初の再審開始決定が出されたのは、第3次再審請求に対してである（熊本地八代支決昭31・8・10LEX/DB25561031）。この決定は、請求側提出証拠（アリバイに関する証言ほか）、第一審取調証拠だけではなく、職権で取り寄せた証拠を詳細に検討のうえ、アリバイの成立を認め、再審開始を決定した。しかし、検察官の即時抗告を受けた福岡高裁は、請求側提出証拠は取り調べ済みという理由で証拠の新規性を否定し、開始決定を破棄した（福岡高決昭34・4・15LEX/DB25561032）。弁護側の特別抗告も棄却された（最決昭36・12・6判例集未登載）。この後も日本弁護士連合会（以下、「日弁連」とする）の支援のもとに第4次請求、第5次請求と続いたが、いずれも証拠の新規性なら

びに明白性の要件を満たさないとして棄却された。第6次請求（1972〔昭47〕年4月17日請求）の審理中に白鳥決定は出された。熊本地裁八代支部は証拠の明白性を否定し、請求を棄却した（熊本地八代支決昭51・4・30 LEX/DB24005734）ものの、弁護側の即時抗告を受けた福岡高裁は、白鳥決定に則って原決定の認めた新たな証拠と旧証拠とを総合評価し、原決定を取り消し、再審開始を決定した（福岡高決昭54・9・27高刑集32巻2号186頁）。その後の検察官の特別抗告も最高裁で棄却され（最決昭55・12・11刑集34巻7号562頁）、再審開始が確定した。そして、再審公判で無罪が確定した（熊本地八代支判昭58・7・15判時1090号21頁）。

　ここで注意すべきは、第3次請求の熊本地裁八代支部決定以来、実質的に格別新しい証拠が加わったわけではない点である。すなわち、実質的に「新しい証拠」が加わったのではなく、「新しい論理」（＝白鳥決定）が裁判所にもたらされたことから、再審開始決定と無罪判決に結びついたのである。第3次請求を容認した熊本地裁八代支部の決定と、第6次請求における無罪判決は、ほとんど同じ論理（アリバイ成立）、同じ論拠（証拠とその評価）であった。

　白鳥決定以降1990年頃の間で著名な事件の結論だけに着目してみても、免田事件のほか、財田川事件、弘前事件、加藤事件、米谷事件、松山事件、徳島事件、梅田事件、島田事件などの再審開始決定ならびに再審公判無罪判決がある。他方で、同じ期間でみたとき、江津事件、狭山事件、牟礼事件、丸正事件、山本老事件などのように再審請求が棄却される例も多くあった。

　この結論の相違は、白鳥決定に内在された問題の表れでもあった。白鳥決定は画期的であったものの、裁判官による解釈（裁量）の余地が大きくあった。たとえば、最高裁調査官（田崎文夫）は、白鳥決定を次のように解説している。「新証拠の重要性、その立証命題と無関係に、再審裁判所が旧証拠をあらいざらい評価し直して自ら心証を形成し、確定判決の動揺の有無を審査することまで認めた趣旨ではなかろう。……旧証拠の再評価

といっても限度があると考えるべきであろう」。すなわち、白鳥決定の射程を限定するように解釈されていることがわかる。さらに1990年前後からは、白鳥決定を踏まえつつも、再審請求審の段階で被告人にとって不利益な再評価が行われている（最決平9・1・28刑集51巻1号1頁、最決平10・10・27刑集52巻7号363頁など）。（なお、元裁判官・瀬木比呂志は次のようにいう。「再審開始決定をすれば、その裁判官の将来に影響が出る可能性が相当に高いということです。こうした報復は、常にそうですが、いつどうなるかわからないところが恐ろしいわけです。でも、まずは間違いなく、ある段階で響いてきます」。この問題については、本稿では立ち入らない。）

　再審開始決定の後に無罪となった近時の事例をみると、遺留品のDNA型鑑定を行い、遺留されたDNA型と請求人のDNA型が一致しない（すなわち別に真犯人がいることを示す）ことが新証拠とされているものがある（足利事件、東電社員殺害事件）。これらの事例では、新証拠それ自体が、請求人は犯人ではないことを示すものであり、裁判所が新証拠の証明力が高いことを重視しているのであれば、白鳥決定のいう総合評価とはかけ離れている可能性がある。

白鳥決定を十分踏まえても、救済されない⁉

　白鳥決定の趣旨を十分に敷衍したとしても、救済されない事例がある。そのうちの代表的ないくつかをあげてみよう。

　菊池事件には、次のような事情がある。Ⓐ裁判が当初はハンセン病療養所内に、その後は熊本刑務所菊池医療刑務支所内に開設された特別法廷において、実質的に非公開で行われたうえ、ハンセン病に対する偏見に満ちた手続であった（熊本地判令2・2・26判時2476号44頁は、本件特別法廷での裁判につき、日本国憲法13条および同14条1項に違反し、同37条1項、同82条1項に違反する疑いがあると指摘している。以下、「憲法」と表記した場合には日本国憲法を指す）。Ⓑ元被告人に対してすでに死刑が執行されており、再審請求ができない（法的には遺族が請求することは可能であるが〔439条1項

４号〕、本件についてはその状況にはない）。Ⓒ ⒶおよびⒷに関連して、検察官は再審を請求することができる（439条１項１号）ものの、検察官に再審請求を要請してもこれに応じていない（本件については、COLUMN「菊池事件の国民的再審請求」〔188頁〕を参照）。

大崎事件には、次のような事情がある。Ⓓ第１次および第３次再審請求において、再審開始決定が出されたものの、いずれも検察官の抗告により開始決定は取り消されている。Ⓔ第２次請求の段階で、警察・検察は「（裁判所に提出していない）証拠は存在しない」旨主張していたにもかかわらず、その後五月雨式に200点以上の未開示証拠が開示された。さらに、この開示後検察官は「（これ以上）証拠は存在しない」旨主張したにもかかわらず、第３次請求の段階で、新たな証拠（写真のネガフィルム）が開示された。

再審法改正の提案

白鳥決定の趣旨を十分に敷衍したとしても救済されない事例がある以上、法改正が必要である。たとえば、次のような提案がある。

①「明らかな証拠」（435条６号）を「事実誤認があると疑うに足りる証拠」に改める。これは、白鳥決定が示した内容（新証拠と確定判決の旧証拠とを全面的に再評価すること、および「疑わしいときは被告人の利益に」という鉄則が適用されること）を明文化することを意味する。

②憲法違反および憲法解釈の誤りを再審理由（435条）に追加する。上記Ⓐのように憲法違反の手続によって裁判が行われたことが明らかな場合、再審によって確定判決を取り消すことが認められなければ、憲法違反の手続や判決が是正されないまま放置されることを意味している。

③再審請求権者（439条１項）に法務大臣、日弁連会長、全国単位弁護士会長を加える。上記Ⓑのように、冤罪は親族にも深刻な被害を与えるため、元被告人の死亡後再審が途絶える例は少なくない。元被告人の名誉だけではなく、親族が受けた被害を回復するためにも再審が必要である。検察官

は再審を請求することが可能であるものの、真犯人が明らかになった場合（氷見事件）のほかには、上記Ⓒのように再審請求はしていない。したがって、再審請求権者を拡大しなければならない。

　④再審開始決定および再審無罪判決に対する検察官の不服申立てを禁止する（450条）。上記Ⓓのように検察官による不服申立て（抗告）が繰り返された結果、大崎事件では最初の再審開始決定（鹿児島地決平14・3・26判タ1207号259頁）から約20年が経過しており、冤罪の被害が続いている。また、大崎事件に限らず、検察官は再審開始決定に対してほとんどの場合で不服申立て（抗告）をしている。

　⑤再審請求権者および弁護人に対して、検察官の手持ち証拠等のリストを含めて検察官保管記録をすべて開示する旨の規定を設ける。上記Ⓔの第2次請求審では、検察官は裁判所による証拠の開示勧告には応じず、開示しても検察側にとって弊害がないと考える証拠を個別に（請求人側に対してではなく）裁判所に対して開示するという態度をとった。それでも上記Ⓔのような証拠が明らかになった。また、東電社員殺害事件では、再審請求審における裁判所からの証拠開示の勧告により検察官から開示された証拠が、再審開始決定や再審無罪判決に結びついている。これらは、請求人にとって有利な証拠が、（検察官自身が知ってか知らずか）検察官の手元に秘蔵されていることを示している。

「再審無罪」だけでOKか

　現在の再審は、請求人はもちろん弁護人にとっても非常に負担が大きい。したがって、再審請求が認められて再審が開始され、公判で無罪判決がなされれば、それは一つの大きな成果である。それとともに、なぜ裁判が誤ったのかを検証し、その後の刑事手続に活かすことも、再発防止の観点からは必要であろう。

　これまでにも、刑事手続に関わる諸機関によって、誤判原因の検証が行われた例はある。足利事件においては、警察、検察、日弁連がそれぞれ検

証を行い、結果を公表している（裁判所は検証自体を行っておらず、問題である）。しかし、警察・検察による検証では、足利事件の誤判原因の一つである虚偽自白がなされた主たる責任は、元被告人にあるという趣旨の主張がなされており、取調べの手続上あるいは捜査構造上の問題はとりあげられていない。また、日弁連の検証も十分とはいえない。

　前述の菊池事件等をめぐって、最高裁によって設置された有識者委員会は、ハンセン病を理由とする特別法廷は憲法14条１項に違反し、同37条、82条１項に違反する疑いが払拭できないとしている。これに対して、最高裁が公表した「ハンセン病を理由とする開廷場所指定に関する調査報告書」（2016年４月）においては、ハンセン病を理由とする特別法廷は違憲とはされず、裁判所法69条２項に違反するにすぎないものとされている。

　上記の例によれば、刑事手続に関わる諸機関に自己検証を求めても、踏み込んだ検証は期待できそうにない。したがって、第三者機関による検証が求められよう。たとえば、2011年に日弁連は、「えん罪原因調査究明委員会の設置を求める意見書」を公表している。そこでは、イギリスやカナダの制度を参考にしつつ、国政に対する幅広い調査権限を有する衆参両議院によって構成された第三者機関を、国会に置くことなどが提案されている。

新たな脅威——共謀罪

　2017年に「テロリズム集団その他の組織的犯罪集団による実行準備行為を伴う重大犯罪遂行の計画」に対する罪（以下、共謀罪とする）が設けられた（組織的な犯罪の処罰及び犯罪収益の規制に関する法律６条の２）。この共謀罪は、一定の犯罪につき、実行行為がなくても合意（共謀・計画）がなされた段階で処罰を可能とするものである。したがって、名目上はテロ対策であるものの、実質的には内心（目的）を処罰するものであり、さらにその主眼はテロ対策ではなく権利運動の抑圧にあると考えられることなどから、戦前・戦中の治安維持法との関連性（類似性）が指摘されてきた

（ただし、戦時体制の確立など、両者を取り巻く社会状況も類似していることに注意する必要がある）。

　共謀罪について考えるために、治安維持法の運用方法を確認しておこう。ⓐ治安当局によって事件がでっち上げられることがあった。後述の横浜事件をはじめ、治安維持法が初適用された京都学連事件などが挙げられる。ⓑ「罪となるべき事実」の認定がずさんであった。すなわち、事実から出発してその構成要件該当性を判断するのではなく、治安維持法の構成要件に該当するという規範的評価がはじめにあり、それに符合するように事実が列挙された。ⓒマスメディアが積極的に利用された。新聞紙法19条は、公判前の事件につき、検察官に記事を差し止める権限を与えていた。これが活用され、当初は検察官が報道を禁止しておき、解禁後は治安当局のストーリーに沿ったかたちでセンセーショナルに報道させた。ⓓ批判が封じ込められた。滝川事件に代表されるように研究者が大学から追放されたほか、コム・アカデミー事件や人民戦線事件のように研究者が直接治安維持法違反で検挙された。ⓔ検察官（思想検事）が治安維持法の解釈や運用を主導した。裁判所は逸脱解釈や逸脱運用に対する歯止めにはならず、むしろそれを追認した。ⓕスパイや拷問などのダーティな手段が用いられた（小林多喜二の虐殺事件がよく知られている）。治安維持法が実質的に内心を処罰するものである以上、人の内心を表出させるために、親しい人間を装って告白させたり、無理やりに吐露させる必要があった。以上確認したⓐ～ⓕのような運用は、必然的に冤罪をもたらす。

治安維持法下の冤罪――横浜事件

　治安維持法のもとでの著名な冤罪事件に「横浜事件」がある（横浜事件は、芋づる式に検挙が行われた複数の事件の総体であり、ここに述べるのはその一端にすぎない）。1942年9月に細川嘉六（社会政治学者）が執筆した論文が共産主義を宣伝したものであるとして、細川が特高警察に検挙された（当該細川論文は、雑誌掲載前に内務省検閲官の検閲を通っており、公刊後も検

閣上の問題は生じていなかったところ、軍部の横槍で細川の検挙に至っている）。

　この検挙に先立つ1942年7月、細川は自身の著書の出版を記念して、富山県泊町で出版関係者等を招いて会食した。その際、出席者一同の記念写真が撮影されていた。

　特高警察は、この泊町での会合こそ、細川を中心に共産党再建準備を協議したものに違いないとみて、記念写真に写っている者とその関係者を芋づる式に検挙した。それは、政治経済研究会（昭和塾）、満州鉄道、中央公論社、改造社、朝日新聞社、日本評論社、岩波書店等の言論・出版関係者へ拡大していった。その過程では、特高警察による過酷な拷問があったことが、再審で確認されている。

　横浜事件の被告人は、1945年8月14日以降も約30名が執行猶予付有罪判決を受けた。国体護持を至上命題としていた当時の政府は、ポツダム宣言（その10項では「日本国政府ハ日本国国民ノ間ニ於ケル民主主義的傾向ノ復活強化ニ対スル一切ノ障礙ヲ除去スヘシ言論、宗教及思想ノ自由並ニ基本的人権ノ尊重ハ確立セラルヘシ」と述べられている）受諾後も、国体護持と一体の治安維持法は、なお効力をもつとしていたからである。そこでの裁判は実体を伴っておらず、「裁判とはいえない」もの（担当弁護人・海野普吉）であったという。

■ 横浜事件と再審

　横浜事件は4次にわたり再審が請求されている。ここでは、その再審（その後の刑事補償および国家賠償請求訴訟を含む）の過程で明らかになったことのうち、いくつかをとりあげて確認しておこう（横浜事件に関連する文書〔判決・決定を含む〕は、参考文献欄に記載の図書に網羅されている。それに掲載がないもののみ出典を示す）。

　第一に、裁判所は治安維持法がポツダム宣言に反することを否定した。すなわち、第3次請求審決定は、治安維持法はポツダム宣言により効力を失ったとして、再審開始を決定した。しかし、同即時抗告審決定は、その

理由を否定し、別の理由により再審開始を決定した。

　第二に、裁判所は、第3次再審公判および第4次再審公判において、「無罪」ではなく、有罪判決確定後に刑の廃止や大赦があったことを理由に、「免訴」（旧刑事訴訟法363条）を言い渡した。すなわち、裁判所は、有罪確定判決を法律上失効させただけであり、有罪の事実認定（治安維持法違反をでっち上げたこと）は否定しないままで終結させたことになる。

　第三に、再審請求人は、(1)治安維持法の悪法性と歴史的役割について裁判所としての見解を示すこと、(2)再審請求を拒否し続け、元被告人全員が死亡するまで60年間も放置した司法の責任について見解を明らかにすることを求めていた。しかし、一連の再審裁判、刑事補償決定、国家賠償請求訴訟（東京地判平28・6・30判時2407号14頁、東京高判平30・10・24判時2407号9頁）において、裁判所はそれに応えることはなかった。

　ところで政府は、治安維持法について次のような見解を示している（衆議院法務委員会2017年6月2日法務大臣発言）。「治安維持法は、当時適法に制定されたものでありますので、同法違反の罪に係ります勾留、拘禁は適法でありまして、また、同法違反の罪に係る刑の執行も、適法に構成された裁判所によって言い渡された有罪判決に基づいて適法に行われたものであって、違法があったとは認められません。したがって、治安維持法違反の罪に係る勾留もしくは拘禁または刑の執行により生じた損害を賠償すべき理由はなく、謝罪及び実態調査の必要もないものと思料をいたしております」。また、治安維持法が憲法に違反するかどうかについて、法務大臣は回答しないとしている（衆議院法務委員会2005年7月12日）。治安維持法の運用を担った特高警察官、思想検事、思想判事の多くが、戦後も政府、行政機関、裁判所等で要職を務めたことは、このような政府の見解を裏づけるものであろう。

　治安維持法に対する戦後の政府の姿勢が、横浜事件に関する一連の再審請求、再審公判、刑事補償決定、国家賠償請求訴訟における裁判所の判断に影響を与えているといわれている（憲法上三権分立であり、裁判所・裁判

官の独立が保障されているはずなのになぜだろうか。前述の瀬木比呂志のいう再審開始決定をした裁判官のその後のキャリアの問題も含めて、「法社会学」などの司法制度の実態に関する授業で学習してみよう）。

共謀罪の運用はどうなる？

共謀罪は治安維持法と関連性（類似性）を有するので、共謀罪の運用を考えるにあたっては、治安維持法の運用が参考になる。前述の治安維持法の運用に沿って、共謀罪で予想される運用をみてみよう（以下の(a)〜(f)は、前述の治安維持法に関する@〜⑥に対応している）。(a)共謀罪はテロ対策を目的とされるが、実際には「テロ以外準備罪」（髙山佳奈子）と呼ばれるように、テロ対策とはなっていない。真の立法目的は権利運動の抑圧にあると考えられている。表向きの立法目的（テロ対策）と真の立法目的（権利運動の抑圧）が乖離している場合、事件のでっち上げが起こる危険性がある。(b)共謀罪は行為者の内心（目的）が実質的な処罰根拠になるので、事実認定においては、行為者の主観が重視されることになる。この主観を大きく膨らませ、さらに被疑者・被告人らの事件関係者に対して「暴力団関係者」、「テロリスト」、「社会の敵」等のレッテルが貼られる。そのうえで、行為者の主観につき構成要件に該当するという規範的評価が先行し、それに符合するように事実が列挙されることが懸念される。(c)メディアによるプライバシー侵害や集団的過熱取材の深刻化は、市民のメディア不信を招いており、権力がこれに乗じてメディアに介入していると指摘されている。また、日本の犯罪報道の特徴の一つとして、犯罪報道のほとんどが捜査機関（警察）からの情報に依拠してなされる結果、捜査機関の側の視点に立った被疑者＝犯人というニュアンスの報道がほとんどであることが挙げられる。さらに、SNSの発達はその匿名性もあって、被疑者・被告人（だけでなくその家族や被害者も）に対する誹謗中傷を招いている。これらが事件のでっち上げ〔(a)〕やレッテル貼り〔(b)〕に寄与しうる。(d)2020年に菅義偉首相は、日本学術会議が推薦した新会員候補者のうち、6名の任命を拒

否した。その6名は、安全保障関連法や共謀罪について批判的立場をとる研究者であった（本件につき保阪正康は、滝川事件以上の動きであるという）。このような政府からの圧力だけではなく、刑事法研究者の間では、1990年代後半以降は「立法の時代」（松尾浩也）であるとして、刑事立法に対する批判が受け入れられにくくなっている点には注意を要する。(e)戦後の検察官は、実質的に強制捜査権を手中に収めるなど、戦前・戦中よりも大きな権限を有している。(f)行為者の内心を把握するための手段として、通信傍受法の対象犯罪の拡大、室内会話の傍受、GPS を利用した位置情報の継続的・網羅的取得、協議・合意制度の対象犯罪の拡大などの立法化が行われると予想されている。とくに、共謀罪事件では、客観的証拠が乏しく関与者の供述が決定的な証拠となりうるため、協議・合意制度による他人の引っ張り込みや他人への刑事責任の押しつけの可能性は高いといえよう。もし、このようなかたちで刑事手続に巻き込まれた場合、自己の潔白を主張することや、刑事責任を押しつけられたことに反論するのは、困難である。

　治安維持法が上述の@〜fのような運用により冤罪をもたらした以上、共謀罪で(a)〜(f)のような運用がなされれば、必然的に冤罪をもたらすと考えられる。

共謀罪の冤罪は救われるか

　先に再審法の改正提案を紹介した。では、その改正提案によって共謀罪の冤罪を救済することはできるだろうか。

　共謀罪の名目はテロ対策である。そのテロに関する情報のなかで、「公になっていないもののうち、その漏えいが我が国の安全保障に著しい支障を与えるおそれがあるため、特に秘匿することが必要であるもの」は、行政機関の長により特定秘密として指定されうる（特定秘密の保護に関する法律3条）。これに指定された情報の漏洩、取得等には罰則が設けられている（同法第7章）。（共謀罪と特定秘密の保護に関する法律は、戦時体制の確立

という意味で密接な関係にある。）前述の再審法改正提案①（白鳥決定の内容
の明文化）にあっても、新証拠自体は要求されている。共謀罪適用事件に
関する情報が特定秘密に指定された場合、その新証拠の収集自体が犯罪と
なる可能性がある。

　共謀罪は憲法違反であるという見解は強く主張されているところ、裁判
所はどのように判断するだろうか。判例は刑法典に規定のない共謀共同正
犯を容認しただけではなく、その適用範囲を拡大していること（「刑法総
論」の教科書を確認してみよう）、および治安維持法に関する横浜事件再審
の一連の経緯（前述の第一〜第三）などに照らすと、裁判所が共謀罪を憲
法違反と判断するとは断言できない。前述の再審法改正提案②（憲法違反
および憲法解釈の誤りを再審理由に追加）が機能するかどうかは明らかでは
ない。

　共謀罪は必然的に冤罪を生み出すにもかかわらず、それを再審で救済す
ることは容易ではない。したがって、共謀罪に対して監視の眼をもち続け、
同罪を適用させないことがまずは重要である。施行約2年後の2019年7月
9日の時点で、共謀罪の適用はないと報道されている（朝日新聞2019年7
月10日朝刊）。（ただし、同罪の適用には特定の団体への継続的な監視が必要で
あり、時間がかかるという見方もある〔山下幸夫・毎日新聞2018年7月12日朝
刊〕。）1952年に制定された破壊活動防止法（共謀罪と同じく治安維持法との
関連性が強く指摘されている）につき、団体規制の部分が適用されてこなか
った背景には、同法に対する強い反対運動があったことが注目される。

参考文献

横山晃一郎『誤判の構造——日本型刑事裁判の光と影』（日本評論社、1985年）
田崎文夫「判解」『最高裁判所判例解説刑事篇（昭和50年度）』（1979年）
瀬木比呂志＝清水潔『裁判所の正体——法服を着た役人たち』（新潮社、2017年）
九州再審弁護団連絡会出版委員会編『緊急提言！刑事再審法改正と国会の責任』（日本評
　論社、2017年）

鴨志田祐美『大崎事件と私——アヤ子と祐美の40年』(LABO、2021年)

内田博文『治安維持法と共謀罪』(岩波新書、2017年)

横浜事件・再審裁判＝記録／資料刊行会編『全記録：横浜事件・再審裁判——第一次〜第四次再審請求・再審公判・刑事補償請求』(高文研、2011年)

横浜事件・再審裁判＝記録／資料刊行会編『ドキュメント横浜事件——戦時下最大の思想・言論弾圧事件を原資料で読む』(高文研、2011年)

法学セミナー編集部編『共謀罪批判——改正組織的犯罪処罰法の検討』(日本評論社、2017年)

特集「学術会議任命拒否問題」世界939号(2020年)

菊池事件の国民的再審請求

　菊池事件とは、ハンセン病患者を県民挙げて見つけ出し、強制収容する「無らい県運動」が激しかった熊本県で起こった事件である。ハンセン病だとの密告をVから受けてハンセン病療養施設である菊池恵楓園に強制収容されることになったXが、V宅にダイナマイトを投げ込んだとして有罪判決を受けて、菊池恵楓園内の菊池拘置支所から脱走した3週間後の1952年7月7日にVが何者かによって全身に20ヶ所以上の切刺傷を負い、殺害された事件を指す。

　そこで、Xに疑いがかけられ逮捕・起訴されたが、その裁判は、裁判所法69条2項に基づき菊池恵楓園内の仮設法廷において、事実上非公開でなされた。しかも、Xは裁判でも無罪を主張しているにもかかわらず、弁護人は弁護を事実上放棄し、憲法37条で保障された弁護人選任権は事実上機能しないまま、死刑判決が言い渡され、最高裁で確定した。

　その後もXは無罪を主張して、再審請求を3回行ったが、当時の再審は、真犯人が出現した場合にしか開始されない、いわば、開かずの門であって、3度目の再審請求が熊本地裁で棄却された直後の1962年9月14日に突如福岡拘置所に移送されたXに対して死刑は執行された。

　その後、1975年に最高裁は再審開始のハードルを下げる白鳥決定を出した。菊池事件では、20ヶ所以上の切刺傷を負わせたはずの「凶器」に一切血痕がないなど、不自然な点があった。しかし、再審請求を行える者は、刑訴法439条により検察官を除くと有罪判決を受けた者、そしてその者の死亡後はその者の配偶者、直系親族、兄弟姉妹に限られているため、親族が再審請求を行うとハンセン病差別が降りかかってくる現実があった。

　そこで、全国ハンセン病療養所入所者協議会などのハンセン病当事者

団体（全療協等）は、2012年11月に最高検察庁に対して、菊池事件の審理に憲法違反があり、また、Ｘには無罪を言い渡すべき明らかな証拠があるとして、刑訴法439条に基づき菊池事件の確定死刑判決について再審請求を行うよう要請した。さらに、全療協等が2013年11月に最高裁に対して、ハンセン病を理由とする開廷場所指定、つまり特別法廷の正当性について、第三者機関を設置したうえで検討し、その成果を公表するよう要請した。これを受けた最高裁が設置した調査委員会は、2016年４月に、ハンセン病患者の裁判について一律に特別法廷での審理を許可し続けてきたことは、遅くとも1960年には差別的な取り扱いであったことを認める報告書を公表した。しかし、2017年３月熊本地方検察庁は、菊池事件について憲法違反を認めることは困難などとの理由を挙げ再審請求はしないと表明した。

　これに対して、検察官に義務付けられた再審請求を怠った不作為であるとして、全療協等は2017年８月に国賠訴訟を熊本地裁に提訴した。その結果、熊本地裁は2020年２月26日に、菊池事件の刑事裁判が憲法13条・14条に違反するとしたうえで、刑事手続に憲法違反があることが再審事由にあたると解することにも相当の理由があるなどと明確に判示し確定したのである。

　全療協等は、この判決を受けて、2020年７月に再び検事総長に再審請求をするように要請し、８月末までに回答するよう求めたにもかかわらず、何らの回答もなかった。そこで、刑訴法439条のせいで再審請求がなされないまま菊池事件での憲法違反が是正されないことは座視されえないとして、国民による再審請求を憲法16条に基づく請願というかたちで行うことを心ある方々に呼びかけた。その結果、多数の請求が集まり、その代表の方々が菊池事件弁護団とともに2020年11月13日に熊本地裁に菊池事件の再審請求を行った。

　しかし、菊池事件について、こうした国民による再審請求がなされねばならない背景には、ハンセン病差別のみならず、この国の刑事再審制

度が、憲法39条に基づく不利益再審廃止を除いては戦前から何も改正されていないという、後進性がある。諸外国では、再審で冤罪が救済されるたびに、再審制度が冤罪を発生させない方向で改正されてきた。そのため、日本の刑事再審制度は諸外国に周回遅れの恥ずべき状況にある。

　これには刑事法研究者の取り組み不足も大いにかかわっているといわなければならない。憲法が保障する自由や権利は、国民の不断の努力によって保持されるべきものである。その努力を国民と共にしなければならない責任が刑事法研究者にはあることを、この菊池事件の国民的再審請求は示しているのではなかろうか。

市 民 生 活 と 刑 事 司 法 の 交 錯
SECTION

3 　市民参加と「日本型刑事裁判」

■■■　はじめに　■■■

　くじで選ばれた市民が裁判官とともに、有罪・無罪の判断や刑の重さを決める裁判員制度、また、市民が検察官の不起訴処分の当否を判断する検察審査会の権限に、いわゆる「起訴議決」といわれる法的拘束力を認めた新たな検察審査会制度がスタートして10年以上が経過した。各々の制度の特徴とこの間の運用状況が、刑事司法手続全体にどのような影響を及ぼしたのか、また、市民が刑事司法手続に関与する意義とは何か。そこでまずこうした制度改革の契機となった「司法改革」論議の理念から、当時、市民が司法改革の中にどのように位置づけられようとしていたのかをみてみよう。

「司法改革」の理念と市民

　「司法改革」が盛んに議論されるようになった1990年代後半、日本の社会は、政治改革、行政改革、地方分権などの諸改革が進められていた。いわゆる構造改革といわれるものであるがそのとき強調されたのが「規制緩和」や「自由競争」、「市場原理」、「自己決定」・「自己責任」、「自由で公正なルール」といったキーワードである。また、「法の支配」を理念とする日本国憲法のもとで、どうすれば社会を自由で公正な責任のある社会にしていくことができるのかが議論され、一人ひとりを大事にする社会を目指

すためには、「国民主権」を実質化した市民の司法参加が欠かせないというのである。だが、日本の刑事司法手続そのものに対する問題提起はなされなかった。つまり、警察が取調べで作成した証人の供述調書および被告人の自白調書に基づいて行われる「調書裁判」、そして、冤罪の温床といわれこれまで「調書裁判」を支えてきた警察留置場という密室での長期間にわたる被疑者の取調べを打破するために、当該改革が不可欠だとする主張は全体のなかではそれほど重視されていなかったのである。むしろ、閉鎖的な市場を開放して企業の自由競争を容認することで発生する紛争の激化に備えて司法の機能を強化しなければならない、そうした新たな司法のありかたに対して市民から幅広い支持と理解を得るためには、市民に対する法教育が必要で市民の司法参加をその手段とすることが強調されたのである。では、なぜ刑事司法手続に市民の参加が必要なのかについては、行政事件や国家賠償事件に比べて刑事事件はわかりやすいという点と、被告人が罪を犯したかどうか決めるには主権者である市民が決めるという前提にならなければならない点だという。社会をつくるのはわたしたち市民だからこそ、市民が裁判に参加しなくてはならない、市民が決めてその結果について社会は責任を負う。「自由でフェアな社会」とは誰から与えられるわけではなく市民自ら創るものだ、市民が裁判に参加してくれるようになって初めて裁判がより透明で適正なものになるという主張である。しかし、当時の議論では、市民は国家権力に対してどのように向き合うべきなのか、市民と国家との関係性について十分な議論が尽くされることはなかった。ただ、「日本型刑事裁判」を批判し、直接主義、公判中心主義を実現しようとするグループのなかには、裁判員裁判の導入が日本の刑事司法手続そのものを見直す契機となるという主張があった。たとえば、市民が裁判に参加すれば、法廷での被告人や証人の供述をめぐるやりとりなど証拠を直接吟味しなければならなくなる、そのため検察側が収集した証拠の開示が進むとともに、調書に依存する「書面審理」も見直さざるをえなくなる、結果として、自白依存型の捜査は是正され、被疑者・被告人を一時

的に釈放する「保釈」といわれる運用が進む、さらに、「取調べの可視化」といわれる録音テープやビデオカメラの設置にむけた動きにつながるのではという期待である。しかし、当時の現場の裁判官や検察官の間では「日本の裁判は他国に例をみないほどうまくいっている」という現状認識が大半を占めていた。

　以上みてきたように、「司法改革」論議のなかで語られた市民像、司法のなかの市民の位置づけは、司法に対する理解と支持、「国民的基盤の確立」、司法における市民の主権者意識の醸成にあり、そこでは「自己決定」、「自己責任」を強調し、受益者である市民には権限を与えて責任をとってもらおうとする考え方である。「日本型刑事裁判」そのものの見直しに向けた議論とは、質を異にするものであったということがわかるのである。

裁判員制度の導入

　ここでは、裁判員制度の具体的な問題について考えていくことにしよう。まず、裁判員裁判の評議には、有罪か無罪かという事実の認定と量刑を決めるにあたって多数決制が採用されている。たとえば、イギリスのイングランドで採用している陪審といわれる裁判官の加わらない市民だけによる裁判では、原則全会一致制が採用されている。理性をもつことが前提とされている市民の判断だからこそ、一人でもそれに疑問をもつ市民がいた場合には、有罪の判決をしないというのが原則である。専門家の知識にではなく市民の英知に期待するというのが陪審の理由だとされている。裁判の効率性を重視すれば、多数決の方がましということになるが、効率性を犠牲にしてもできるだけ全員が一致した結論によるということが大切ではないのかという考え方である。裁判員裁判では、場合によっては多数決によって死刑が言い渡されることもある。また、裁判員裁判に先だって公判前整理手続*が導入されたが、ここでは公判廷で調べる証拠を決定し、争点を絞り込む作業をすることになっている。しかし、弁護人が公判前整理手続で証拠決定をするように求めなかった証拠を、裁判員裁判の段階で証拠

公判前整理手続…第1回公判期日前に、裁判所が検察官、被告人・弁護人の双方から、提出する予定の証拠やそれに基づいて立証しようとする事実などを主張させ、証拠を整理し、争点を明確にしようとするもの。

決定するよう求めることや公判前整理手続で争点として主張しなかったことを裁判員裁判で争点として主張することは原則できないとされている。つまり、有罪か無罪かの判断材料となる証拠と争点はすでに公判前整理手続の段階でかためられ、裁判員裁判ではそれに拘束される。つまり、裁判員は事前に用意された材料に基づいてのみ判断をせまられるということになる。問題はこの公判前整理手続には、裁判員裁判を担当する予定の裁判官が参加しこの証拠の選別作業に加わるということである。逆に、一番重要な公判の争点やどのような証拠を提出するのか決めるプロセスに裁判員はかかわることができない。裁判員裁判では、裁判官と裁判員の権限は同等であるという前提に立っているが、すでに公判前整理手続の段階から情報の格差が生じている。公判前整理手続でつくり上げられた審理計画に従って、裁判員裁判が進行するなら、裁判の中味や結論は単に公判前整理手続の焼き直しにならないかと懸念されるゆえんである。さらに、裁判員法と同時期に成立した裁判迅速化法により、裁判員裁判は連日開廷され集中審理のもとで訴訟が進行していく。このような迅速な裁判を実現する目的で、公判前整理手続が設けられ証拠の整理と争点の明確化が図られているが、審理計画にしばられた裁判は被告・弁護側に過度な負担を負わせ、提出された証拠についても十分な吟味がなされないまま結審を迎えるということになりかねない。また、陪審を採用している国では、市民参加にあたって誤った裁判が起きないような工夫がされている。すなわち、陪審の場合は、使用可能な証拠と使用できない証拠を裁判官が選りわけ、証拠の評価を誤らせることのない安全な証拠だけを陪審員は使用できる。日本の裁判員裁判ではこの点が徹底されていないといわれている。それは、誤った裁判を回避するためのルールをこれまで整備してこなかったことに原因があるのではないか。日本の裁判では、取調べにより採取された被疑者の自白調書は、裁判の証拠として重視され、有罪・無罪の判断の決め手となっている。自白調書は巧妙にできていて一見しただけでは虚偽なのか真実なのかを見抜くことは難しいといわれている。こうした自白に依存した裁判

のありかたが変わらないかぎり、誤った裁判が起きてしまう可能性を除去することはできない。裁判員制度の導入が議論された当時、「市民参加が実現すれば、裁判官だけの裁判のときよりは公平で正確な事実の認定が可能になる」ということいわれたが、それは必ずしも適当であるとはいえない。問題は誰が裁くかではなく、誤った裁判を回避するための方法・装置が整備されているかということである。取調べ時に録音・録画を義務づける「可視化」の議論も進んで、裁判員裁判該当事件については全面可視化が実現した。しかし、「可視化」の運用を誤れば、裁判員裁判では被告・弁護側からは自白調書が信頼できるものであるかどうかや本当に被疑者が自発的にした自白であるかどうかをかえって争いにくくし、逆に自白調書に依存する裁判の根本的な問題を隠蔽するおそれがある。

裁判員裁判の運用でみえた課題

　裁判員裁判がスタートして10年目を迎えると、最高裁は「裁判員制度10年の総括報告書」（総括報告書）により裁判員裁判の運用について検証を行った。そこで、当該総括報告書に基づいてこの間の裁判の変化についてみていくことにしよう。

　まず、総括報告書は、第一審について、「総論」として核心司法や公判中心主義など刑訴法の本旨に立ち返った裁判の追及、刑事裁判の運用（プラクティス）は大きく変容し、公判審理は劇的に変化したとする。個々の項目では、まず「公判準備」について、公判前整理手続で柔軟かつ幅広い証拠開示、整理すべき「争点」を意識したポイントを絞った主張、有罪無罪および量刑判断に必要か否かという観点から事実を選別しようとする意識の高まりがみられ、連日開廷、裁判の迅速化につながっているとする。実際、公判前整理手続に要した時間は、2010年の5.4か月に対して2018年は8.2か月に増加している。「公判」については、連日開廷による集中審理の実施、犯罪事実の主要な部分の人証（証人尋問）中心の立証、書証（文書の証拠）の厳選ないし大幅圧縮の試みが定着したとする。他方で、審理

日数は増加し初公判から判決までの審理期間は長期化したとする。実際、被害者、目撃者、共犯者といった証人に対する尋問は、2010年の2.1人に対して2012年以降は2.9人～3.1人で推移し、その中で被告人が起訴内容を否認した事件に限れば、3.3人から4.4人に増加した。また、被告人が罪を認めた事件で検察側が請求した書証の審理時間は、2011年の83分に対して2018年は63分に減少している。他方で、審理日数は、2010年の4.2日に対して2018年は6.4日に増加し、初公判から判決までの平均日数も4.9日から10.8日へと増加している。「評議」については、評議の議論が判断の分岐点以外の点まで拡散し裁判員の視点・感覚も従来の法律家の発想や判断枠組みのなかだけで議論しようとする傾向がみられるとする。その結果、評議時間は増加する傾向にあるとする。実際、評議時間は2010年の8時間24分に対して2018年は12時間58分に増加し1.5倍の増加となった。「判決」については、重罪でも執行猶予に付される割合、保護観察に付される割合が共に上昇しており、軽重の方向で量刑判断の幅が拡大したとする。最後に、「裁判員裁判の波及」として「控訴審」は、事後審の徹底化が進み、第一審判決を破棄した割合および事実の取調べを行った割合は裁判官裁判と比べて明瞭に低下したとする。そこで以下のような視点から、改めて「日本型刑事裁判」の本質に変化がみられたのか検証してみよう。

　まず、調書裁判は改善されただろうか。警察・検察の筋書きに沿った取調べ、自白を最も重要な証拠として位置づける自白偏重裁判に変化はない。自白偏重を打破するカギとされた取調べの可視化も取調べの違法を防ぐものではなく、むしろ取調べ時の供述の任意性や信用性を正当化する手段として位置づけられている。たとえば、2019年4月に大阪地検は録音・録画の戦略的活用に関する文書を公表し、自白の重要性の再確認と可視化の強みを生かした取調べを模索すべきとした。また、河井元法相の買収容疑に関する公職選挙法違反事件（2019年7月の衆議院選挙で妻である候補者が初当選した背景には、夫である元法相が絡んだ大規模な買収工作があったとされる事件）では、被疑者がいったん自白すると、リハーサルをして録音録画

に臨んでいたとの報道（朝日新聞20年9月24日朝刊）がなされ、任意捜査を利用し可視化の趣旨を逸脱した捜査がなされた。さらに、今市事件（2005年12月、栃木県の今市市（現日光市）に住む小学1年生の女児が行方不明となり、茨木県常陸大宮市の山林で遺体となって発見された事件）の一審では、客観的証拠がほとんどないなかで取調べ録画の一部を裁判員に公開した。裁判員はその映像から被告人が犯人かどうかの判断を強いられた。こうした運用は、取調べ映像が証拠として利用され、裁判員に有罪方向での印象しか与えず、誤判を生む可能性をはらむこと、取調べで被告人が自白をした前後の映像を法廷でただ流すことは、弁護人による反対尋問の機会さえなく、取調室という密室を法廷化するものとの批判がなされている（2018年8月2日朝日新聞朝刊）。

　裁判の長期化は是正されたであろうか。裁判の長期化によって裁判員の負担が増し、評議においても争点以外の点についてまで議論が及び評議の時間も長期化している。これにより被告人の勾留が長引き、証人となりうる事件関係者の記憶も薄れていくおそれがある。他方で、スピードを重視する裁判が必ずしも、被告人の防御権*を保障するとはかぎらず、むしろ拙速な裁判となり誤判の原因にもなりうる。公判では、被告人の防御権に十分に配慮しながら、物証、人証を中心とした事実の取調べは欠かせないが実際の裁判では、争点に関係のない主張や立証を制限しようとする制度や運用がみられる。

　証拠の開示は拡大しただろうか。公判前整理手続の導入によって、証拠の開示が大幅に進むといわれていた。たしかに、公判前整理手続では柔軟かつ幅広い証拠の開示が行われるようになったとの評価がある。他方で、全面開示が認められたわけではなく争点に従って関連証拠の個別開示にとどまっている。検察庁は、証拠の開示について、公判前整理手続の段階で、証拠の開示は十分に行っている、争点に関係のない証拠の開示は事件とは直接関係がなく事実を誤らせるおそれがあると主張している。

　裁判員裁判が事実の認定にどのような変化をもたらしただろうか。裁判

被告人の防御権…刑事手続上、絶対的な捜査権限を有する訴追機関と、身体を拘束されて活動範囲が限られる一個人では、初めから歴然とした力の差が存在する。そのため憲法では、被疑者・被告人に、黙秘権、弁護人依頼権、反対尋問権等を保障し、公正な裁判を実現しようとする。

官と裁判員でなされる評議の内容が明らかにされないことから、その結論が論理的で経験則に基づいてだされたのかわからない、むしろこれまで以上にブラックボックスになってしまっている。有罪を肯定する論理だけでなく、有罪を否定する論理それ自体も何ら裁判官裁判の時代と変わることない。検察が立証していない点までも独自に判断し結論づける事例がみられる。

　量刑判断に変化はあっただろうか。量刑分布が殺人未遂、傷害致死、強制性交致死傷、強制わいせつ致傷および強盗致傷については刑期が重い方向へシフトし、殺人既遂、殺人未遂、強盗致傷および現住建造物等放火については、執行猶予に付される割合が上昇する傾向がみられ、そのうち保護観察に付された割合が大きく上昇した。裁判官裁判時代と比べると軽重の幅が広くなっている。すなわち、子供や女性が被害者になる虐待や性犯罪では、刑が重くなる一方、介護疲れなどをきっかけとした殺人では軽くなる傾向がみられる。

　控訴審への影響はどうだろうか。裁判員裁判に対する控訴審の権能は、裁判員を交えた裁判体である一審が示した事実認定を事後的に審査する事後審にとどまるものといわれてきた。実際にも、一審判決で有罪を言い渡した事例を中心に、第一審判決を破棄した割合および事実の取調べを行った割合は裁判官裁判と比べて低下した。他方で、直接証拠がないなかで被告人の犯人性が厳しく争われるような事件では、控訴審自ら事実の取調べを積極的に行い一審を破棄し自判するという例があとを絶たない。たとえば、今市事件の控訴審は、審判対象である訴因変更を裁判所自ら促し、裁判員裁判では審理されなかった事実についても独自に審理し自判した。

　以上みてきたように、裁判員裁判が施行されて10年以上が経過した現在も事実が厳しく争われる事件を中心に日本型刑事裁判の本質に変化がないと評価することができる。

検察審査会制度の見直し

　2009年5月、改正検察審査会制度がスタートした後、明石花火大会歩道橋事件やJR福知山線脱線事故、陸山会事件など、多くの犠牲者を発生させることになった組織や企業による事件・事故、政治資金がらみの公共性の高い事件が、検察審査会の議決により次々と「起訴議決」により強制起訴され社会の注目を集めた。検察審査会制度とは、検察官による公訴権の行使が行政的な合目的性の追求を高度化させたがために起こった弊害やいきすぎを除去し克服するために、民意を反映し是正しようとする点に意義を見出すことができよう。しかし、現在の検察審査会による起訴議決という制度枠組みやその運用がそれとは逆の機能、すなわち検察が独占してきた犯罪追求型の権力的機能を市民が担う構造、すなわち、民意がそれにお墨つきを与え、後押しする構造になってしまってはいないだろうか。

　そこで、ここでは、戦後改革という視点から、検察審査会制度導入に至るまでの経緯を簡単に確認しておきたい。検察審査会制度創設の契機となったのは、連合国最高司令官総司令部（GHQ）による司法の民主化政策である。とくに、戦前の検察による人権蹂躙問題を解消し、また、権限が一元化していた検察制度を民主化するため、市民の側から「抑制と均衡」を働かせる装置として二つの要求を突きつけたのである。その一つが、都道府県を選挙区とする「検察官公選制」の要求であり、もう一つが起訴陪審（大陪審）制度導入の要求である。GHQの要求を日本側は日本の現状にそぐわないとして提案に難色を示し、その妥協策として、検察官適格審査制度および検察審査会制度が考案された。検察審査会制定の趣旨は「検察の民主化」であり検察の公訴権の行使に「民意を反映」させることであった。しかし、その「民意の反映」には、大幅な留保が付けられた。検察官による不起訴処分の当否に対して検察審査会が議決権を行使するのであり、それもその議決には拘束力は伴わない。なぜそのような留保が付けられたか。当時、GHQと日本側との間では、起訴陪審制度導入をめぐって議論が交わされた。起訴陪審制度導入を強く主張するGHQに対して、日本側は

「起訴するかどうかを民衆で決定するということはやれない、どうしても願い下げなければならない」として強く反対した。しかし、検察が起訴・不起訴を決定するについて「民衆の意見を反映させるような制度」をできないかということで考案されたのが検察審査会というのである。つまり、起訴陪審制度が国家訴追主義・起訴独占主義によって、強大な権限を付与されている検察のありかたを根底から突き崩す契機となり、これまで日本の刑事司法の特徴ともいわれてきた検察官主導の刑事手続、すなわち、「検察官司法」に見直しを迫ることになりかねない。それを回避するためにも、起訴陪審制度がもつ人権保障機能を骨抜きにするような制度設計がなされ、検察審査会の任務を検察官の不起訴処分の当否の審査と検察事務の改善に関する建議・勧告に限定し起訴処分の当否の審査を除外したのである。市民からの検察批判を回避しながら、制度では国家訴追主義、起訴独占主義に影響しない範囲で「民意を反映」させる方法を実現できた。

　この検察審査会制度の見直しは、2001年6月に公表された『司法制度改革審議会意見書』を受けて司法制度改革推進本部に設置された「裁判員制度・刑事検討会」で議論が重ねられた。この「検討会」では、検察官の不起訴処分の当否に対する検察審査会の審査のありかたや議決権の拘束力等に関する見直しが当初から前提とされていたために、検察官の起訴処分に対する審査等新たな検察審査会の審査のありかたを模索しようとする提案はなされなかった。検討会のなかでは「民意の反映」を意識した議論がなされたものの、その「民意」を刑事手続のなかでどのように機能させていけばよいのかという議論はなされなかった。ただ、どのようなかたちで手続のなかに「民意を反映」させていけばよいかという技術的な面に議論が終始したといえよう。

検察審査会制度運用上の問題点

　以上のような経過を経て、検察審査会法が改正されたが、次のような問題点が指摘できよう。検察審査会では、検察審査員の判断が検察官の不起

訴処分の当否を審査するにとどまらず、検察官が当初描いていた構図や起訴・不起訴の分水嶺となった論点、起訴されれば訴因として審判の対象となりえたであろう事実からは離れてわりと自由になされているのではないかという疑問である。検察審査会が、当該事件を離れて別事件について独自に犯罪事実を認定し、起訴議決することはできないのは当然だが事実が同一かどうか、すなわち、「公訴事実の同一性」がわりとゆるやかに解釈されれば、そのようなおそれはあるだろう。また、それとの関係で、禁止されてはいるものの審査補助員である弁護士が一般的な法令の適用・解釈を説明する任務を超えて独自の視点から一定の判断・結論を導く可能性も否定できない。また、審査が非公開であるために、審査補助員である弁護士の助言や説明がどのようになされているのかもわからないままであり、検察審査員の自主的な判断を阻害する言動に対してはそれをチェックする術もない。事件が甚大で犠牲者が多数発生したり、公共性の高い組織や企業による事件の場合には、検察に代わって事案の真相を明らかにしようとする市民が登場し、そこでは市民が単なる判断者にとどまるのではなく積極的に事実を調査し審理する、有罪方向での議論が行われかねないのではないだろうか。検察審査会の議決がいかなる判断に基づいて行われたのかについても必ずしも明らかにされない。審査の内容を検証したり、議論の方向性を確認することができないという点もそのような懸念を増幅させている。そもそも検察審査会制度は、起訴陪審制度とは異なり、市民が事件にじっくりと向き合うような制度設計にはなっていないのである。検察から渡された限られた資料と検察官の意見に基づいて、その不起訴処分の当否を判断できるのみである。検察審査会制度が志向する「民意の反映」とはいったい何なのか。議決の要件にも全会一致制を採用せず、11人中8人の多数決により起訴議決が可能であるとしたことで、少数意見が反故にされ質を無視した量の民主主義になりかねない。市民の多様な「民意の反映」を前提とするなら、議決には多数決制ではなく全会一致制を導入すべきである。一人の少数意見に耳を傾ける姿勢が必要不可欠だ。「民意の反

映」ありきの制度設計のために検察審査会による公訴権の濫用という発想がなく、万が一、公訴権が濫用された場合にもそれを救済する行政的な手続が欠けている。「民意の反映」という名のもとで検察審査会の判断が検察官の補充的な役割を担うことになってはいないか。ここでは検察官による公訴権の適正・公正な適用のありかたが問われているのである。ぜひとも検察官の公訴権行使に対する権力監視機能の強化に向けた制度の見直しが必要である。実際には、検察審査会による起訴議決という新たな制度のもとでは、市民の意見を手続に反映させることが自己目的化してはいないだろうか。それによって得られるものは、本来あるべき「市民性」「民意の反映」のありかたとは質を異にしている。違憲立法審査権が権力の横暴、誤った判断に市民の側から「ノー」をつきつける制度であると同様に、検察審査会のありかたも本来そうあるべきであろう。しかし、現実は、検察が公判維持はきわめて困難と断念した事案について検察審査会のなかで新たな論点を見出し、検察が構想した訴因、すなわち、罪となるべき事実を都合よく読み替えあえて起訴に踏み切ることで検察による公訴権行使の後押ししているのではないだろうか。

　これまで両制度の特徴と運用上の問題点について触れきた。そこからわかることは、両制度の理念、制度設計、運用状況、いずれをとっても「日本型刑事裁判」そのものにメスを入れられるようなものになっていないということである。司法における「国民主権」の具体化といわれ市民にとっては権限を与えられ主権者として役割を期待されたと強調された両制度も、「日本型刑事裁判」を維持、継続していくことを前提に導入されたものであり、その運用によっては、それを補強し、強化するおそれがある制度といわざるをえない。

間接証拠による推論

　なお、2021年8月、福岡地裁は、北九州市の特定危険指定暴力団「工藤会」が市民ら計4人を襲って死傷させた事件で、組織トップであった被告

人に死刑を言い渡した（福岡地判令3・8・24裁判所ウェブサイト）。裁判では被告人の実行役などへの指示等を示す直接的な証拠が無く被告人自身も関与を否認していた。判決は、厳格な統制がなされた暴力団組織である「工藤会」で、総裁の直接的な指示なしに犯行が行われたとは考えにくいとする論法によって被告人の首謀者としての関与を認定した。暴力団トップが関与したと思われる事件で、「自白」が取れなければ、間接証拠による推論によって事実を認定できることを認めた初めての判決といえる。暴力団が組織的に一般市民を標的とする事件では、一般市民や社会に与えた恐怖は計り知れないところがあるものの、組織トップの首謀者としての責任を問うために刑事裁判で求められる証明の基準を揺るがしにしてよいはずがない。そもそも、有罪方向での事実の認定は適正な手続に基づく厳格な証明により得られた証拠のみによって行われなければならない。それをないがしろにする判例の動向は「合理的な疑いを超える証明」という刑事裁判の原理原則と公正な裁判への信頼を脅かす可能性があり、強く警鐘をならしておきたい。

参考文献

五十嵐二葉「裁判員裁判実施後の問題点(No1～No26)」法と民主主義449号(2010年)～494号(2014年)

春日勉「嫌疑不十分と強制起訴──「起訴決議」に現れた市民性と起訴の基準」神戸学院法学41巻3・4号(2012年)

内田博文「裁判員制度の「見直し」について」『自由と安全の刑事法学──生田勝義先生古稀祝賀論文集』(法律文化社、2014年)

最高裁判所事務総局「裁判員制度10年の総括報告書」(2019年)

日本弁護士連合会『弁護士白書　2019年版』「裁判員制度の開始から10年を迎えて」(2019年)

市 民 生 活 と 刑 事 司 法 の 交 錯
SECTION

4 刑務所の内と外
──施設内処遇と社会内処遇

■■■ ある法廷で ■■■

　ある法廷。20歳代の女性が常習累犯*窃盗の被告人として罪を問われていた。窃盗の前科で3年の懲役刑を受け服役、仮釈放で社会に出たが、住む場所もなく、仮釈放の3日後、保護観察所の面談に向かうその足で犯行に及んだ、と。実刑判決が予想されるなか、最後に裁判官が尋ねた。「もしかして、仮釈放は嬉しくなかったのですか」。

　罪を犯した結果、科される刑罰としての自由刑は、居住や移動の自由等を奪うというだけでなく、その執行を通して、受刑者の社会復帰や更生を促進する役割をもつ。にもかかわらず、刑務所を出た後に犯罪を繰り返してしまうのは、社会で生きていくための適切な支援を得られないからである。生きがたい社会のなかで生きる場所を刑務所に求める人が出るのもある意味必然といえないだろうか。

　更生は、社会のなかで一人の人間が社会性や人間性を回復していく過程である。社会の側に求められているものは何か、「刑務所のうち」と「刑務所のそと」に目を向けて考えてみよう。

日本型行刑からの脱却

　2002年の名古屋刑務所事件*をきっかけに、刑務所の人権と再発防止の

累犯…服役した人が、刑の終了または免除の日から5年以内にさらに有期懲役に処すべき罪を犯したときは刑が加重される（刑法56条以下）。とくに窃盗罪に関しては、「盗犯等の防止及び処分に関する法律」（1930年制定）により「常習累犯窃盗」として刑が加重される。2019年の入所受刑者17464のうち、5度以上の入所者は22.9%を占め、多くを万引きなどの窃盗罪、無銭飲食などの詐欺罪、覚せい剤取締法違反が占める。

名古屋刑務所事件…2002年10月、名古屋刑務所は、同年5月と9月に、革手錠付きで保

ために法務大臣が設置した「行刑改革会議」は、2003年12月「行刑改革会議提言──国民に理解され、支えられる刑務所へ」をまとめた。同提言は、「受刑者の人間性を尊重し、真の改善更生および社会復帰を図る」という行刑の基本的理念を掲げ、「受刑者が、単に刑務所に戻りたくないという思いから罪を犯すことを思いとどまるのではなく、人間としての誇りや自信を取り戻し、自発的、自律的に改善更生及び社会復帰の意欲を持つことが大切であり」、「これまでの受刑者処遇において、受刑者を管理の対象としてのみとらえ、受刑者の人間性を軽視した処遇がなされてきたことがなかったかを常に省みながら、現在の受刑者処遇の在り方を根底から見直していくことが必要である」として、それまでの「日本型行刑」の見直しを明言した。

　刑務所のなかの人権侵害に目が向けられ、刑務所の透明性を確保しようとする刑務所改革への取り組みが図られる一方で、保護観察対象者による事件や、刑務所内の「処遇困難者」の問題が浮上したことをきっかけとして、2005年7月に「更生保護のあり方を考える有識者会議」が発足し、2006年6月に「更生保護制度改革の提言──安全・安心の国づくり、地域づくりを目指して」が発表された。同提言は、犯罪や非行をした人の改善更生を助け、その人による再犯を防止し、社会を保護することを目的としている更生保護制度は「機能不全に陥りかけており、その目的を十分に果たせていない」と指摘し、更生保護制度の抜本的改革を求めた。

受刑者処遇の原則

　「行刑改革提言」では、行刑の基本理念を「罪を犯して服役した者の一人でも多くが、人間としての誇りや自信を取り戻し、再犯に至ることなく健全な状態で社会復帰を遂げるように矯正の実を上げること」とし、受刑者の外部交通の拡大、受刑者の権利義務・職員の職務権限の明確化、刑務所医療の改善、刑務所職員への人権教育を含めた人的・物的体制の整備、受刑者処遇の改善などの具体的な提案がなされ、さらに刑務所の透明性を

護房に収容された受刑者が死亡、重傷を負う事件が発生したことを公表。その後、2001年12月にも、刑務官が受刑者の肛門部に消火用ホースで高圧放水して直腸裂傷を負わせ、死亡させていたことが判明する。この事件を契機に、これまで隠蔽されてきた塀の中の人権侵害の一端が明らかにされた。

確保するための民間人からなる刑事施設視察委員会*の創設が提言された。その後、2005年に受刑者の処遇に関して立法化が図られ、翌2006年に、未決拘禁者、被留置者、海上保安被留置者を含めた「刑事収容施設及び被収容者等の処遇に関する法律」として整備された。こうして約100年続いてきた「監獄法」（1908年制定）は終わりを迎えたのである。

「監獄法」下では事細かい所内規則があり、受刑者は、ありとあらゆる自由を奪われ、自ら考え、自らの行動を自律的に改める機会がほとんどなかった。たとえば規律違反をした受刑者に対して加えられる懲罰について、「監獄法」59条は「在監者規律ニ違ヒタルトキハ懲罰ニ処ス」としたのみで、何らの構成要件も具体的な手続も示されないまま、現場の裁量によって規律違反が「裁かれて」きたのである。刑務所のなかでは、刑務官の指示・命令が絶対で、反抗することや口答えすることすら違反とされる。刑務所にいればいるほど、他律的なロボットのような存在となっていくのである。

提言では、「所内規則が過度に厳格なものとなることによって、受刑者が自律的に行動する意欲を失わせたり、刑務官に対する不信感を抱かせる結果を招き、ひいては改善更生や円滑な社会復帰を阻害してしまったり、あるいは、規律を厳格にしなければならないという過剰な意識を刑務官に与え、時として、圧倒的な立場の優位性を背景とした、受刑者に対する一方的な支配状態を招きかねないという弊害」を指摘したが、こうした秩序維持重視の懲罰的な処遇では、自律的な更生は難しい。

受刑者の処遇の原則について、刑事収容施設法30条は「受刑者の処遇は、その者の資質及び環境に応じ、その自覚に訴え、改善更生の意欲の喚起及び社会生活に適応する能力の育成を図ることを旨として行うものとする」と定めている。刑務所に入所するとその資質や問題点を明らかにするための科学調査が行われ、その結果に基づいて個々の受刑者の処遇計画が立てられる。これまで、ほとんどが刑務作業を中心とした画一的な「指導」が中心であり、受刑者に応じた処遇がなされていないと指摘されてきたが、

刑事施設視察委員会…刑事施設の適切な管理運営を監視するための第三者機関。全国75の刑事施設（本所）ごとに設置され。各委員会は、医師や弁護士、地域の住民など10人以内の委員で構成される。刑事施設視察委員会から出された意見に対して刑事施設の長が講じた措置の内容等については。その概要が公表される（刑事収容施設法10条）。2019年は、委員会から465回の意見が提出されている。

単なる「罰」としての作業からの脱却が望まれる。従事した作業に応じて受刑者に支給される作業報奨金は1ヶ月あたり平均4260円しかないうえに、出所の際に支給される金額は、5万円を超える人が37.0％、1万円以下の者が14.6％であった（2019年）。支給方法を含め、社会復帰を促進するにふさわしい内容に改善されるべきであろう。

　他方、再犯防止を目的として性犯罪者や薬物犯罪者を対象にした矯正教育の受講を義務化した。こうした特別改善指導は、強制的にプログラムを受講させても本人の更生意欲が低い場合には効果を期待することができない。何が本人の更生意欲の妨げになっているのかを受け止め、はたらきかけができるような個別的なプログラムを策定すべきであろう。処遇プログラムを本人の更生、社会復帰につなげていくための取り組みが求められている。

過剰収容と刑務官の人権

　受刑者の収容率は1997年から2002年にかけて大幅に増加し、定員を上回る状況が続き、「過剰収容」といわれる状況が続いた＊。被収容者の収容を確保し、刑事施設内における安全で平穏な生活と適切な処遇環境を維持するために、刑事施設規律・秩序の適正な維持に努める刑務官は、他方で刑期の長期化、満期釈放の増加、受刑者の高齢化などの問題に直面しており、こうしたなかで名古屋刑務所事件が発生したと考えられる。

　「行刑改革提言」によれば、日本の受刑者と職員の比率は、諸外国と比べてきわめて高く、欧米諸国のなかで最も高いアメリカと比較しても約1.5倍、比較的低いイギリスの約2.5倍だという。一人で多数の受刑者を指導監督しなければならない職員の負担は、「恒常的な残業、休日出勤、年休取得の困難などの労働条件の悪化をもたらし、刑務官の疲労の原因を作り、精神的な余裕を奪っている」とされる。少ない刑務官で多くの受刑者を処遇するという「日本型行刑」を可能にしてきたのは、居室の開放度や行動の自由度による「制限区分」、反則行為の有無による「優遇区分」を

矯正施設の現状…既決の収容率は1997年から2006年にかけて大幅に増加し、定員を上回る状況が続いた。収容棟の改築や増設によって定員数を拡大した結果、2019年では60.6％の収容率となっている。職員1人あたりの被収容者負担率は2000年の3.04から2006年の4.48まで上昇したが、2016年では2.92と低下した（2019年のデータは不明）。ただし、これは諸外国に比べれば突出して高い数値であり、これを可能にしているのが経理夫という刑務所を維持管理するための作業に従事する受刑者の存在である。

組み合わせた優遇制度による処遇体制によるものであり、「アメとムチ」による恩恵的・懲罰的な処遇が刑務所を覆っていたのである。

　受刑者の人権保障を具体的に実現しようというのであれば、刑務官の人権保障も不可欠である。2002年 ILO（国際労働機関）は、日本政府に対して、労働基本権を制約した日本の公務員制度、なかでも消防職員と刑務所職員に団結権を保障していないことは ILO87号・98号条約に違反するとして、その是正を勧告している。しかし、日本政府は「国内問題である」「国内の事情を十分理解していない」として真摯に取り組もうとしていない。「行刑改革提言」も「不満を吸い上げて待遇の改善に資するとともに、ひいては被収容者の人権尊重につながるのではないか」としながら、「公務員制度全体の中で今後とも真剣に検討されるべき課題」として、事実上先送りされてしまっているのが現状である。「行刑改革提言」に対する旧弁連の意見（2004年）が「職員団体が結成されれば、刑務官組織の上意下達式の運営を克服し、一線の刑務官の様々な声がよりオープンに語られるようになり、提言の基本とする国民に開かれた刑務所を確立する上にも有益であろう」と述べるように、現場で処遇を担当する刑務官の人権保障が図られるべきである。

更生保護──社会内処遇

　自由刑は自由を剝奪されること、すなわち施設に拘禁されることが刑罰の内容であってそれ以上の権利・自由の制限はできるだけ避けなければならない。刑務所内ではたしかにさまざまな処遇が行われてはいるものの、刑務所に収容されて一般社会から隔離されること自体のスティグマ（烙印）が出所後の生活を困難にしたりと、拘禁に伴う弊害が生じる。入所受刑者の人員は1992年に戦後最少（２万864人）を記録した後、増加し続けたが、2007年からは毎年減少し、2019年では１万7464人である。刑期をみると、男子で56.7％、女子で66.1％が２年以下の懲役刑である。こうした短期間の処遇で、はたして「改善更生の意欲の喚起及び社会生活に適応する

能力の育成を図る」ことが可能であろうか。

　受刑者を社会から隔離することが社会にとって有益なことのように感じられるかもしれないが、実際はそうではない。犯罪を犯した人が二度と犯罪を犯さないことが望ましいのはもちろんであるが、再犯の可能性があるからといって一生刑務所に閉じ込めておくこともできない。いずれは社会に戻ってくる人々である。そこで、受刑者の社会復帰を考えて、刑務所における処遇（施設内処遇）ではなく、社会内処遇が注目されるのである。

　更生保護の目的は犯罪や非行を犯した人の改善更生を助け、再犯を防止することである。日本において従来この更生保護の中心となっていたのが保護観察所を中心とした保護観察プログラムであり、社会のなかでその処遇を行うことから「社会内処遇」といわれている。

　成人に対する保護観察は仮釈放者および保護観察付き執行猶予者について行われており、専門的知識をもつ公務員たる保護観察官と民間のボランティアである保護司によって担われている。ただし、現場で保護観察事件を担当する保護観察官の数は全国で1000名程度と圧倒的に数が少なく、実質的には４万7000人ほど（定員５万2500人）の保護司が担っており、「官民協同」といいつつ、量的・質的に民の保護司に依存しているのが現状である。しかもこの保護司に対して、保護観察の強化、管理監督の徹底を要求するというのでは、社会内処遇（更生保護）に対する国の責任放棄である。社会復帰理念に基づく更生保護を確立するための抜本的な改革が求められている。

仮釈放と更生保護

　仮釈放*とは、受刑者の収容期間が満了する前に、一定の条件のもとで受刑者を仮に釈放して更生の機会を提供することをいう。仮釈放率は2005年から低下傾向にあり、50％を割り込むこともあったが、2019年では出所した１万9953人のうち58.3％となっている。仮釈放を許可された者に対する刑の執行率をみると、執行率９割以上の者が33.2％にのぼっている。無

仮釈放…「改悛の状」があるときに、有期刑については刑期の３分の１、無期刑については10年の法定期間を経過した後、仮釈放を許可することができるとされている（刑法28条）。「改悛の状」とは、①悔悟の情が認められること、②更生の意欲が認められること、③再犯のおそれがないと認められること、および④社会の感情が仮出所を是認すると認められることであり、これらの事情を考慮して保護観察に付することが本人の改善更生のために相当であると認められたときに仮釈放が許可される。しかし、「再犯のおそれ」の判

期刑の場合、執行期間20年以内で仮釈放が認められた者は、2003年以降な
く、2019年では仮釈放許可人員15人のうち6人が執行期間35年を超えてい
る。2019年末の無期懲役受刑者数は1835名で、実質的には「終身刑」化し
ているとされる。現在の国際的潮流は死刑廃止の方向に向かっているが、
そこでは代替策として終身刑（仮釈放のない無期刑）の導入が検討され、
さらにはその非人道性をいかに克服するべきかといった点にまで議論が及
んでいる。したがって、①死刑制度が存置し、②無期刑が「終身刑」化し、
③その両者が併存している、という日本の現状は、国際的潮流から二重・
三重の意味で乖離しているといえる（参照 Chapter2 Section6）。

　2010年の出所受刑者について、それからの5年間の刑務所再入率をみて
みると、同年の再入率が満期出所者で8.7％、仮釈放者で1.3％、2年目の
再入率が同27.6％と10.4％、3年目で同38.9％と19.0％、4年目で同45.0％
と24.4％、5年目で同48.60％と28.1％となっている。罪名は窃盗が最も多
く、次いで覚せい剤取締法違反である。ここでは軽微な事件であればある
ほど刑期も短期であるから、満期までとどめがちになる。しかし、実際に
は満期釈放者の方が仮釈放者よりも再入率が高く、しかも早い時期に再犯
を犯す傾向があることがわかっている。

　犯罪を重ねるごとに犯罪傾向が進んでいるとされるので、出所後の生活
環境が良好でないとして仮釈放される可能性は低くなる。保護観察に付し
て社会内で処遇したほうがよいと思われる場合でも、帰住先の調整がつか
ず仮釈放許可が困難なこともある。満期釈放者に対しては、刑期が終了す
れば、それ以上刑務所にとどめたり、保護観察に付したりすることもでき
ない。本来援助を必要とする人に対して更生保護の手当てがなされていな
い状況にある。しかし、満期釈放者の再犯率が高いからといって、正当化
が困難な身柄拘束を「社会復帰支援」の名目で行おうとすることには刑法
的観点からみて問題がある。

　こうした状況で2013年6月の刑法改正において「刑の一部執行猶予」制
度が導入された。「刑の一部執行猶予」とは一定期間刑務所に服役させた

　　断、仮釈放審査における犯罪被害者等の意見聴取制度など、社会感情の厳しさを背景とし
　　て、年々仮釈放の率は低下し、また仮釈放の時期も遅くなる傾向にある。

うえで残りの期間の執行を猶予する制度で、仮釈放と異なり、判決を言い渡す段階で裁判官が判断し、これを付すものである。両者は似ているように思われるが、その質的な差異を見過ごすべきではない。仮釈放は、判決で宣告された期間の一部を利用して受刑者の社会復帰を円滑にするもので、受刑者の更生意欲を高めるとともに保護観察による適切な援助と組み合わせられることで対象者の改善更生を促進し、施設内処遇に要するコストを抑制することができることから、その積極的な運用が望まれてきた。これに対し、「刑の一部執行猶予」は判決で言い渡された刑期を経た後になお再犯防止目的から出所者を監視対象とすることを認めるもので、どうしても保安処分的な色彩を帯びざるをえない。この質的な差異を軽視し、その類似性や再犯防止効果への期待にのみ着目すれば、出所後の受刑者により長期の保護観察を付すことに抵抗がなくなる危険性がある。それは戦前の予防拘禁制度にもつながりかねないものである。この点に十分留意する必要がある。

満期釈放と更生保護

　親族や民間の更生保護施設では円滑な社会復帰のために必要な環境を整えることができない出所者を対象として、国が設置した一時的な宿泊場所（保護観察所に併設）を提供するとともに、保護観察官が直接、濃密な指導監督と手厚い就労支援により、これらの者の改善更生を助け、再犯を防止し、安全・安心な国や地域づくりを推進することを目的として、自立更生促進センター等が設置・運営されている。このうち、特定の問題性に応じた重点的・専門的な社会内処遇を実施する施設を「自立更生促進センター」、主として農業等の職業訓練を行う施設を「就業支援センター」と呼び、2017年1月現在、全国に各2カ所設置されている。3ヶ月程度の入所期間に暴力的性向や薬物依存など、それぞれの犯罪にあわせたプログラムを集中的に実施し、再就職支援にも力を入れる。満期釈放者に対しては、刑期が終了すれば、それ以上刑務所にとどめたり、保護観察に付したりす

ることはできない。仮釈放の積極的な運用をセットにした援助のありかたは方向性として望ましいと考えられるが、満期出所者を対象とする新たな施設収容の動きにならないかには注意を要する。

　満期釈放者を対象とするものに更生緊急保護がある。これは、宿泊所の提供、食事の給与、医療の援助、就業の援助および社会生活の訓練といった措置を行うものであり、出所後1年以内に限って、本人の申出に基づいて援助を行う。2019年における更生緊急保護を実施したのは6904人であり、刑の執行を終了した人が64.3％を占め、そのうち更生保護施設等へ宿泊を伴う保護（委託）は69.6％であった。更生保護施設は2020年4月1日現在、全国に103の施設があり、収容定員は総計2392人である。2019年に新たに委託を開始した人員は6269人で、そのうち仮釈放者は4042人（64.5％）、満期釈放者は705人（11.28％）であった。

　なお2011年4月に、緊急的居住確保・自立支援対策として、保護観察所が更生保護施設以外の宿泊場所を管理する事業者等に対して、帰住先のない施設等出所者の保護を委託する制度として「自立準備ホーム」の運用が開始された。ここでは、保護観察の対象者および更生緊急保護の対象者に対して、宿泊場所の提供、自立のための生活指導、必要に応じて食事の提供等が行われている。入所期間は各保護観察所長に委ねられており、地域によって異なる。NPO法人等の事業者が、保護観察所に対して受託事業者の登録をすることによって開設が可能となる。年度ごとに更新の審査を受ける必要があるが、必ずしも専用の建物を準備する必要はなく、事業者にとって柔軟性の高い制度といえることから、その積極的な運用が期待されている。

入口支援

　「刑の一部執行猶予」のような矯正施設からの「出口」に関する新たな対応とも関連するが、より大きな争点となっているのは「入口支援」の問題である。これは2016年12月に成立した再犯防止推進法を根拠とするもの

で、罪を犯した者のうち、起訴猶予処分等により刑務所等の矯正施設への収容に至らないことが予定される被疑者等に対して、再犯防止のために必要であれば、国が積極的な社会復帰支援を行うことであるが、問題はその中心的な担い手が検察官となっていることである。

　検察における入口支援の取り組みとして多く紹介されているのは、高齢などの事情により収入や住居がなく釈放後の生活状況が不安定であったり、認知症等の精神疾患の治療が必要と思われる被疑者に対し、社会福祉機関や医療機関等の関係機関と連携して、帰住先や入院先を確保する取り組みである（再犯防止推進法が、刑務所等への服役の回避が予定される被疑者等としている者には、それ以外にも、略式命令により罰金刑に処せられる予定の被疑者、起訴されても刑事裁判で刑の執行猶予が予想される被告人などもいる）。これにより、本来は満期釈放者のための措置である更生緊急保護を「入口支援」のために活用する動きも活発化している。

　刑事手続の早い段階での福祉的支援が必要であることは否定できない。だが、現状の入口支援については、検察官が犯罪の嫌疑のない者に対して福祉を伴う早期釈放をもちかけ自白を引き出す危険や「嫌疑なし」「嫌疑不十分」の判断を懈怠するおそれがあるとか、被疑者に嫌疑があったとしても、検察官がその意思を確認する際に起訴（多くは勾留が長期化）か福祉的措置を伴う起訴猶予かと問われれば、被疑者は後者を選ぶことになり、福祉のなかに自由意思に基づかない「処分」をもち込むことになる、といった問題を拭い去れないといった声が散見される。

■ 権利に基づく社会復帰理念を

　いわゆる「累犯者」のなかに高齢者や障害をもつ人が多く含まれていることも明らかになってきた。山本譲司『獄窓記』（2003年）は、著者が服役中に、障害がある受刑者の世話係を担当した経験をつづった本である。この本は、本来社会的な福祉のなかでケアされるべき人々が、刑務所のなかに多数存在し、かつ刑務所がその受け皿になっている現実を突きつけた。

　地域で適切な福祉の支援を得られないことが生きづらい環境をつくり、犯罪につながりやすくなっているという声は、これまで切り離されてきた刑事司法と福祉の連携を模索する動きへとつながり、保護観察所、刑事施設や更生保護施設への社会福祉の専門家の配置、精神や身体に障害を抱える人の処遇を担当するPFI刑務所*の設置へと至った。

　「施設内処遇から社会内処遇へ」というスローガンは、社会に居場所を失った人々が刑務所へと行きつき、刑務所が「福祉の最後の砦」化しているという現実から転換を迫るうえで歓迎されるべきものであろう。しかし、こうした人々が刑務所内で「処遇困難者」になっており、ゆえに社会で「処遇」するという発想には注意を要する。長期化した施設内処遇に重ねて、新たな施設収容化につながりかねないからである。近時の社会内処遇の拡充についても、「再犯防止計画」のもと、対象者が「犯罪の責任や犯罪被害者の心情等」を理解して「社会復帰のために自ら努力」することを重視し、「刑事司法手続のあらゆる段階で切れ目のない指導及び支援」の実施をうたっているが、これらは行動規律の強化が前提になっている。刑期を終えてもなお「社会復帰支援」の名のもとで監視監督を強化しようとする発想は、危険とみなせばいつでも施設収容を可能とする社会防衛的な色彩がつきまとう。「刑の一部執行猶予」や「入口支援」を含め、「再犯防止」政策についてはそうした危険性と関連づけながら、その意義を考える必要がある。

参考文献

山本讓司『獄窓記』（ポプラ社、2003年）、同『続獄窓記』（同、2008年）
ジャッド・マルナ（津富宏一＝河野荘子監訳）『犯罪からの離脱と「人生のやり直し」──元犯罪者のナラティブから学ぶ』（明石書店、2013年）
再犯防止に関する法務省リーフレット「もう一度やり直せる社会へ」http://www.moj. go.jp/content/001278352.pdf
掛川直之編『不安解消！出所者支援──わたしたちにできること』（旬報社、2018年）
金澤真理＝安田恵美＝高橋康史編著『再犯防止から社会参加へ』（日本評論社、2020年）

　PFI刑務所…PFI（Private Finance Initiative）手法を活用した官民協働の刑務所。過剰収容の緩和と財政負担の軽減を目的に、2007年「美祢」（山口県）、「播磨」（兵庫県）、「喜連川」（栃木県）、2008年に「あさひ」（島根県）が設立された。施設誘致の観点から、いずれも初犯で、帰住先に問題がない「スーパーA級」といわれる受刑者を収容し、名称も「社会復帰促進センター」と呼ばれる。

市 民 生 活 と 刑 事 司 法 の 交 錯
SECTION

5　精神医療と医療観察法

■■■　精神疾患は身近だけど……　■■■

　新型コロナウイルス感染症の影響を受けた2020年、1年間の自殺者数は2万1,081人。リーマンショック直後2009年以来11年ぶりに増加に転じた。とくに、女性や若い世代の自殺者が増加している。『令和2年版自殺対策白書』では、自殺の原因・動機は「健康問題」が最多で、その約4割を「病気の悩み・影響（うつ病）」が占める。

　悲しく憂鬱な気分が一日中続くなどするうつ病は、日本人の約15人に1人、10代〜20代に発症することが多い統合失調症は、100人に1人がかかるといわれる。このように精神疾患は珍しいものではないが、相談できず一人で抱え込んでしまい、発症から治療開始までに時間がかかる人もいる。精神科を受診しづらいのはなぜだろうか？

精神保健福祉法

　精神科医療は、一般医療とは異なる「精神保健及び精神障害者福祉に関する法律」（以下、「精神保健福祉法」という）によって運用される。同法には、患者本人の同意に基づく「任意入院」（20条）のほか、家族等の同意に基づく「医療保護入院」（33条）、都道府県知事による「措置入院」（29条）などの強制入院も規定されている。医療保護入院は、医療および保護

のため入院を必要とする精神障害者で本人の同意が得られない場合に、家族等の同意に基づいてなされる。措置入院は、精神障害のために自身を傷つけ、又は他人に害を及ぼすおそれ（自傷他害のおそれ）があることを根拠にする。また、同法は、入院形態にかかわらず治療に必要と判断される場合、退院、外出、面会、電話等の制限、保護室*への隔離や身体の拘束を認めている。

精神科の実態

精神科は、1958年に出された医師は一般病院の3分の1、看護師は3分の2でよいとする厚生事務次官通知（いわゆる「精神科特例」）によって、治療とケアにあたるスタッフを少なくされている。身体拘束は、廃用性症候群や深部静脈血栓症を起こすなど、心身のダメージが計り知れず、その弊害を指摘されているが、スタッフが不足するなかで不適切な実施による死亡事案の発生が多数報告されている。

国立研究開発法人『精神保健福祉資料』によると、精神科病院に入院している人は26万9,476人に及ぶ（2020年6月30日0時現在）。措置入院1,494人、医療保護入院13万232人、任意入院13万6,502人、その他の入院852人、不明396人。1年以上の長期入院患者は全体の半数を超える16万7,124人。うち5年以上10年未満3万5,694人、10年以上20年未満2万6,607人、20年以上2万1,080人である。推定7万人が地域社会で暮らすことができず、症状が落ち着いた後も病院への入院を続けざるをえない状況にある（「社会的入院」といわれる）。国は、精神科に長期入院となっている人の地域移行を推進するが、家族のもとか施設かではなく、「居住権」の問題として取り組む必要がある。

先の『精神保健福祉資料』で、精神科病院在院患者の状況を開放区分別にみると、夜間外解放（夜間以外は病院の出入りが自由）は約6万598人にとどまり、終日閉鎖的な環境で処遇されている者が約19万6,558人に上っている（上記以外1万2,320人）。患者は閉鎖的な空間に置かれて、つらさやし

保護室…患者本人の意思によっては出ることができない部屋。

んどさを訴えている。

　身体拘束を含む行動制限は、「医療又は保護に欠くことのできない限度において」精神保健指定医が行うことができる。ただし、信書の発受の制限、人権擁護に関する行政機関の職員、又は患者の代理人である弁護士との面会・電話の制限はできない。しかし、精神医療ユーザーの声を調査した報告書では、治療以外で保護室が利用されたり、手紙やはがきを出すことを病院職員から禁止されたりしたことがあると患者は訴えている。

　精神保健福祉法は、強制入院と行動制限の判断を行う精神保健指定医制度や、退院請求、処遇改善請求、定期病状報告について審査する精神医療審査会制度を設けている。しかし、いずれもさまざまな問題が指摘されており、十分に機能しているとはいいがたい。

　相模原市の障害者殺傷事件*をきっかけに、措置入院患者に対する退院後のフォローアップが検討された。精神保健福祉法改正案は、衆議院の解散により廃案となったが、厚生労働省の通知に基づき、全国の自治体でフォローアップが実施されている。

「触法精神障害者」*問題

　そもそも、なぜ精神障害者は、意思に反する入院を強制されるのだろうか。「自傷他害のおそれ」や「医療および保護のため」、強制的に自由を奪われることがなぜ許されるのだろうか。精神疾患を患う者は危険だから。このような意識が前提になってはいないか。

　まず、「『精神障害者は犯罪を犯しやすい』。ゆえに強制入院は正当化される」という主張がある。これはどうだろうか。『令和2年版障害者白書』によれば、精神障害者の患者数は、419万3,000人で、日本の総人口に占める割合は3.3%である。他方、『令和2年版犯罪白書』によると、刑法犯の検挙人員総数のうち、精神障害者の比率は1.0%にとどまる。以上から、「精神障害者は犯罪を犯しやすい」という前提が成り立たないとわかる。したがって、この主張には頷けない。

相模原市障害者殺傷事件…2016年7月26日に相模原市の障害者施設で措置入院歴のある元職員が、多数の入所者等を刃物で刺して殺害、または負傷させた事件。19名が亡くなり、27名が負傷した。
触法精神障害者…刑罰法令に触れる行為をした精神障害者。

　次に、「『精神障害者は再犯のおそれが高い』。ゆえに強制入院は正当化される」という主張がある。これはどうだろうか。山上皓ほかの研究を参照すると、不起訴処分、あるいは裁判所で刑の減免を受けた触法精神障害者の11年間での再犯率は21.8％である。この比率は有罪判決を受けた一般の犯罪者と比べてかなり低い。11年間の追跡調査に基づき、殺人、または放火で有罪判決を受けた一般犯罪者の再犯率をみると、触法精神障害者の再犯率はその４分の１である。なお、「精神障害者の方が凶悪な犯罪を多く犯す」との主張は正しくない。再犯の罪名を限定して凶悪犯罪の再犯率をみてみると、精神障害の有無はそれに影響を及ぼさないからである。ゆえに、この主張も受け入れることができない。

　それでは、「精神障害者は犯罪を犯しても刑法39条*によって無罪放免になっている」という主張はどうだろうか。この言説を根拠に、受刑の代わりに精神障害者の強制入院が正当化されるとの見解である。『令和２年版犯罪白書』によれば、検察庁において心神喪失を理由に不起訴処分にされる触法精神障害者は少なく（2019年の不起訴人員総数のわずか0.3％）、無罪となる触法精神障害者も少ない（2019年に通常第一審において心神喪失を理由に無罪とされた者は２人）。先述の『令和２年版障害者白書』にしたがい、日本の総人口に占める精神障害者の割合を3.3％とする。対して、『令和２年版犯罪白書』によると、2019年の矯正施設入所受刑者総数17,464人に精神障害を有する者2,578人の占める割合は14.8％である。ここから、受刑者に占める精神障害者の割合は、日本の総人口に占める精神障害者の割合の４倍以上であること、つまり、精神障害者の多くがダイバージョン*されずに刑に服していることがわかる。以上から、「精神障害者は犯罪を犯しても刑法39条によって無罪放免になっている」という言説は正しくなく、受刑の代わりに強制入院が正当化されるという主張に根拠がないことがわかる。

　このように、精神障害者を危険とみなす主張に対しては、誤りを指摘することができる。ところが、新たに2005年、重大な他害行為を行った触法

刑法39条…「心神喪失者の行為は、罰しない。心神耗弱者の行為は、その刑を減軽する」。心神喪失とは、精神の障害により、事物の理非善悪を弁識する能力（弁識能力）、又はその弁識に従って行動する能力（制御能力）を欠く状態をいい、心神耗弱とは、精神の障害により、弁識能力、又は制御能力を欠く程度には達していないが著しく減退した状態をいう。
ダイバージョン…刑事司法手続からの離脱のこと。警察段階で行われる微罪処分、検察段階での起訴猶予、裁判段階での執行猶予、行刑段階での仮釈放などがある。

精神障害者に対する強制入院と強制通院を可能とする「心神喪失等の状態
で重大な他害行為を行った者の医療及び観察等に関する法律」（以下、「医
療観察法」という）が施行された。次に、医療観察法がどのような法律で
あるのかみていこう。

医療観察法

2001年6月に大阪池田小学校で発生した児童殺傷事件*を契機に、医療
観察法は2003年7月に成立し、2005年7月に施行された。同法の目的は、
対象者の「病状の改善及びこれに伴う同様の行為の再発の防止を図り、も
ってその社会復帰を促進すること」（1条）である。

医療観察法の対象者は、①不起訴処分において、重大な他害行為*を行
ったことおよび心神喪失者、又は心神耗弱者であることが認められた者、
②重大な他害行為について、心神喪失を理由に無罪の確定裁判を受けた者、
又は心神耗弱を理由に刑を減軽する旨の確定裁判（懲役、又は禁錮の実刑
判決であって、執行すべき刑期があるものを除く）を受けた者である。

対象者について、原則、検察官の申立てにより審判が行われる。審判は、
地方裁判所において、裁判官と精神保健審判員（精神科医）の合議体によ
り行われ、医療観察法による処遇の要否とその内容が決定される。対象行
為を行ったと認められない場合、又は心神喪失者および心神耗弱者のいず
れでもないと認められる場合になされる「申立却下」のほか、決定には、
医療観察法の申立てを通じて、裁判所で心神耗弱と認められ、検察官が申
立てを取り下げた「取り下げ」や、「入院決定」、「通院決定」、「不処遇決
定」がある。

入院決定の場合、指定入院医療機関に入院し、医師、看護師、臨床心理
技術者、作業療法士、精神保健福祉士の多職種チームによる治療プログラ
ムを受ける。入院期間中から、法務省所管の保護観察所に配置される社会
復帰調整官（精神保健福祉士等の有資格者であって、精神保健福祉に関する実
務経験が8年以上といった要件を満たす者）により、退院後の生活環境につ

大阪池田小学校児童殺傷事件…大阪教育大学付属池田小学校で8人の児童が殺害され、
15人が重軽傷を負った事件。犯人に犯罪歴と精神病院への入院歴があることが判明し、小
泉首相（当時）の「保安処分的なものも必要」との発言もあり、触法精神障害者に対する
立法の動きが活発になった。
重大な他害行為…殺人、放火、強盗、強姦、強制わいせつ、傷害（軽微な傷害の場合、
検察官は申立てを行わないことができる）。

いて調整される。

　通院決定および退院を許可された場合、社会復帰調整官が作成する処遇実施計画に基づいて、原則 3 年間（最長 5 年間）、指定通院医療機関による医療と、社会復帰調整官による精神保健観察を受ける。医療観察法による処遇が終了した後、引き続き治療が必要な場合には精神保健福祉法に基づく一般精神科医療が行われる。

医療観察法施行後の状況

　先に取り上げたように、医療観察法の目的は対象者の社会復帰の促進である。その目的が遂げられているのか、施行後の状況をみよう。医療観察法に入院期間の定めはないが、ガイドラインにおいて18か月程度での退院が目指されている。国立精神・神経医療研究センターのレポートによれば、2005年度に入院した者の推定平均入院期間は562日であったが、2011年度は839日と入院期間が長期化している。東京新聞2015年 3 月20日の記事によれば、 8 年近く入院しているケースもあるという。

　また、通院医療がきわめて貧弱である。入院処遇には対象者 1 人あたり年間2,200万円の予算がつくが、指定通院医療機関には年間90万円程度の上乗せがあるにとどまる。対象者の地域でのケアをコーディネートする者として保護観察所に社会復帰調整官が創設されたが（2019年度定員220名）、「医療観察法の医療体制に関する懇談会」における法務省の担当者の説明によると、 2 名体制のところも多く、都市部では 1 人が抱える件数が増えているという。また、通院医療機関が偏っているため、遠方に通院せざるをえない者もいる。対象行為によっては地域における受け入れ先の確保が難渋している。

　そもそも、先に挙げたように、精神疾患を患う多くの犯罪者は実刑判決を受けて刑事施設に入所している。ゆえに、医療観察法の対象となる者は非常に限られる。精神疾患を患う犯罪者の再犯を問題にするならば、刑事施設における処遇のありかたを問題にすべきであろう。先述のとおり、触

法精神障害者の再犯率は一般の犯罪者の再犯率の4分の1であるため、再犯率を根拠に特別な対策を講じる理由はない。仮に、その低い犯罪率を問題にするとしたら、本章の冒頭で問題を提起したように、精神科の受診にハードルがあること、つまり、ユーザーが「受診したい」と思えるような精神医療を提供できていない政策を問題にすべきである。

医療観察法病棟の周囲には二重フェンスがめぐらされ、感知機能センサーもつき、職員退出時の指紋判別、モニターの活用等で厳重なセキュリティ体制が整備されている。医療施設というより刑事施設の様相を呈している。医療観察法病棟の退院後の自殺率は、一般精神科病棟長期入院者の退院後自殺率と比較して高いとの武田光司ほかによる報告がある。立法目的が果たされているかどうか、精査する必要がある。

なお、医療観察法の立法目的、処遇とその要件には合理性がなく、適正手続の保障にも欠けるとして、憲法14条、22条1項、31条違反が争われたが、最高裁は踏み込んだ検討をすることなく合憲と判断した（最決2017・12・18刑集71巻10号570頁）。

障害の社会モデル――社会的障壁の除去

最後に、ここまでみてきた精神医療について「障害者権利条約」*が掲げる障害の社会モデルの考え方から検討してみよう。2014年に同条約を批准した日本には、障害者の権利の実現に向けたいっそうの取り組みが求められ、障害者と関わる法制度、施策が条約の理念に照らして問題がないかどうか、国内外からモニタリングされるためである。

障害者権利条約は、障害者の概念を次のように規定している。「障害者には、長期的な身体的、精神的、知的、又は感覚的な機能障害であって、様々な障壁との相互作用により他の者との平等を基礎として社会に完全かつ効果的に参加することを妨げ得るものを有する者を含む」（1条後段）。このような障害者権利条約が採用する機能障害と障壁との相互作用によって平等な社会参加が制限されるとする考え方は、「障害の社会モデル」と

障害者権利条約…Convention on the Rights of Persons with Disabilities.「障害者権利条約」は、これまでの「障害」を障害者本人の個人的な問題ととらえる障害の「医学モデル」ではなく、「障害」が社会環境の整備の不備などによって生じる障害の「社会モデル」を採用し、障害者の権利を実質的に保障するために「合理的配慮」という新しい概念を取り入れた。

呼ばれる。

　それでは、精神保健福祉法における精神障害者の概念についてみてみよう。そこでは「統合失調症、精神作用物質による急性中毒、又はその依存症、知的障害、精神病質その他の精神疾患を有する者」と定義されており（5条）、障害を機能障害ととらえる「障害の医学モデル」が採用されている。このように、精神保健福祉法には障害者権利条約の理念はまだ反映されていない。

　これに対して、障害者権利条約の考え方に基づき改正された「障害者基本法」*をみてみよう。障害者基本法は、障害者の概念を「身体障害、知的障害、精神障害（発達障害を含む。）その他の心身の機能の障害（以下「障害」と総称する。）がある者であって、障害及び社会的障壁により継続的に日常生活又は社会生活に相当な制限を受ける状態にあるもの」（2条1項）と定める。社会的障壁とは、「障害がある者にとつて日常生活又は社会生活を営む上で障壁となるような社会における事物、制度、慣行、観念その他一切のものをいう」（2項）と定義されている。

　これについて、内閣府・障がい者制度改革推進会議が2011年12月に発行した「改正障害者基本法〈わかりやすい版〉」の説明をみてみよう。

　　　「障害のある人とは、身体障害や知的障害のある人や、発達障害を含めた精神障害のある人、その他の障害のある人で、障害や社会的障壁（社会のかべ）によって、暮らしにくく、生きにくい状態が続いている人をいいます。
　　　社会的障壁（社会のかべ）とは、障害のある人を暮らしにくく、生きにくくする社会にあるもの全部で、つぎのようなものです。
- ことがら（たとえば、早口で分かりにくく、あいまいな案内や説明）
- 物（たとえば、段差、むずかしい言葉、手話通訳のない講演、字幕のないテレビ番組、音のならない信号）
- 制度（たとえば、納得していないのに入院させられる・医療費が高くて

障害者基本法…すべての人が人権を享有するかけがえのない個人として尊重され、障害の有無で分けられることなく、相互に人格と個性を尊重し合う社会の実現を目指す法律（1条を参照）。

必要な医療が受けられない・近所のともだちと一緒の学校に行くことが
認められないことがあること）
- 習慣（たとえば、障害のある人が結婚式や葬式に呼ばれないこと、障害
のある人が子ども扱いされること）
- 考え方（たとえば、障害のある人は施設や病院で暮らしたほうが幸せだ、
障害のある人は施設や病院に閉じ込めるべきだ、障害のある人は結婚や
子育てができない）」

　読者のみなさんには、本章で取り上げた精神医療について、「障害の社
会モデル」の考え方から考えてもらいたい。精神障害者の強制的な入院が
許されるのはなぜなのだろうか。その根拠は何なのだろうか。手続は適正
なのだろうか。実のところ、「障害のある人は施設や病院で暮らしたほう
が幸せだ」、「障害のある人は施設や病院に閉じ込めるべきだ」という「社
会的障壁」がそこにあるのではないだろうか。

おわりに

　本章の冒頭で取り上げた疑問、「精神疾患は身近な疾患であるのにどう
して受診しづらいのだろうか？」の回答は、「障害の医学モデルがいまだ
支配的であるから」、「社会的障壁があるから」である。それでは、誰もが
必要かつ適切な精神医療を受けられるにはどうすべきか。その手がかりは、
「障害者権利条約」や「障害者基本法」が採用する「障害の社会モデル」
に見出すことができる。
　本章では精神医療について厳しい見方をしてきたが、患者に寄り添う医
師も看護師も精神保健福祉士も、存在している。身体拘束を減らして「患
者に選ばれる病院を作る」という目標に向けて取り組む病院もある。
　イタリアの精神科医フランコ・バザーリアは、人が人として生きていけ
る環境を地域社会につくることこそ大事だと民衆に訴え、実践し、精神病
院の廃止に尽力した。

　わたしたちが望むのは、精神科の受診にためらいを感じることなく、いつでも相談できる、適切な治療と支援が受けられる、住み慣れた住居で暮らせる、勉強や仕事、好きなことを続けられる、そのような社会ではないだろうか。そのための精神医療のありかたを考えることからはじめよう。

参考文献

精神障害者九州ネットワーク調査研究委員会編『精神医療ユーザーアンケート調査報告書・ユーザー1000人の現状・声』(精神障害者九州ネットワーク調査研究委員会、2005年)

山上皓ほか「触法精神障害者946例の11年間追跡調査(第一報)──再犯事件487例の概要」犯罪学雑誌61巻5号(1995年)

国立精神・神経医療研究センター　精神保健研究所　地域・司法精神医療研究部『医療観察統計レポート(2017年版)』

Takeda K, Sugawara N, Matsuda T, et al (2019). Mortality and suicide rates in patients discharged from forensic psychiatric wards in Japan. *Comprehensive psychiatry*, 95, 1-8, https://doi.org/10.1016/j.comppsych.2019.152131

DPI日本会議大阪精神医療人権センター『精神障害のある人の権利Q&A』(解放出版社、2021年)

フランコ・バザーリア(大熊一夫ほか訳)『バザーリア講演録　自由こそ治療だ！──イタリア精神保健ことはじめ』(岩波書店、2017年)

市 民 生 活 と 刑 事 司 法 の 交 錯
SECTION
6
死刑制度と市民

■■■　**死刑とは**　■■■

　いうまでもなく、死刑というのは、犯罪を犯した人の生命そのものを奪ってしまう最も重い刑罰である。まさに、犯罪を犯した人をこの世から永久に消し去ってしまう極限的な刑罰なのである。この問題をめぐっては、死刑廃止論・存置論双方の立場から、しばしば激しい議論がなされる。その際には、「凶悪な犯罪者は絶対に許せないので死刑に処するべきだ」とか、「殺人犯は自らの命をもって罪を償うべきだから死刑に賛成だ」などといった意見もときおり主張される。だが、重要なのは、この問題についてはそのような感情のレベルや単なる賛成・反対のレベルではなく、死刑というものが法的な観点から許されるのか否かをしっかり考えることである。

死刑の現状

　日本の刑法には、死刑にあたる罪として、殺人罪（199条）、強盗殺人罪（240条後段）、現住建造物等放火罪（108条）などが規定されている。
　それでは、死刑判決を言い渡される被告人の数や、死刑を執行される人数は、どのくらいにのぼっているだろうか。これについては、227頁の**表1**と**表2**を参照されたい。とくに、執行人員数の方は、1990年から92年までゼロだったことが特筆されよう。この時期は、1989年に死刑廃止条約*

死刑廃止条約…「死刑の廃止を目指す『市民的及び政治的権利に関する国際規約』の第
2選択議定書」のことで、1989年12月15日に国際連合第44回総会で採択され、1991年7月
11日に発効した。締約国の管轄内にある者の死刑執行を禁止し、死刑廃止のために必要な
あらゆる措置をとることを締約国に義務づけている。

が国連総会で採択され、日本でも死刑問題についての関心がいっそう高まってきた時期であった。しかし、1993年3月に3年4か月ぶりに執行が再開され、それ以降はほぼ毎年数人に対する死刑執行がなされている状況となっている。なお、死刑廃止条約については、発効からすでに30年が過ぎた現在でも日本は未だ批准していない。ちなみに、表1の数字そのものから直接うかがい知るのは難しいが、近年の裁判例においては死刑と懲役刑との質的差異について十分な考慮がなされずに死刑が選択されたものも少なからず見受けられることを指摘しておきたい。たとえば、「懲役10年」と「懲役5年」とでは刑期という量的な幅があるが、「死刑」と「無期懲役」とでは連続性がなく、これらは質的に異なる刑なのである。こうしたことにかんがみて、アメリカ（死刑存置州）においては、死刑を言い渡す場合に陪審員による全員一致の評決が要求されるとともに、死刑が言い渡された場合に必要的に上訴がなされるほか、被告人側に手厚い資金補助がなされるなど、死刑事件について特別に適正かつ慎重な手続が用意されている（スーパー・デュー・プロセス）。これに対し、日本では特段そのような手続は採用されていない。この点に関連して、最近、ある暴力団のトップに死刑判決が言い渡されたが、この判決（福岡地判令3・8・24裁判所ウェブサイト）は、事件へのトップの関与について推認に推認を重ねたうえで有罪を導き出しているように見受けられることから、好意的な論評が目立つ一方で、はたして「合理的疑いを超える証明」がなされたといえるのかという疑問も提起されている。

　次に、死刑がどのように執行されるかについてみてみよう。刑法11条1項には、「死刑は、刑事施設内において、絞首して執行する」と規定されている。そして、同条2項で、「死刑の言渡しを受けた者は、その執行に至るまで刑事施設に拘置する」と定められている。しかし、執行については極秘のうちになされているのが現状だ。つまり、執行の事前の告知はなされないし、家族たちとの最後の面会もなく、処刑後に「本日刑が執行されました。遺体をお引き取りに来所願います」との通知がなされるにすぎ

表1　第一審死刑言渡し人員数

1948年	116人	1961年	29人	1974年	6人	1987年	6人	2000年	14人	2013年	5人
1949年	55人	1962年	12人	1975年	5人	1988年	10人	2001年	10人	2014年	2人
1950年	62人	1963年	12人	1976年	4人	1989年	2人	2002年	18人	2015年	4人
1951年	44人	1964年	12人	1977年	9人	1990年	2人	2003年	13人	2016年	3人
1952年	37人	1965年	16人	1978年	6人	1991年	3人	2004年	14人	2017年	3人
1953年	22人	1966年	14人	1979年	7人	1992年	1人	2005年	13人	2018年	4人
1954年	20人	1967年	6人	1980年	9人	1993年	4人	2006年	13人	2019年	2人
1955年	34人	1968年	15人	1981年	2人	1994年	8人	2007年	14人	2020年	3人
1956年	24人	1969年	9人	1982年	11人	1995年	11人	2008年	5人		
1957年	35人	1970年	9人	1983年	5人	1996年	1人	2009年	9人		
1958年	25人	1971年	4人	1984年	6人	1997年	3人	2010年	4人		
1959年	28人	1972年	3人	1985年	9人	1998年	7人	2011年	10人		
1960年	12人	1973年	4人	1986年	5人	1999年	8人	2012年	3人		

（司法統計年報による）

表2　死刑執行人員数

1948年	33人	1961年	6人	1974年	4人	1987年	2人	2000年	3人	2013年	8人
1949年	33人	1962年	26人	1975年	17人	1988年	2人	2001年	2人	2014年	3人
1950年	31人	1963年	12人	1976年	12人	1989年	1人	2002年	2人	2015年	3人
1951年	24人	1964年	0人	1977年	4人	1990年	0人	2003年	1人	2016年	3人
1952年	18人	1965年	4人	1978年	3人	1991年	0人	2004年	2人	2017年	4人
1953年	24人	1966年	4人	1979年	1人	1992年	0人	2005年	1人	2018年	15人
1954年	30人	1967年	23人	1980年	1人	1993年	7人	2006年	4人	2019年	3人
1955年	32人	1968年	0人	1981年	1人	1994年	2人	2007年	9人	2020年	0人
1956年	11人	1969年	18人	1982年	1人	1995年	6人	2008年	15人		
1957年	39人	1970年	26人	1983年	1人	1996年	6人	2009年	7人		
1958年	7人	1971年	17人	1984年	1人	1997年	4人	2010年	2人		
1959年	30人	1972年	7人	1985年	3人	1998年	6人	2011年	0人		
1960年	39人	1973年	3人	1986年	2人	1999年	5人	2012年	7人		

（行刑統計年報・検察統計年報による）

228

ないのである。なお、被害者・遺族等に対しては、「死刑の執行に関する通知制度」が2020年10月にスタートし、申し出がなされた場合に死刑を執行した事実、執行日および執行場所が電話または文書によって事後的に通知されることとなった。

　さて、死刑場は、高等裁判所所在地の拘置所などに設けられており、死刑確定者が拘置所に入所してから処刑されるまでの期間は、数年ないし十数年と長期間にわたるケースも多い。死刑判決が確定すると、彼らは、自分の死刑がいつ執行されるのかにおびえながらこの長い年月を過ごすこととなる。最も恐怖にさらされるのは朝で、午前10時も過ぎると、「ああ、今日の執行はないようだ、これでもう１日命がつながった」と胸をなでおろすような日々が毎日続く者もいるという。ただその一方で、判決が確定してから短期間で死刑が執行される者もいて、執行の対象者選びが公正になされているのか疑問だとする声もある。

　受刑者の社会復帰のために日々の任務にあたる刑務官は、死刑確定者に対しても、人としての心を取り戻してほしいとの思いで処遇にたずさわっているという。また、拘置所は、仏教やキリスト教の各宗派から僧侶や神父の派遣を受けて定期的に教誨＊を依頼しており、多くの死刑確定者がこうした宗教家の力を借りて死を迎える準備をしているという。

　死刑執行の現場は、執行の任にあたる刑務官や執行に立ち会う検察官・拘置所長など少数の関係者以外は立ち入ることができず、外からうかがい知ることはできないようになっている。そこで、実際に死刑の執行に何度も従事したことのある元刑務官の著書からその一部を抜粋して引用することとしたい（坂本敏夫『元刑務官が明かす　死刑のすべて』〔文春文庫、2006年〕124-126頁）。

　　畳１枚より若干小さい刑壇の中央に立たされた死刑囚に、頭上から輪が被せられた。刑務官は必死の形相で輪を絞る。足元では別の刑務官が膝の下を縛る。

　　教誨…「教えさとすこと」という広い意味で用いられることもあるが、ここでは、刑事施設に収容されている者の希望に基づき、民間の篤志家である宗教家によって刑事施設内で行われる説話・読経・礼拝などの行為のことをいう。刑事収容施設及び被収容者等の処遇に関する法律68条をも参照されたい。

死刑囚の足が震える。喉元が締まり顔面に血が上る。

「よしっ！」

保安課長の右手が上がった。

中腰で身構えていた刑務官がハンドルを手前に引いた。渾身の力を込めて！

踏板を止めていた金具が外れる。死刑囚の体は自分の重みで勢いよく突然できた穴に落ちていった。

たとえようのない物凄い音が耳をつんざく。穴の中央に滑車から下がるロープがバウンドし、大きく揺れた後、ピンと張った。

囚人の体は、ロープを軋ませる大きな痙攣の後、手足がグイッと引っ張られるような痙攣が来た。

口から黄色い吐瀉物が押し出される。これも断続的、顎を伝い胸を汚す。

顔色が蒼白になり、死人の色になった。痙攣もなくなった。

死刑存廃をめぐる主な争点

死刑の存廃について議論される際によく争点になることとしては、(1)被害者・遺族の問題、(2)残虐性の問題、(3)世論の問題、(4)国際動向、(5)誤判の問題、(6)死刑制度の犯罪抑止力の有無など多岐にわたる。紙幅の関係から、ここでは(1)～(4)について考えてみよう。

(1)　被害者・遺族の問題

殺人事件等が起こると、加害者（被疑者・被告人）をとりまく人たちのみならず、被害者の周囲の人たち、とりわけその遺族が取材を受け、テレビや新聞などで報道されることがしばしばある。そのなかでは、「犯人を死刑にしてほしい」との叫びが紹介されることが少なくない。だが、そうした被害者ないしその遺族の応報感情を満足させるために、国家が加害者の生命を奪ってよいものだろうか。

　たしかに、殺人の被害にあった肉親を突如として失った遺族の人たちの悲しみ、怒り、そして加害者への憎しみというものは、実際にそのような体験をした人でなければわからないものと思われる。だが、すべての遺族が「犯人を死刑にしてほしい」との感情を、被害にあった直後のみならずその後もずっと抱き続けているのか、そしてそもそも被害者・遺族の応報感情のままに加害者を死刑に処することが国家の制度として許されるものなのかという点については、検討を要するであろう。

　テレビ等で紹介される被害者・遺族の声というものは、実際に犯罪被害にあった被害者およびその遺族の人たちのごく一部のものであり、彼らの感情には、報道される以上にさまざまなものがあるのではないだろうか。そして、同じ人であっても、時が経つにしたがって、気持ちが大きく変化してくることもけっして珍しくないのではなかろうか。しばしば指摘されるように、被害者感情というものは多種多様なものであるにもかかわらず、実際に報道されるのは、「毎日位牌に手を合わせ、犯人が死刑に処せられることを祈っている遺族」の場合がほとんどであり、実際にこの被害者像・モデルにあてはまっている遺族の人たちも、時間の経過とともにその思いが変わっていくケースは少なくないのである。「被告人を死刑にしても何も解決しません。わたしたち犯罪被害者遺族と同じように、被告人の家族が遺族になる。悲しみに震える人間をまたつくるだけです」と法廷で死刑に反対する証言をした遺族、「被害者は政府から何の援助も受けていないわけです。そのなかで……感情的に、厳罰に処してくださいと言うしかないのです。でも、それは何かというと、江戸時代でいう仕返しですね、あだ討ちの思想なんです。これは非常に非生産的な思想です。たとえあだ討ちしたところで、僕らは何も救われはしません」、「わたしたち被害者や遺族は、厳罰では癒されません。事件直後はわたしの主人も厳罰をと言っておりましたが、時間をおいて冷静に考えられるようになるとだんだん考え方も変わってきて、一生かけて償ってほしいと言うようになりました」などと国会の法務委員会で述べた遺族の人たちの声は、多くの犯罪報道か

らはなかなか伝わってこないのが現状である。

　また、近年の殺人事件で家族を殺害された遺族の一人は、拘置所の接見室で被告人に対し「死刑になるな。生きて帰ってこい」と何度も語りかけた。この遺族は、第一審では死刑を求める意見陳述を行っていた（第一審で死刑判決が下され、その後被告人側により控訴・上告）が、被告人との面会を経て心境が変化し、「命は大切で、とても重要なものです。それは○○〔被告人名〕の命にしてもそうです」などとして死刑の判断をただちに行うことを回避したうえで第一審の裁判員裁判をやり直し、慎重に十分な審理判断を行ってもらうことを望む旨の上申書を最高裁判所に提出した。それにもかかわらず、最高裁がこの願いを聞き入れることはなく、この被告人に対する死刑判決は確定した（最判平26・10・16集刑315号87頁）。警察庁による統計でもデータが示されているように、殺人罪は、他の多くの犯罪と異なり、被害者が親族であるケースが多いのが特色の一つである。このことからも、殺人罪における被害者感情は単一なものでないように思われる。

　より根本的に考えてみると、被害者・遺族の応報感情を根拠として死刑制度を置くということ自体、まさに「あだ討ち」を遺族に代わって国家がとり行う制度を置くに等しいこととなる。人間の生命に優劣はなく、最高裁の表現を借りるならば、「全地球よりも重い」ものである。たしかに、全地球よりも重い生命を奪った殺人者ではあるが、そのことを理由にその殺人者の生命が軽くなるものでないことは、上述の遺族の上申書が示唆するとおりである。そのもう一つの「全地球よりも重い」生命を国家権力によって破壊するという制度をもつこと自体が矛盾なのではないだろうか。人として誤りなのではないだろうか。むしろ、被害者も加害者もともに「人間の尊厳」が守られなければならず、「人間回復」が図られなければならない共通の存在であるとはいえないだろうか。被害者に対するサポートが不十分な現状を、「加害者にもっと厳しい刑罰（死刑）を」という声にすりかえてはならない。

　上述のように、刑務官の人たちは、死刑確定者に対しても、人としての心を取り戻してほしいとの思いで処遇にたずさわっているという。その思いが彼らに通じ、めざましい変化が彼らに起こったとき、彼らは、自分の犯してしまった罪と向き合い、その償いをすることを強く望むようになるという。しかも、このようなケースはけっして稀なことではないというのである。当初は死刑確定者からの謝罪を受けつけなかった遺族の人たちも、何十通、何百通の手紙を受け取るにしたがって、少しずつ心境が変化していく。加害者への思いが変化していく。そこから、加害者と遺族との間に心の交流が生まれるようになる。まさに人間性を取り戻した加害者が真摯な気持ちで贖罪を行う。そうすることによって、被害者遺族の人たちも人間性を回復する一つの糸口を見出だすことができるというのである。そういう姿をみていると、「人として立派に立ち直ったこの死刑確定者の首にロープをかける必要性はいったいどこにあるのか」とも刑務官の人たちは考えるという。

　ちなみに、犯罪者を反省させるために死刑に処するべきだという主張がなされることもあるが、そもそも反省をすることと死刑に処せられることとは両立しうるのだろうか。犯罪者に反省を求めるのであれば、死刑を回避することが前提となるのではなかろうか。

(2)　残虐性の問題

　死刑という刑罰は、人道上の観点からみた場合に、どのように評価されるだろうか。憲法36条は、「残虐な刑罰は、絶対にこれを禁ずる」と規定しており、現行の死刑制度がこれにあたらないかが問題となる。このことについて、最高裁は、火あぶりやはりつけなどの方法であれば死刑は残虐な刑罰といえるが、現在日本が採用している絞首刑はとくに人道上残虐であるとは認められないから憲法36条に違反しないとの立場をとっている（最大判昭23・3・12刑集2巻3号191頁や最大判昭30・4・6刑集9巻4号663頁など）。しかし、火あぶりやはりつけの方法による場合は残虐であり絞

首の方法による場合は残虐でないとすることの論拠は、はたしてどのよう
なものなのだろうか。

　ところで、日本における絞首刑の具体的な執行方法は、1873年に出され
た明治6年太政官布告第65号の規定がもととなっている。つまり、百数十
年も前の19世紀に定められた執行方法が、21世紀の今日でも（いくつかの
変更を経て）用いられ続けているのである。この方法によると体重が頸部
に作用した瞬間に本人は意識を失うので何ら苦痛を感じないなどという鑑
定が1952年に出されたこともあって、絞首刑は残虐な刑罰にあたらないと
する判例が維持されてきた。しかし、近年の研究により、絞首された者の
意識は数秒ないし数分間続き、激しい肉体的な損傷と激痛が伴うことや、
頭部離断またはゆっくりとした窒息死がもたらされうることなどが明らか
にされ、絞首刑の残虐性が争点の一つとなった大阪パチンコ店放火殺人事
件の第一審においてオーストリアの法医学者がこれらのことについて証言
を行った。しかし、その第一審判決は、死刑が「ある程度のむごたらしさ
を伴うことは避けがたい」としたうえで、その執行方法が「憲法36条で禁
止する『残虐な刑罰』に当たるのは、考え得る執行方法の中でも、それが
特にむごたらしい場合」であり、「執行方法が残虐と評価されるのは、そ
れが非人間的・非人道的で、通常の人間的感情を有する者に衝撃を与える
場合に限られる」とするとともに、「そのようなものでない限り、どのよ
うな方法を選択するかは立法裁量の問題といえよう」などと判示した（大
阪地判平23・10・31判タ1397号104頁。控訴審判決につき、大阪高判平25・7・
31判タ1417号174頁）。本件はその後上告されたが、最高裁は、死刑制度が
その執行方法も含めて憲法に違反しないことは当裁判所の判例とするとこ
ろであるなどとして、上告を棄却した（最判平28・2・23集刑319号1頁）。

(3)　世論の問題

　すでに述べたように、日本は、死刑廃止条約を未だ批准していない。政
府はその批准に依然として消極的な姿勢である。その理由として、国内世

論が死刑廃止に反対である点などが挙げられている。実際に、死刑制度に関しては、内閣府による世論調査や街頭でのアンケートなどさまざまなものがなされてきた。それらは質問の立て方が異なることにもよるのかもしれないが、存置派と廃止派の割合は、調査によってばらつきがみられる。ただ、近年実施された内閣府による世論調査については、約8割が死刑を支持しているとされている。このこと自体はそうだとしても、8割の人々が死刑に賛成しているから多数決によりこの制度を置くべきだということになるのであろうか。死刑の問題は、一人ひとりの人間の尊厳にかかわることであり、これは多数決によって決する性質のものではないのではなかろうか。もちろん、人々が死刑制度をどのように考えているのかを調査すること自体を否定するものではないのだが、ただ、日本においては死刑の実態についての情報がほとんど国民に伝えられないのであるから、世論調査を受ける人たちは、自らの立場を決定するための前提となる十分な判断材料のもち合わせがないままこれに回答してしまっているのではないだろうか。死刑についての情報を徹底的に国民に隠しておきながら、国内世論を理由として死刑を存続させる政府の姿勢は、問題があるといわざるをえない。

　いずれにせよ、憲法の基本原則の一つである民主主義については、多数決で物事を決めるという量的な側面のみならず、質的な側面からも光を当ててみる必要があるように思われる。日本政府が死刑廃止条約の批准に消極的な姿勢をとる理由として国内世論をもち出すのは、国際的にも批判されている。なお、フランスやイギリスなどは、世論においては存置論の方が優勢だったなかで、死刑の廃止に踏み切った。

⑷　国際動向──孤立する日本
　国際的な動向をみてみると、世界の国々は、明らかに死刑制度の撤廃に向かっている。国連加盟国は2021年11月現在で193か国にのぼっているが、その3分の2以上は死刑制度を廃止し、または事実上死刑の執行を停止す

るに至っているのである。先進国ないし新興国とされる38か国によって構成されている OECD（経済協力開発機構）加盟国のうち、死刑制度をもつ国は日本、アメリカ、韓国の３か国のみとなっている。もっとも、韓国は、1997年の執行を最後に死刑が執行されておらず、今日では事実上の死刑廃止国とされている。また、アメリカでは明らかに死刑存置州が減少し続けており、2021年３月にバージニア州が死刑を廃止したことによって50州中23州が死刑廃止州となった。同年７月にはさらに連邦レベルでの死刑執行の一時停止が表明された。今やアメリカも死刑廃止に向けて確かな一歩を踏み出したといえよう。これらのことを踏まえるならば、OECD 加盟国のうち、死刑を国家として統一して執行しているのは今や日本のみといわざるをえない状況にある。

　このような国際動向に照らすと、多くの国々からみて日本政府の死刑制度存置についての姿勢はかたくなで異様なものに映るのではないか。国連の国際人権自由権規約委員会や拷問禁止委員会から死刑廃止についての勧告を日本は何度も受けているが、上述のように日本政府は国内世論などをもち出して「死刑を廃止することは適当でない」などと回答し、死刑の執行を繰り返している。また、欧州評議会も、オブザーバー国としての日本に対して死刑の廃止を要請し、廃止しなければオブザーバー資格を取り消す旨の決議を行っている。

　国際的な動向が明らかに死刑の縮減・廃止であるにもかかわらず死刑執行を繰り返す日本は、国際社会の動きに逆行し、孤立を深めつつあるといえるのではないだろうか。

みなさんへの問いかけ

　2009年に裁判員制度がスタートした。今日では、職業裁判官だけではなく、一般市民の誰もが裁判員として刑事裁判にかかわって死刑を言い渡す側に立つ可能性を有している。つまり、自分の決断次第でまさに目の前にいる被告人という一人の人間の命が強制的に絶たれることにもなるのであ

る。厳罰を求める遺族がいることもたしかではある。しかし、殺人事件の加害者によって被害者およびその遺族である自分たちが崖から突き落とされた状況をイメージした次のような声にも耳を傾けることを要するのではなかろうか（原田正治『弟を殺した彼と、僕。』〔ポプラ社、2004年〕115頁から被害者名を「Ａ」、加害者名を「Ｈ」として要約）。

　　僕らは全身傷だらけで、Ａは死んでいます。崖の上から、司法関係者やマスコミや世間の人々が、僕らを高みの見物です。彼らは、崖の上の平らで広々としたところから、「痛いだろう。かわいそうに」と言いながら、Ｈ君を突き落とそうとしています。僕たち家族は大勢の人が平穏に暮らしている崖の上の平らな土地にもう一度のぼりたいと思っているのに、崖の上にいる人たちは誰一人として「ひきあげてやるぞー」とは言ってくれません。代わりに、「おまえのいる崖の下に、こいつも落としてやるからなー」と、被害者と加害者をともに崖の下に放り出して、崖の上では、何もなかったように、平和な時が流れているのです。

　なお、2015年12月には、裁判員裁判のもとで言い渡された死刑が初めて執行された。その新聞報道では、各地の裁判員経験者の声として、「死刑が執行されれば、裁判員の自分たちが殺すようなもの。その苦しみは一生消えない」、「罪と向き合い、一生背負い、被害者や遺族に償う。苦しみながらでも、生きた方がいいと思うことがある」などといった声が紹介された。

　裁判員がくじ引きで選ばれる以上、こうした深刻な思いを心に引きずることとなるケースは、誰にでもありうる。仮に自分自身は死刑に反対であっても、他の多数の裁判員が死刑を是認して死刑判決が下された場合、その裁判においては自分も死刑判決に関与したこととなり、そのような苦悩から免れられなくなる。そして、「自分たちが殺す」ことの苦悩は実は裁判員に限られず、職業裁判官にも、そして執行に従事する刑務官にも、さ

らにはその立会人にもあてはまりうるのである。これは、単純な主観的苦悩というよりは、制度としての死刑の致命的な欠陥といえるのではないだろうか。

　また、死刑になりたいという動機・理由で多数の人を無差別に殺害する事件がしばしば見受けられるが、この種の犯行は、死刑が存置されているからこそ起こりうることなのではないだろうか。

　死刑制度に重大な問題があるとしても、そのまま待っていれば明日から自動的に死刑が廃止されるわけではない。死刑廃止を実現するためにはどのような環境づくりをしていけばよいのだろうか。死刑がなくてもよい状況をどのようにつくり上げていけばよいのであろうか。いまわたしたちに必要なのは、死刑廃止に向けたロードマップを作成することであるように思われる。

参考文献

佐伯千仭＝団藤重光＝平場安治編著『死刑廃止を求める』(日本評論社、1994年)

団藤重光『死刑廃止論〔第6版〕』(有斐閣、2000年)

原田正治『弟を殺した彼と、僕。』(ポプラ社、2004年)

坂本敏夫『元刑務官が明かす　死刑のすべて』(文春文庫、2006年)

大塚公子『死刑執行人の苦悩〔第2版〕』(創出版、2006年)

ホセ・ヨンパルト『死刑――どうして廃止すべきなのか』(聖母文庫、2008年)

伊藤和子＝寺中誠『裁判員と死刑制度――日本の刑事司法を考える』(新泉社、2010年)

大谷恭子『それでも彼を死刑にしますか』(現代企画室、2010年)

中川智正弁護団＋ヴァルテル・ラブル編『絞首刑は残虐な刑罰ではないのか？』(現代人文社、2011年)

デイビッド・T・ジョンソン＝田鎖麻衣子『孤立する日本の死刑』(現代人文社、2012年)

森達也『死刑』(角川文庫、2013年)

小特集「世論・裁判員裁判と死刑」法律時報87巻2号(2015年)

特集1「死刑廃止を考える」自由と正義66巻8号(2015年)

特集「死刑の論点」法学セミナー732号(2016年)

萱野稔人『死刑　その哲学的考察』(ちくま新書、2017年)

デイビッド・T・ジョンソン著(笹倉香奈訳)『アメリカ人のみた日本の死刑』(岩波新書、2019年)

岡田行雄＝長塚洋「トークと映像で考える～死刑って何？　"世論"って何？」熊本法学147号(2019年)

·················· COLUMN ··················
電子監視

　電子監視とは、電子的機器を利用することによって対象者の行動を監視する方法であり、一般に1983年に米国のニューメキシコ州の裁判所で5名のそれを使用したのが始まりとされる。その後、西欧諸国にも広がり、アジアではすでに韓国で導入されているが、その目的や刑罰制度における位置づけは各国において必ずしも一様ではない。

　電子監視の方法にはさまざまなものがあるが、現在では固定型監視と移動型監視の2類型が一般に知られている。固定型監視は、対象者の手首や足首に発信機を装着するとともに、その自宅等に受信機を設置し、発信機から一定の間隔で発せられる信号を受信機が受けて監視コンピュータに転送することで、対象者が自宅等にいることを確認するという仕組みであり、主として在宅拘禁（対象者に対して1日のうちの指定された時間に自宅または指定された場所にいることを義務づける措置）を確保する手段として利用される。移動型監視は、衛星利用測位システム（GPS）を利用したもので、対象者の位置情報をインターネット上の地図作成システムを通じて監視者がリアルタイムで入手することができることから、特定の地域や場所への出入りの禁止が遵守事項として設定されている場合に、その違反の有無を確認する手段として利用される。一般に電子監視というと後者を想起しがちであるが、電子監視自体の実施件数は前者の方が多い。

　日本でも2020年に、㋐保釈中の被疑者の逃走防止、㋑性犯罪者等の再犯防止について本格的に電子監視（いずれもGPS型電子監視）の導入が検討され始めた。㋐は2019年に起こったカルロス・ゴーン逃亡事件に起因するもので（Chapter1 Section9を参照）、㋑は2017年の性犯罪規定に関する刑法改正から続く「性犯罪・性暴力対策の強化の方針」（2020年）の一

環と位置づけられるものである（COLUMN「性犯罪の見直し」を参照）。

　しかし、その導入については以下のような問題が指摘されている。

　第一に、GPS 型電子監視の適切な効果を想定することはそもそも困難という問題である。一方では過剰に包摂してしまうという問題が生じ（GPS 型電子監視の有無にかかわらず、逃走や証拠隠滅をしない被疑者や再犯をしない性犯罪者を捕捉してしまう）、他方では包摂できないという問題が生じる（「確認犯」とでもいうような性犯罪の再犯者や計画的な逃亡者の行為を捕捉できない）ということが避けられない。

　第二に、「刑事司法の民営化」という問題である。電子監視の導入は、「拘禁の回避」に資するという点でリベラルな立場から支持され、他方で「社会の安全」に資するという点で保守的な立場から支持されるため、その効果に関する実証的検討ではなく政治的利用意図によって導入が決められるという側面がある。そして、（諸外国の例をみれば）その背後には政治的要素と密接に関連した民間企業システムの利用が想定されている。これにより伝統的に存在した刑事司法の理念が（政財官の癒着、監視データの共有などによって）徐々に侵食されていくおそれがある。

　第三に、「人間の尊厳」の侵害という問題である。電子監視の利用は、対象者を社会的に「劣位」に置いたままで生活させ、かつその機器を取り外すことを刑罰で禁ずるものである。本来それは性犯罪者の再犯防止や被疑者の逃走防止などを目的とする手段にすぎない（機器を取り外しても再犯や逃走しなければよい）はずであるが、対象者を「劣位」なままの状態に置くことが自己目的化すると、より積極的に対象者を「データ」として把握することが重視され、究極的には対象者の体内への機器のインプラントにより、位置情報のみならず、体内のアルコール濃度、血液や心拍の状態、さらには脳波までをも監視するところにまで進む可能性がある（甘利航司「『GPS 型電子監視』について考える」季刊刑事弁護105号〔2021年〕178頁以下参照）。

　導入や運用に慎重な検討が必要であることは明らかであろう。

市民生活と刑事司法の交錯
SECTION

現代警察活動とわたしたち

■■■ **警察官という仕事** ■■■

　ある民間の保険会社が、全国の保育園・幼稚園児および小学校１～６年生を対象に調査したところによれば、男子の「大人になったらなりたいもの」（2020年度）は、第１位が「サッカー選手」、第２位が「野球選手」、第３位が「警察官*・刑事」となっており、「警察官・刑事」は未就学児および低学年児では一番人気、1989年から2020年までの32年間においても「警察官・刑事」はほぼ毎年トップ10位以内にランクインされている（第一生命保険会社「大人になったらなりたいもの」1989年より毎年調査）。

　テレビなどに映し出される情熱にあふれた警察官の生き様、「悪」に立ち向かう一方で、人情をもって犯罪者を説得、検挙する姿勢は、いつの時代も、子どもたちの目に凛々しく、頼もしく映っているといえよう。最近では女性の志望者も増加しているとされ、大学の法学部では警察官志望の学生も多い。

　世間の警察に対する期待も強いものがある。たとえば、内閣府の「治安に関する世論調査」（2017年９月実施）によれば、「警察に力を入れて取り締まってほしい犯罪」として、①インターネットを利用した犯罪（51.2%）、②殺人、強盗などの凶悪な犯罪（51.1%）、③振り込め詐欺や悪質商法などの詐欺（48.8%）などが上位に挙げられている。

　また、取締り以外に「警察が、今後、特に力を入れるべき活動」としては、

警察官…警察の事務を執行する国家公務員および地方公務員をいう（警察法34条、55条及び63条参照）。警察の責務は警察法２条に規定されており、行政警察活動と司法警察活動に分けられる。長官を除く警察官の階級は、上から順に、警視総監、警視監、警視長、警視正、警視、警部、警部補、巡査部長および巡査である。

①制服警察官によるパトロール（48.3%）、②街頭や施設などの公共の場所における防犯カメラの設置に対する支援（45.3%）、③インターネット空間におけるサイバーパトロール（42.4%）などが挙げられている。

　「24時間、無料、全国各地にどこにでもある」という警察の存在は、現在のわたしたちの生活とは切り離せないものとなっている。以下では、身近な存在である警察の歴史をたずね、現代の警察がどのような役割を果たしているかをみていくことで、「正義の味方」である警察とわたしたちとのつながりを、あらためて考えていくことにしよう。

警察制度のなりたちと展開

　江戸幕府を倒した明治新政府は、近代化の遅れを取り戻し、欧米諸国に追いつくため、富国強兵策を採った。しかし、このような「上からの近代化」には、しだいに国民の不満がもち上がってきた。このような国内の不満分子を押しこめ、強力に「上からの近代化」を遂行するためには、「力による強制」が必要となった。軍隊と並んで、この「力による強制」を担ったのが警察であった。国を強くするためには警察を強くし、全国民に関する情報を集めて、不満分子の動きをつかんでおく。そのために、警察は行政のなかに深く食い込み、国民の日常生活のすみずみまで監視の網の目をはりめぐらせていく。これがわが国の警察制度の出発点である。

　「一国は一家なり、政府は父母なり、人民は子なり、警察はその保傳なり」（『警察手眼』〔1876年〕2頁以下）。日本の警察制度の基礎をつくった「日本警察の父」、川路利良はこのようにいう。家族たる国家のなかでは、未熟な国民（子）を一人前にするのが政府の役割であり、警察はその子守役（保傳）、というわけである。そのため、すでに発生した犯罪の捜査（司法警察活動）よりも、社会の秩序を維持し、犯罪を事前に防ぐ警察活動（行政警察活動）が重視された。

　「警保寮（当時の警察の中央組織——引用者）は人民の凶害を予防し、其権利を保守し、其健康を看護して、営業に安んじ、生命を保全せしむる等、

行政警察に属する一切の事務を管理する所なり」（1874年の警保寮職制）とされるように、警察活動は、営業に関する事項、演芸・遊技場・賭博などの風俗に関する事項、船舶・道路・鉄道などの交通に関する事項、伝染病予防・消毒・検疫・医療などの衛生に関する事項のような国民生活の多くの領域に及ぶことになった（1886年7月の「地方官官制」など参照）。「警察」という言葉も、社会公共の災厄を警戒し、それを未然に防止するための査察、すなわち「警戒査察」の言葉を省略したものといわれる。

　首都東京には、帝都を守るための政府直属の機関として東京警視庁がおかれ（現在の東京都の警察本部である「警視庁」という名の由来である）、地方の中心地には警察署が設置された。当初、地方では、警察署の周辺に警察官を集約的に固めて配置していたため、地方の郡村にはほとんど警察の目が行き届かない状態が生じていた。そこで、プロイセンから招いたウィルヘルム・ヘーンの助言をきっかけに、市街地には派出所が、そして地方には駐在所が全国に設置されることになった（1888年の警察官吏配置及勤務概則）。そして、この派出所（交番）・駐在所制度によって、警察の「耳」や「目」が全国の村々に行き渡ることになり、現在の地域警察の原型が生まれた。1900年には、労働運動を取り締まるために治安警察法が制定され、また以後濫用されることになる行政検束や仮領置を定めた行政執行法が制定された。

　この強大な警察の権限を背景として、とくに1925年以降においては、治安維持法体制における「思想警察」の基盤が形づくられていくことになった。中央集権的な警察制度のもとの「平時の監視網」は、戦時体制の進展に伴って、「戦時の監視網」に切り替わり、国民の言論・出版を厳しく取り締まることになった（特別高等警察）。自由で民主的な社会で評価されるような、思ったことを正直に話し行動する者は「要注意人物」としてマークされることになった。検閲に代表されるように、マスメディアも警察の指導・監督下に置かれた。統制経済のもと、警察は民衆の生活に厳しい監視と統制を加え（経済警察）、産業や労働の分野にも警察が積極的に介入

することで「国益」のための経済活動が目指された。戦時の防空活動も警察が指導、組織した。こうして、日本全国が「警察化」し、ファシズム化していった。警察によって、市民が拷問死する事件も起こった（たとえば、1933年の小林多喜二*の事例など）。

　敗戦後、日本を占領したGHQ（連合国最高司令官総司令部）は、警察制度の根本的改革を行った。戦前の日本が「警察国家」であったことに鑑み、①警察の地方分散（中央集権性の否定）、②警察の権限の縮小、③民主的な警察制度の確立が基本方針となった（1947年9月の片山首相宛マッカーサー書簡参照）。戦前の警察活動の反省のもと、日本国憲法31条以下に、刑事手続に関する多くの規定が刻まれた。

　こうして、自治体警察と国家地方警察の分離独立を定めた旧警察法（1947年）が制定され、さらに「警察は、国民の生命、身体及び財産の保護に任じ、犯罪の捜査、被疑者の逮捕及び公安の維持にあたることを以て責務とする」（同法1条1項）とされたことにより、戦前と比べて警察の権限が大幅に縮小された（1948年の警察官職務執行法も参照）。警察の政治的中立性を保ち、人権侵害を引き起こしやすい警察行政を民主的に統制するために、公安委員会制度がもうけられた。旧刑訴法のもとでは捜査は検察の事務とされ、警察官は検察の補助者として犯罪捜査を行うものにすぎなかったが、旧警察法の自治体警察のもと、現行刑事訴訟法（1948年）では警察は独立した第一次捜査機関となり、強制捜査権が付与された。

　占領終結後の1954年2月に成立した現行警察法（責務規定は2条参照）によって、自治体警察と国家地方警察の二本立ては廃止され、都道府県警察に一本化されるとともに、都道府県警察を指揮監督する中央官庁として警察庁が設置された（次頁の図参照）。もっとも、特高警察は公安警察に衣替えをして温存され、戦後、特高警察官の多くが公安警察に復帰した。

現代日本社会と警察の役割

　次に、このような歴史的背景をもつ日本の警察が、現代においてどのよ

小林多喜二（1903〜1933年）…日本のプロレタリア文学の代表的な小説家。代表作は『蟹工船』（1929年）。小説『一九二八年三月十五日』（1930年）の中の特高警察による拷問の描写が当局の怒りを買ったとされ、のちに拷問死。警察の介入により遺体の解剖はどの大学病院でも断られ、葬儀も取り止めになった。

244

図　現行警察法における警察組織

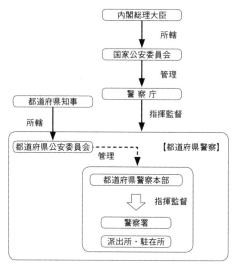

（平成16年度版警察白書をもとに作成）

うな役割を果たしているかをみていこう。

　1990年代に入ってバブル経済が崩壊し、経済が行きづまりをみせると、その打開策として、事前規制型社会から事後チェック（事後制裁）型社会への転換が政府主導で目指されることとなった。当初は、経済的効率性を高めるとされる参入規制や価格規制などの「経済的規制」の緩和に重点が置かれたが、2001年4月に成立した小泉内閣は「経済的規制」のみならず、社会的弱者保護や公平性の確保などを実現するための「社会的規制」の緩和にも本格的に踏み込んだ。

　しかし、自己責任に支えられた事後チェック型社会は、政府からみれば、必然的に「治安悪化のリスク」をはらむものであった。たとえば、事前の規制の緩和は市場への参加者を増大させるところ、証券市場や労働市場で

は暴力団などの「反社会的勢力」の介入・伸長が問題となる。在留資格の拡大による外国から安い労働力の流入は、「外国人による犯罪」のリスクを負うことになる。また、労働市場の「自由化」はパート、アルバイト、契約社員、派遣労働者などの非正規雇用を飛躍的に増大させる結果、貧困層が生まれ、社会の格差を増大させる（格差社会）。公的社会保障（年金、医療、生活保護など）の切りつめによる社会保障の自己責任化は、格差をさらに増大させ、「再チャレンジ」の機会と意欲を縮小させる。経済的・社会的弱者は、犯罪の潜在的加害者にも潜在的被害者にもなりうる。このような「治安悪化のリスク」がそれである。

　加えて、少子高齢化や核家族・単身世帯の増加、プライバシーの意識の伸長、それらに伴う地域社会の連帯の希薄化、家族や個人の「孤立」化といった日本社会の構造変化も「治安悪化のリスク」に拍車をかけることになった。

　以上のような事後チェック型社会への転換と日本社会の構造変化に伴う「社会のひずみ」を放置し、上記の「治安悪化のリスク」が現実化すれば、国家の正当性が揺らぐことになる。あくまで事後チェック型社会への道を貫徹するならば、事後チェックを有効に機能させなければならない。こうして「小さな政府」の実現のために「大きな裁判所」が必要となり、司法制度改革が行われた（2001年12月に司法制度改革推進本部設置）。そして、刑事司法の局面では事後チェックの徹底・強化のために、とくに警察が重要な役割を果たすことになった。

　従来、治安政策は法務省や警察庁などの個別の機関で担われていたが、2001年の9.11テロの衝撃、2002年の戦後最多の刑法犯認知件数などが、治安政策の再構築の契機を政府に与えた。そこで、2003年の「犯罪対策閣僚会議」（現在まで継続）を画期として、治安政策が個別の省庁の取り組みではなく、政府全体の取り組みとして横断的に推進されるようになった。そして、この治安政策の横断的議論と政策形成をリードしていくことになったのは、警察庁であった。なぜなら、警察が最も身近に地域住民に接し、

市民生活の現場を把握、体験している機関であり、「構造改革」に伴って、どのような分野で、どのような「治安悪化のリスク」が発生しているのかを最もよく知る機関であったからである。こうして「改革」の各段階に、警察の現場の知見が盛り込まれ、事後チェック型社会への転換に伴って、警察は非常に大きな役割を委ねられることになった。

社会の変化と警察活動のパラダイム転換

　事前規制型社会から事後チェック型社会への転換に伴って、警察活動もパラダイムの転換をみせている。現代警察活動のキーワードとなっているのが、「安全・安心な社会」の実現という言葉である。

　プライバシーの意識が広がり、地域の連帯が希薄化している現代社会においても、自分が住んでいる地域の治安は最も重要な関心事の一つである。子どもをもつ親の視点からみれば、子どもの安全や少年の健全育成は喫緊の課題であるし、生活者・消費者の視点からみれば、振り込め詐欺、悪質商法や食の安全などは、自分の身に直結する問題といえる。このような意味で、「安全・安心な社会」の実現は、すべての市民の共通の課題であるといってよいだろう。1994年に、警察庁に生活安全局が設置されて以降、警察主導で、身近な犯罪の抑止を目的とした本格的な取り組みが始まった。このような「安全・安心」を求める市民の声を拾い上げ、地域住民の自主的な防犯活動をサポートするとともに、子ども、女性、高齢者、消費者などの身近な「安全・安心」を守っていく施策を実施していることも、現代警察活動の重要な特徴である。「社会安全政策」と呼ばれることもある。市民の「安全・安心」の声に応えることを眼目とする「社会安全政策」には、さらにいくつかの特徴をみてとることができる。

　第一に、従来、国家と市民との関係は、伝統的に対立・緊張関係としてとらえられてきたが、「社会安全政策」によれば、警察（行政）と市民との関係が三面関係で理解されていることである。すなわち、①警察、②警察の権限行使により権利自由を制約される市民（被疑者等）、③警察の権

限行使により権利自由を守られる市民（被害者・潜在的被害者等）というのがそれである。ここでは、②被疑者等の市民と③被害者等の市民が「対立・緊張関係」としてとらえられている。

　第二に、担い手の多様化である。従来の刑事政策では、もっぱら警察、検察、裁判所、刑事施設、保護観察所などの限られた機関の活動が対象とされてきた。しかし、「社会安全政策」のもとでは、社会安全のためのさまざまな手法を実施するために、その他行政機関、地方自治体、団体および個人など多くの主体が担い手として想定される。そして、警察は多くの担い手を束ねる「プロモーター」の役割を期待されている。

　第三に、制裁の多様化である。従来の刑事政策ではもっぱら刑罰の運用・効果に焦点があてられてきたが、「社会安全政策」のもとでは、行政制裁なども積極的に活用される。行政制裁は、警察にとって、刑事制裁の対象とすることが困難な行為を捕捉可能で、制裁対象者の範囲やその認定の方法につき柔軟な制度設計ができるという利点がある。たとえば、暴力団対策法や暴力団排除条例の中止命令・再発防止命令、ストーカー規制法の警告・禁止命令、道路交通法で定められた駐車違反に対する放置違反金制度、迷惑防止条例の中止命令・再発防止命令などがそれである。これらの行政制裁と刑事手続を組み合わせた運用も少なくない（ストーカー規制法における対象者の起訴猶予後あるいは執行猶予中の警告・禁止命令など）。

　第四に、市民は、どのような警察による保護（社会安全政策による利益）を受けるかどうかを主権者として決定し、その決定の結果に伴うコストを負担しなければならないとされていることである。たとえば、一般的水準を超える個人情報保護制度を設けている自治体では、警察が個人情報を収集することが困難になる結果としての安全水準の低下はその自治体の市民が負わなければならず、他の自治体との安全水準の平準化を図るために、警察が当該自治体に警察官を増配置するようなことはすべきでないとされる。

　こうして、誰もが利害関係をもち、誰でも参加可能な課題である「安

全・安心な社会」の実現を目指して、官民の連携が進み、それに即応して警察が国民生活の多くの分野に介入することが可能となっている。戦後縮小した警察権限が「安全・安心」を求める市民の声を吸い上げて肥大化しているとみることもできる。「体感治安」という概念も警察活動の拡大に大きな役割を果たしている。

　「社会安全政策」は、刑事実体法や刑事手続法の領域にも大きな影響を与えている。次にそれをみていこう。

■ 警察から見た「犯罪」

　犯罪は、一般に、刑罰をもって処断すべき社会的非行のことをいうが、何を「犯罪」とするかは時代や文化などによって異なる。また、刑法学で犯罪を区別する場合、個人的法益に対する罪、社会的法益に対する罪および国家的法益に対する罪の三つに区別するのが一般的である。

　しかし、「社会安全政策」からみれば、このような区別は本質的なものではなく、被害者・潜在的被害者である市民からみて処罰の必要性があるかどうか（当罰意識）が重要となる。迷惑防止条例に規定されている「粗暴行為」や「つきまとい行為等」のように、行為に必ずしも明確な社会侵害性がないようにみえる犯罪類型であっても、市民から見た「不安感」や「嫌悪感」を根拠に処罰が肯定されうる。薬物の自己使用罪などの「被害者なき犯罪」も「安全・安心な社会」という観点から処罰に値するものがあるとされる。1990年代以降、被害者の「処罰要求」を根拠とした新たな刑事立法も盛んになされている（積極的意味での罪刑法定主義）。ピッキング防止法などにみられるように「処罰の早期化」も進んでいる。

　このような動きに検察・裁判所も呼応し、個人的法益に対する罪が、「安全・安心な社会」を根拠として、実質的には社会的・国家的法益に対する罪として運用されている事例も散見される（たとえば、暴力団排除活動を積極的に推進しているゴルフ場施設を暴力団員が正規の料金を支払って使用した事案につき、刑法246条2項の詐欺罪を適用した最決平26・3・28刑集68巻

３号646頁など参照）。

　こうして、「社会安全政策」からみた「犯罪」の処罰によって、罪刑法定主義、行為主義、個人責任の原則などの刑法の基本原則と抵触する事態も生じている。

警察から見た「刑事手続」

　伝統的な理解によれば、「捜査」とは、公訴・公判の準備を目的として、証拠を発見・収集し、犯人の身柄を確保するものとされてきた（司法警察型捜査観）。しかし、「社会安全政策」からみた「捜査」は、このような司法警察型捜査に限られず、「社会の安全」という警察目的のために行う活動一般をいうとされる。

　そして、近時意識的に展開されているのが、ストーカーおよび虐待などの親密圏内事案に対して捜査権を積極的に行使しようとする「個人保護型捜査」である（2013年２月の通達「人身安全関連事案に対処するための体制の確立について」も参照）。この「個人保護型捜査」は、①被害者の生命・身体などの保護を最優先とすること、②加害者を被害者と分離し同一人への再被害を防ぐため逮捕・勾留を積極的に活用すること、③他機関や警察の他部署との連携を推進しながら「捜査」をすすめることなどの特徴があるとされる。たとえば、児童虐待事案においては、被害児童の保護のために、警察と児童相談所との情報共有が図られ、情報の「全件共有」という運用も広がっている。児童相談所の人的・物的リソース不足（いわば福祉の貧困）が、警察との連携に拍車をかけている。そして、重大な事案では司法警察型捜査が行われ、積極的な処罰が目指されている。被害児童本人が事件化を望んでいない場合でも、「自尊心の回復」など刑事手続は被害児童にとって多くの「プラスの影響」があると説かれている（京都産業大学 社会安全・警察学研究所「児童福祉に携わるひとのための『警察が分かる』ハンドブック」〔2019年〕56頁以下など参照）。

　このような警察と福祉の接合という問題状況に対しては、警察の介入で

本当に被害が防げるのか、むしろ児童の福祉を阻害する可能性はないかを再確認する必要があろう。

現代警察活動と「監視社会」

　ピッキング防止法やストーカー規制法などにみられるように、「犯罪」となる段階を早めた刑事立法や、各種の行政命令にみられる警察の行政的介入などによって、警察活動がプロアクティブに（先制的に）展開されていることも現代警察活動の特徴である。

　また、科学技術の発展に伴って、犯罪の態様も多様化し、警察の捜査手法も大きな変化をみせている。たとえば、携帯電話などの通信を利用した組織犯罪を摘発する手段として通信傍受（盗聴）が認められ、位置情報をほぼピンポイントで特定できる GPS（Global Positioning System：全地球測位システム）を利用した犯罪捜査も積極的に行われてきた（装着型の GPS 捜査を強制処分と判示し、立法措置が必要とした最大判平29・3・15刑集71巻3号13頁も参照）。民間の防犯カメラに記録された映像も、警察に提供され、解析、照合されている。個人情報（要配慮個人情報も含む）がつまっているスマートフォンなどを差し押さえ、そのデータを（場合により復元しながら）解析することで、警察は被疑者の人格に関する詳細な情報を容易に手に入れることができる。世間に氾濫するビッグデータも捜査に活用されている。防犯カメラや SNS などの顔画像を警察の顔画像データベースと照合する「顔認証システム」の運用も開始されている。被疑者や遺留物から採取した DNA をもとに構築された、DNA 型データベースの登録件数も急速に拡大している。

　他方、現実社会だけではなく、情報通信技術を用いて情報がやりとりされるインターネットなどの仮想的な空間（以下、サイバー空間という）の取締りも、「安全・安心な社会」という点で重要となっている。現に、先述の内閣府「治安に関する世論調査」によれば、「自分や身近な人が被害に遭うかもしれないと不安になる犯罪」として、インターネットを利用した

犯罪（60.7％）が筆頭に挙げられている。

　サイバー空間を利用した犯罪（以下、サイバー犯罪という）に組織的に対処するため、これまで、警察庁は、情報通信局に技術対策課（1999年4月、のちに情報技術解析課）、生活安全局に情報技術犯罪対策課（サイバー課、2004年4月）、警備局警備企画課にサイバー攻撃対策室を設置してきた。2022年にはこれらの組織を改組してサイバー警察局が新設され、関東管区警察局のもとに全国を管轄する「サイバー特別捜査隊」が置かれる予定である。警察庁が都道府県を越えて、直接的に捜査をすることが想定されており、戦後の警察法制定以来はじめての大転換となる。

　サイバー犯罪に関係する立法も盛んに行われている。たとえば、1999年には、サイバー犯罪の防止および電気通信に関する秩序の維持を図るため、不正アクセス禁止法が制定された。2011年の刑法改正では、不正指令電磁的記録作成等罪（168条の2）が新設され、わいせつ物頒布等罪（175条）の客体に「電磁的記録に係る記録媒体」が追加された。2014年の改正児童ポルノ規制法では、児童ポルノの単純所持が処罰されることになった（7条1項）。2013年の改正ストーカー規制法では電子メールを送信する行為が規制され（2条1項5号）、その後もSNSのメッセージ送信等（2016年改正）、承諾を得ないGPSによる位置情報取得等（2021年改正、2条3項）が規制対象とされた。サイバー空間において「犯罪化」がなされれば、犯罪捜査を名目に、警察の権限も飛躍的に拡大することになる。現に、警察によるサイバーパトロールも積極的に行われている。サイバー空間における「ルールの形成者」としての役割をも、警察はもちはじめているといえる。

　警察と市民が協同した「安全・安心」なまちづくり、個人情報を採取・蓄積・分析等しつつ行われる捜査、そして、サイバー空間における捜査。このように、警察の捜査は、現実社会およびサイバー空間のすみずみまで行き渡っている。警察による「監視社会」の到来とも評価しえるが、警察捜査の実態が秘匿されていることに加え、拡大する捜査権限の法的根拠、個人情報の保護・削除等の法的規律など多くの課題が残されている（たと

えば、逮捕後に不処分ないし不起訴にされた者が警察のDNA型データベースから自らの記録の抹消を求めた事案につき、その請求を理由がないとして棄却した東京地判平31・2・28判自464号96頁など参照)。

　加えて、国全体の施策に大きな影響を与える内閣情報官や内閣危機管理監のポスト（内閣官房）が、従来、警察官僚によって占められてきたことも、国家の情報管理・統制という点で注目すべきだろう。

市民と現代警察活動

　警察は社会にとって絶対に必要な存在である。被疑者検挙のため、現場に残された数少ない証拠をもとに、地道で粘り強い捜査を続ける警察官の苦労は大変なものがある。犯罪捜査などにみられるように、警察がわたしたちの生活に適切に介入しなければ、社会の治安は保たれない。しかし、介入が強すぎると、「警察国家」や「監視社会」を招いてしまう。国民の「安全・安心な社会」に対する期待によって警察力が強まれば強まるほど、国民の自由が制約されるという現象が生じている。

　たしかに、『犯罪白書』などの犯罪統計をみると、刑法犯*の認知件数は2002年に戦後最多となったものの、近年では低下を続けている。この認知件数の減少ははたして警察の犯罪捜査のおかげなのだろうか。覚醒剤取締法違反などの特別法犯はどうだろうか。認知件数の増減は、社会の変化に伴って実際に犯罪が増加・減少しているとも、警察の取締方針の変化に左右されるともいわれる。わたしたちが「安全・安心な社会」について語る場合、何をもって「治安の悪化」について論じているのか、社会科学的視点からいま一度確認してみる必要はないだろうか。

　他方、「監視社会」という状況を前にして「自分は犯罪をおかさないから警察に監視されてもとくに問題ない。そもそも犯罪をおかす人が悪い」という意見もあるかもしれない。しかし、「監視社会」というのはすべての市民が潜在的被疑者になりうるということである。読者が警察の捜査対象者にならないという保証はない。

　　　刑法犯…刑法典および一部の特別法に規定する罪をいう。ただし、危険運転致死傷および過失運転致死傷等を除く。

　これまでみてきた「社会安全政策」について考える場合、わたしたちの社会ではどうして犯罪が起きるか考えてみることも非常に有益だろう。犯罪が「社会のひずみ」によって引き起こされる「社会の病気」という側面があるとすれば、現代日本社会に潜む「病気」を診断し、それを根本的に「治療」することこそが「安全・安心な社会」の実現につながるという見方もできる。しかし、現在進められている「社会安全政策」のもとでは、犯罪を発生させる「病気」の「治療」は放置されたまま、次々に発生する犯罪を警察によって強力に封じ込めることが目指されているようにもみえる。また、そのために警察に強大な権限が付与され続けている。「社会安全政策」については、犯罪原因論の探求が根本的に欠落しているとして、規制緩和社会における「小さな政府」の安上がりな刑事政策という批判もなされている。

　さて、わたしたちは、現代社会における自由と「安全・安心」のバランスをどのように考えるべきだろうか。かりに警察の権限の拡大が不可避であるとすれば、わたしたちの人間の尊厳を守るために警察が踏み越えてはならない「最後の一線」をどこに引くべきだろうか。また、そもそも「社会安全政策」とは異なった別の道はないのだろうか。以上のような視点から、現代社会における市民と警察との距離を考えてみよう。

大日方純夫『日本近代国家の成立と警察』（校倉書房、1992年）
大日方純夫『警察の社会史』（岩波新書、1993年）
大日方純夫『近代日本の警察と地域社会』（筑摩書房、2000年）
広中俊雄『警備公安警察の研究』（岩波書店、1973年）
広中俊雄『警察の法社会学』（創文社、2004年）
本田稔「『社会安全政策論』の基本的性格に関する一考察」立命館法学310号（2006年）378頁以下
田村正博『今日における警察行政法の基本的考え方』（立花書房、2007年）
安藤忠夫ほか編『警察の進路──21世紀の警察を考える』（東京法令出版、2008年）
田村正博「警察の刑事的介入の基本的な考え方と近時の変容」社会安全・警察学4号（2017年）21頁以下
警察政策学会編『社会安全政策論』（立花書房、2018年）
警察庁『警察白書』（各年度）

刑事法における専門性と市民的協同

　刑事法に関わる基本的な法律（刑法、刑事訴訟法、刑事施設法、更正保護法、少年法等）の大方は、21世紀に踏み出してから矢継ぎ早に改正・新規立法化されてきた。また、裁判員裁判など新たな制度の立ち上げがうねりのようにつづき、2000年代は刑事司法の歴史的な画期をなした。いわゆる「厳罰化」に大きく傾斜したと評されている。さらに2010年代にあっては、国家の安全、国家による安心の保障を強調しつつ、立憲主義を無化する政治の時代が続き、そうしたなかで新たな刑罰制度や積極的事前探知型の捜査を含む刑事手続法の改正も行われた。いっそうの厳罰化と公共の利益（公益）に重きを置いた政策・立法の強化が進んでいる。

　この歴史的な転機ともいえるなかで、わたしたちは、刑事司法・行政にかかわる機関や専門職業人としての担い手に何を求めているのだろうか。刑事司法および司法行政の担い手に対する信頼の揺らぎは、「専門性」への信頼の揺らぎでもあり、社会的な「安心」を支えてきた基盤への問い直しでもある。また、2011年東日本大震災、原子力発電所事故とその対応をめぐって、「専門家」に翻弄されもし、そのあり方が市民の厳しい視線にさらされた。一方で、閣議決定という政治的解釈改憲に基づく2015年の安全保障法制をめぐる国会論議のなかで憲法学をはじめとした諸学の専門知による批判的発言は市民を突き動かした。

　いま、あらためて専門性への問いの実質を探りながら、現代社会のありようを見つめ、一人の市民として社会とわたしたち自身とのかかわりを考えてみよう。

1　国家の実像と日常

「安心」の呪縛
　フランク・パブロフの『茶色の朝』は、ごう慢な権力者や強圧的な弾圧を声高に描き警鐘を鳴らすものではなく、日常が「茶色」に染まっていくなかで、とまどったり、あきれたり、あきらめたりしつつも世の中の「流れ」を受け入れながら、深く静かに広まる息苦しさを描き出す。国の科学

者＝「専門家」が、茶色が優れたものだとお墨付きを出し、市民の暮らしや世の中がだんだんと「茶色」の世界になっていき、自警団がそれを守るというものだ。「街の流れに逆らわないでいさえすれば、安心が得られる」、「茶色に守られた安心、それも悪くない」という主人公の「俺」は、徐々に自分を見失い「おかしい、やはりいうべき時にいうべきだったんだ」と悔やみながらも、目の前の危機を実感できずに飲み込まれていく。

　ひるがえって、現在の日本。テロ事件発生の危惧からあるいは身近な防犯や犯罪に至るまで、いまほど「不安」が注目されているときはない。内閣レベルで初めて設置した犯罪対策閣僚会議も、総合的治安対策のために「体感治安」の回復という造語を用いながら、その危機管理機能を有効に働かすべく、「国民、事業者、地方自治体等の協力を得つつ着実に施策を推進」するとして、財政、政策実施への総動員的な理解と協力を求めている。統計的にはけっして特異な治安悪化を示す状況にはないにもかかわらず、厳罰化など「わかりやすく見えやすい」対策をあえて強調する方策をとる。政策を検証し納得する機会、安心を生み出すものは何か確かめる機会のないまま、よりどころのない不安と切迫感は、高められるばかりだ。社会保障制度や医療制度の見直しなど、暮らしや健康への「不安」も強調されている。また、その一方で、「不安」は商品化され、防犯・警備産業から健康、保険、金融産業等までがその業績を急伸させてもいる。

煽られる「人間への憎悪」

　こうしたなかにあって、近時、「国家」は積極的な社会的利益を実現するものとしてたち振る舞う。厳罰化等による治安政策は、人々の不安感・切迫感が背景にあるものだけに生活感覚の延長で応えることが求められている。しかし、そのためにとられている政策は、「危機意識の高揚」と警察・行政を頂点にした「地域の一元的組織化」や「政府組織の再編」である。直接、不安に応えるものではない。身近なはずでありながら、国家のあり様は「依らしむべし」とする姿勢であり、犯罪や非行、社会的不安要因（リスク）を抱えているとされる人間への憎悪だけが煽られる。

　わたしたちが国家のリアリティーを感じるのは、それが要求する秩序や決定に反したり逆らうときに発動される「制裁」であろう。「刑罰」はその一つだ。国家は、地域の生活様式、文化、歴史によることなく、社会秩序を圧倒的な力（制度、法）でつくり出す。いま、地域コミュニティの求

心性が失われるなかで、人々が「安心の対象」を直接、国家に求めてもいる。制裁による威嚇を明確にし、その内容が重く厳しくあることで「生活」が守られるかのように思わせてくれるからだ。しかし、そうでありながら、その安心・安全を提供する国家のあり様やその担い手について、われわれは問い直しの機会を充分もてずにいる。

　国家の実像を自らのなかに描きにくくなる一方で、その政策等に自己を丸投げし（現状肯定）、すべてを委ねてしまいがちになってはいないだろうか。その方が安楽なるがゆえに。だが、そこに生起するのは、社会的矛盾への疑問や怒りの喪失、他者への共感の機会の減少、人間的関係の連鎖の喪失ではないだろうか。安楽のファシズムは、「孤人化」による社会的関係の遮断と葛藤の喪失（＝思考の停止）から始まる。

　ファシズムの特異性は、人々から「ことば」を奪い取ることだ。思考（能力）と批判力（問い）を奪うといってもいい。わかりやすいメッセージの繰り返しが、思考停止に追い込みもする。いま、政治の場で「ことば」は、検証されることなく消費されるばかりである。

　いま必要なことは、社会の実態とそこに置かれている人間の実像を共有することだと思われる。そのために欠かせないのは、実状を知る機会とそれらとかかわる社会的チャンネルの確保だろう。わたしたち一人ひとりが、社会的葛藤のなかから、現代の社会とそこに生きる人間を見つめる機会を確保することが大切に思われる。その時、専門家、専門性をもった人々は市民相互の結びつきとネットワークを拡げる大切な役割をはたすことになる。

2　驚き、失望、苛立ち

　刑事司法・行政は、長く一般行政から遠く、非日常的な「専門的領域」とされてきた。犯罪と刑罰にかかわる捜査機関、裁判所、刑務所や少年院などの法執行機関は、それぞれを頂点としてその世界の独自の価値をつくってきた。国会や一般社会においても、論議の的になることはほとんどなかった。たとえば、刑務所の規律、処遇、出所の状況、刑務官の常識等々刑事施設とその運用について、「世界に誇る日本の行刑」といわれながら、一般の人々はそのことをほとんど知らない。いわば、「日本社会固有の専門的技術とノウハウがある」としてきたのだ。社会も、専門的な対処が必

要な領域として一任してきたし、それが人々の意識にのぼることはめった
になかった。

　刑事司法システムは、認知してなくともいつも円滑に動いているものだ
と思い込みもしている。捜査官や刑務官の暴行や誤認逮捕など、時に起こ
るシステムの障害は、その対象である被疑者・被告人、受刑者当人の資質
等の問題にされたり、特異な例外的事故と扱われ、その刑事司法制度に疑
念を向けることはなかった。専門性への信頼は、危うさの上に立っていた
のかもしれない。

　近年、刑務所、警察等の「専門機関」が起こした事件に、社会は驚きと
失望、苛立ちを隠さなかった。それらを端緒にして、さまざまに制度改革
構想が提起され、刑事立法ラッシュともいえる状況を引き出しもした。そ
の揺らいだ信頼—専門性とは何なのか。

社会的密室性への驚き

　2001年12月、刑務官の集団暴行で受刑者 3 人が死傷した「名古屋刑務所
事件」は、身体への放水、皮手錠の締め上げなどの虐待による死亡事件だ
ったこともあり、その前近代的な受刑者の取り扱いに社会は驚いた。1998
年に、国連の「国際人権（自由権）規約委員会」からは、革手錠等の戒具
の頻繁な使用について懸念が表明されてもいた。しかし、事件後も、「名
刑方式」と呼ばれる皮手錠の使用による「懲らしめ、戒め」は、減るばか
りかさらに増加し（2000年34件、2002年 9 月で128件）、暴行の事実も明らか
になった。2007年には、徳島刑務所で医療虐待による暴動が起きている。
2021年には、入管収容施設で適切な医療を受けることができずに女性が死
亡している。

　社会の「驚き」は、その刑事施設や入管施設が社会的密室となっている
こと、外からの声が届かない頑強さをもっていることに対してだった。そ
の点、一般の人々から政治家も含めて、事件が刑務所等の存在とその運営
のありかたを含めて、見直しの必要を自覚する機会になったことは確かだ。
刑罰の執行機関としての刑務所は、人権保障の点から「開かれた施設」と
して透明性が求められた。事件を機に設けられた法相の諮問機関「行刑改
革会議」の「提言」の一つの焦点もそこにあり、外部からの検証の機会、
受刑者の訴えへの接近等がいわゆる「受刑者処遇法」として具体化された。
また、この時、社会の景気の停滞や厳罰化の動きのなかで収容者数が増加

し、なかでも精神的な問題を抱えたり、犯罪を繰り返した累犯など、何らかの処遇や犯罪に至る前の社会的対応が本来必要だった受刑者が増加している実情から、2009年に導入された「地域生活定着支援センター」は、司法と福祉の連携を図ろうとする新たな試みだが、全県に設置されつつも関係諸機関との連携が模索されている。刑務所の状況は、われわれの社会のあり様の一面を映している。

　刑事施設およびその担い手の専門性は、処遇改善・権利保障だけではなく、社会との接点を不断に確認することだろう。そのプロセスは、専門性への信頼を高めることにつながり、われわれにとっても自身の暮らす社会のこととして知り、考える機会になる。

虚飾の公正さへの失望

　「慣例だった」として、2004年に兵庫県警の自動車警ら隊が捜査書類を偽造した問題は、警察の信頼回復が社会的関心となっていた時期だ。「検挙率向上」が、警察への「信頼回復」につながると考え、バイク盗の軽微事件を利用して調書を偽造し検察庁へ送っていた。安易な検挙「実績」づくりというだけでなく、「チェックが甘いから、絶対ばれないと思った」という警察官の言葉から、捜査機関の構造的な問題としてとらえることもできる。その後、刑法犯の検挙率は上昇したが、そのなかには架空の「検挙実績」が交じっていたことになる（2004年6月30日付朝日新聞）。被害届を放置して検挙率が上ったかのように見せかけたり、虚偽の検挙報告をする事態も生み出していた。また、執拗なつきまといを受けて身の危険を感じていた被害者と家族が対応を訴えながら殺害された桶川ストーカー殺人事件（1999年10月）では、被害者が受付を渋っていた警察にやっとのことで認めさせた告訴状を警察は被害届に改ざんし、事件捜査の経緯のなかでもそれを隠蔽した。でっち上げの事件だった「鹿児島志布志冤罪事件」（2007年2月無罪確定）では、一人の取調担当警察官だけが責任を問われただけで、また、「富山女性暴行冤罪（氷見）事件」（2007年10月無罪確定）でも、冤罪の温床となった取調べでの自白強制の実態は明らかにされないままである。また、郵便不正事件にかかわって大阪地検が逮捕した村木元厚生労働省局長をめぐる事件では、2010年、取り調べ検察官が事件の構図の見立てにこだわって証拠物を改ざんしたことが発覚し注目されたが、自白をとることを基本にした検察取調べのありかたの問題を示すものだった。

　警察組織の内向きの事情を優先し、組織の強化と対外的な実績アピール
を自己の基盤確立に利用しようとする捜査機関の姿勢は、失望以外の何も
のでもなかった。犯罪や不正といった不安に向き合う捜査機関の担い手が
示した保身、責任回避を図る姿勢に、また隠蔽による公正さのつくろいに、
市民は深い不信の目を向けた。警察活動は、本来、一人の人間の生命・身
体・財産の安全を脅かすものへの適切な対応から始まる。捜査機関とその
担い手の専門性は、そうした市民の基本的な権利を守るための公正な活動
から生まれる信頼に支えられたもののはずである。

専門性の機能不全への苛立ち

　児童虐待は、しばしば家庭のなかにあって外からその事実を確かめるこ
とが難しいとされてきたが、現実には多くの事例が外界との接点をもって
いた。「児童虐待防止法」（2000年11月）が施行されて以後、虐待により子
どもが死亡したケースは754件（1009人）（2003年7月～2014年3月）に上り、
このうち8割以上のケースに保健所や児童相談所などが、相談や養育支援
などのかたちでかかわっていた。岸和田市では、2004年3月、男子中学生
が食事を与えられず餓死寸前まで衰弱する虐待を受けていた。同じ頃、大
阪市では、小学6年生が1年半にわたり監禁され、衰弱死している。長期
間にわたるネグレクト（養育の放棄・怠慢）に監禁、両事件の構図は酷似
している。学校や周囲はなぜ救えなかったのか。その後も、2018年東京都
目黒区で長期に虐待を受け死亡した5歳女児は、「おねがいゆるしてくだ
さい」と書き残していた。こうした虐待による死亡事件は後を絶たず、そ
のたびに、人々は哀しみと怒りを事件に向けるとともに、専門的機関の対
応の鈍さに苛立ちを示した。

　医療や福祉等の専門的機関がかかわりながら、結果的に虐待死を防げな
かったことへの対策として、しばしば、「児童福祉司の専門性の向上や機
関連携が必要」とされる。もちろん専門機関の対応能力を高めることは不
可欠だろう。ただ、「社会的な苛立ち」の背景は専門機関の充実要求にと
どまるものだろうか。

　虐待事案の多くで聞かれるのは「しつけのため」という言葉だ。暴力で
しつける。しかし、しつけの暴力と単なる暴力に基本的な相違はない。一
方で、日本社会はまだまだ「体罰」を容認してもいる。ある自治体の調査
で「しつけのためには体罰も仕方ない」との質問に対して、約4割が肯定

した（2004年11月27日付朝日新聞）。どこにでも、自覚なき虐待の下地があることになる。本来、人とのかかわりにおいて「信頼」を基礎としない体罰は、不信と暴力の連鎖を生みかねない。その点、子どもは親を無条件に受け入れ、自分が悪いからと自己を否定しがちでもある。痛ましい虐待事件の起きるたびに向けられる専門機関への苛立ちは、じつは、われわれの日常の意識や感覚のなかにある子育てへの不安の裏返しなのかもしれない。専門性は、市民生活の基本的な不安や疑問などに対して、丁寧な説明と納得の回路を提供することによって、その組織・機関への信頼を増すことに寄与するだろう。子どもと親・大人とのかかわりのあり様を示すことが求められているのだ。2021年、ようやく法制審議会は民法から懲戒権規定を削り、体罰禁止を盛り込む検討を始めた。

　先に示したこれらの事件を機にした「社会の驚きと問い」の大きなうねりは、じつは「おまかせ専門店」の舞台裏を開けさせたともいえる。いままで関心をもたれず、もってもらうことも、その必要性も意識してこなかったのが実状ではないだろうか。「その世界の人々」が、また、「疑うことのなかった価値の妥当性」が、外界の「社会的な目」によって批判されたのだ。刑事施設、捜査機関、福祉機関それぞれの専門性のもとで「説明を要さない教義」だったとしても、まさに市民は理解と納得の橋渡しを求めたのである。市民と断絶した専門性への鋭い問いだった。社会の安心と安全を支える、その社会的信頼の回復には、人間を尊重する開かれた価値と言葉が必要である。

3　問われる「専門性」のありかた…自己完結型から協同型へ

理解と支援を支える専門機関

　しばしば、犯罪報道のたびに、「被害者のことを考えれば、犯罪者に人権はない」と批難されたりする。「被害者」は、単に犯罪に対する応報的な感情を充足させる抗弁の道具として利用されがちな場合もある。しかし、いま、犯罪被害者の人々の声と存在を受けとめることが求められている。

　刑事司法において、犯罪の被害者についてその権利保障や救済、支援のありかたに関心が向けられ、その対応が検討され始めたのはそう古いことではない。犯罪の被害者は、身体的被害、恐怖心や差恥心などの精神的被害、物損や医療負担などの経済的被害、そしてときに無神経な尋問や押収、

法廷証言への厳しい追及など司法手続のなかや、マスコミ報道での二次被害を被りかねなかった。こうした被害者の受けるさまざまな問題に対して関心を向けてこなかったことについての反省は、1960年代のアメリカの消費者保護運動のなかに一つの動きがあった。社会的公正さの確保を刑事司法制度にも求めたのである。その動きは、ようやく1980年代になり保護や援助に関する法が制定され、具体的なその保障のありかたに関する政策が展開された。国際的には、1985年になってから被害者に関する司法の基本原則宣言が国連犯罪防止会議で採択されている。日本でも、1990年代半ばから犯罪被害者の人々が、司法だけでなく社会からも疎外されている実状を提起し、制度改正への大きな動きとなった。被害者と刑事法制度とのかかわりだけでなく、加害者と被害者の関係のありかたを新たに組み直そうとする取り組み（修復司法）の社会的動きをも出てきている。犯罪被害者等基本法（2005年９月施行）とそれに基づく施策を盛り込んだ基本計画（2005年12月閣議決定）が策定されているが、刑事司法の領域、警察主導の支援組織化を焦点とするだけでなく、市民の社会的支援や相談のありかたを含めて広く多様な観点から検討が行われる必要があるだろう。

　犯罪被害者とその家族の人々が現在の刑事司法のもとで発したさまざまな声は、一人の人間として、社会からも制度からも疎外されてきたことから生まれている。それは閉じられた刑事司法制度への不信として向けられ、司法に関わる社会的な意識への切実な訴えでもある。制度としての被害者論だけではなく、社会的な理解と支援の視点が必要でもある。

　被害と加害の相克をどのように架橋すればよいのか。被害者になり代わること、代弁すること、それらは充分なしえることなのだろうか。その乗り越えられないものを前提にしつつ、その置かれた日常の状況など実像を共有する機会を積むことがまず必要と思われる。どのような状況のなかで、何が起きているのか。官だけではなく、当事者も含め市民的団体等いろいろな立場の人や組織によって、私たちはまず知る機会と手だてを構想するネットワークをつくる必要があるだろう。そこでは、心理や医療機関をはじめ、法律家や福祉などのいわゆる専門家の人々との共同が欠かせない。支え合う多様な人間のつながりが理解と支援の芽を生むことになる。

　被害者の人々から社会に向けられた不信と自己回復への希望に対して、種々の専門性は彼らを支えようとする人々とを架橋する大切な役割を担うことが求められている。

社会に開かれた言葉をもつ専門機関へ
子どもの「一般化」と専門機関への不満

　少年犯罪の凶悪化・低年齢化が喧伝され、特異な事例を挙げながら人々
の不安感を導く社会的なリスクが高い存在として子どもが焦点化されがち
である（統計への批判的視点を提起するものに河合幹雄『安全神話崩壊のパラ
ドックス』〔岩波書店、2004年〕、浜井浩一『犯罪統計入門〜犯罪を科学する方
法〜〔第2版〕』〔日本評論社、2013年〕）。子どもの「危うさ」が危機管理の
対象として犯罪、非行の「予兆行動」と表現され、それに対する早期の介
入の必要性が説かれ、根拠不十分なまま、冷静な検討より不安感だけが煽
られる。再非行防止へ向けた非行の検証と方策の検討より、厳罰化によっ
て危機への迅速な対処能力を示すことが、最良の危機管理手法というわけ
である。

　本来、子どもの危うさは、その成長のプロセスで社会的、人間的な軋轢
のなかで生まれてくる。だからこそ、他者や社会とのかかわりのなかでそ
の危うさを自分なりに解決していく力をつけていくことが求められる。だ
が、危うさの局面は、子どもの選別の指標にされがちでもある。そこから
は、容易に「責任を問う厳しい処分」と「規範意識の教育」の必要性が導
かれやすい。「悪性を抱えた子ども」として、その資質をことさらに焦点
化し、子どもの社会的関係を捨象し、何をしでかすかわからない非行少年
というモンスターを描いてみせることで、社会的な危機感と防衛意識を高め
る。

　また、耳目を集める事件が起きるたびに、子どもの「心の闇」が強調さ
れ、「心を病む」子どもの想定は、市民の不安の常態化・日常化を導くこ
とにもなった。心の問題が象徴化されればされるほど、社会は子どもに対
して距離をおこうとする。こうしたことから、いわゆる「不良・非行」化
しやすい子どもとそうではない子どもとの分化・選別はいっそう強められ
ていくことになる。

　こうした動きのなかで、社会は、問題を抱えた子どもへの対応機関とし
ての家庭裁判所や児童福祉機関へ強い「不満」を向けた。1990年代半ばか
ら、少年法は甘い、家裁は手ぬるい、事案の解明が不十分だ等として現れ
たその不満は、容易に厳罰的少年法改正要求にかわり、被害者の人々の提
起もあって、2000年の少年法改正へと進んだ。また、非行性のある14歳以
下の子どもの調査権を捜査機関に認める新たな2007年5月の第2次改正は、

虐待問題で対応に追われる児童相談所の状況を見つつ提案されている。さらに2008年には、被害者の少年審判傍聴制度が第3次改正として導入されている。被害者の人々のニーズに真に応えるものか、また実務運用への影響を含めてまだ検討は十分とはいえない。2014年には刑事裁判での少年刑の上限を引き上げる重罰化をし、検察官関与制度と抱き合わせの国選付添人制度を導入する第4次改正が行われた。厳罰化の進行はとどまることがなかった。2015年には、公職選挙法改正により選挙年齢が18歳に引き下げられたことを機に、政府与党は少年法の適用年齢を同様に18歳に引き下げる提起をした。2021年には、18・19歳を特定少年として刑事裁判へ送致する対象事件を拡大し、刑罰的対応を強める第5次の改正を行った。大人として「責任を負う」とはいかなることなのか、主権者教育への関心が高まる一方で非行を犯した少年への刑罰処分化は教育の放棄ではないのか。わたしたちは少年期から青年期への移行期にある彼ら世代に何を求め、いかなる社会を想起しているのだろうか。子ども期にかかわる制度の多くの担い手、まさに専門家（専門性）が描く未来像が問われている。

　社会が示した不満は、専門機関である家庭裁判所の閉鎖性・不透明性に向けられていた。たしかに、家裁は子どもの非行や家族の問題にどのような役割を果たしているのか、子どもの重大な事件の背景には何があったのか、家裁は社会的な説明を果たしてきたとはいえない。子どもとのかかわりに不安ととまどいを覚える人々に、それを自らが考える十分な機会と手だてを示してこなかったといってよいだろう。

　家裁という専門機関は、そこにかかわる非行を犯した子どもの実像と背景を示し、社会が多様な関わりを考える機会を提起する必要がある。専門性は、それによって統制と依存を生み出すのではなく、社会に生きる人間の実像を提起し、問題の発見と解決に向けた種々の契機を生み出すもののはずなのだから。

「厳罰化」が生み出す「力」への依存

　厳罰化、規範意識の育成・強化によって社会的関係を再構築しようとする立法や政策は、社会への「威嚇」と「自己責任の追及」を下地にしている。こうしたなかで、「強い力への期待と依存」が広がりつつある。漠然とした不安のなかで生まれやすい厳罰要求を支えるものは、力で一気に事態を解決してくれ、かつ悪しき人間への鉄槌を下す「力」への期待であり、

制裁によるカタルシスでもある。こうした「力」への親和性は、一方で非行や犯罪の背景への関心を衰退させていくことになる。さらに厳罰化は、人々の「他者とのかかわり」「社会への関心」の希薄化を招くことにもなろう。個人が分断され「孤人化」し、少しずつ社会への信頼を喪失していく。また、問題を抱えている人間に対する支援の社会的共同のシステムも力を失いやすい。通報、監視によって安心を得ようとしがちになる。こうしたなかでは、子どもの実情をふまえた権利保障、すなわち子どもの「育ち―成長・発達」に社会はどうかかわっていくかという視点は後退するばかりだ。実際、子どもの権利論への攻撃と否定とともに、子どもの置かれた実情への丁寧な検証の姿勢は退くばかりである。他者と社会に対する人々の信頼の揺らぎともいえよう。一人ひとりの人間としての権利保障への関心も減少していく。

理念―希望の希薄化

　問題を抱えた子どもへの社会的支援への関心が薄くなるなかで、少年院をはじめ、いま子どもの施設は再編期のなかにある。いま、子どもの処遇にかかわっている人々を励まし、自信と意欲を引き出すことが重要に思われる。「理念」は、制度の基本的ありかたを規定し、その制度を担う者の指針でもある。直截にいえば、少年司法の制度のもとで働く意欲をわき立たす源泉なのではなかろうか。日本社会は、問題を抱えた子どもを受け入れつつ、立ち直りの機会を多様に用意する社会であろうとしてきた。しかし、厳罰化の進行は、子どもへのかかわり、支援の連鎖を低減させる一方で理念の希薄化をも招いている。

4　一人の市民としていまを見つめる…専門性との協同

　1990年代、いわゆるグローバリゼーションのもとで、「自律的市民」の自助（自己責任）と同意（自己決定）に基づいた社会的・政治的統合が進んだ。大競争時代だとされ、市場主義のもとで規制緩和が進められ、教育、医療、福祉などさまざまな領域で社会的システムの再編が進行し、株式会社立の学校や病院なども現れた。他方、生活世界の市場化は、安全と利益の囲い込みといった私化（privatization）がそれを促進させている。いま、自己と社会のありかたをきり結びながら考える機会としての市民的公共圏

は、収縮・閉そく化するばかりである。また、一方で、不安を土台にした治安政策のもとでは、「市民」の国家の秩序形成への取り込みが進み、新たな公共空間の形成に組織化、動員されてもいる。

　2013年以降、国家像として「グローバル大国化」が掲げられ、とりわけ安全保障政策における国際協調を強調し、規制緩和を促進し、グローバル人材育成としての教育改革がうたわれている。その具体的な姿は、特定秘密保護法（2013年）、安全保障関連法による解釈改憲による集団的自衛権容認（2015年）、教育基本法・学校教育法等教育法制の全面見直し（2014年〜）等々にみることができる。その立法化は急かつ強引でさえある。規範意識や公共の精神、それらを尊重する態度を養う等を標榜する教育改革は、新たな社会（公共圏）を担う人材育成だとする（首相官邸：教育再生実行会議）。

　こうしたなかで、社会的な「人間関係」や「多様な取組み」は分断され、かつ組織化と選別も進む。きしみつつ、変化する現在の日本社会について、わたしたちはどのようなものとして描いているだろうか。どんな社会に生きようとしているのか、一人の市民として今後の社会のありかたとどうかかわるのか。それぞれが、いま問われている。

　市民社会論は、あるべき規範的なものでも理想的なものでもなく、歴史制約的なさまざまな矛盾を抱えた生活の空間そのものであり、一人ひとりが繋がり、係り合いながら問題を共有し解決への道を共同し探る理論的、実践的な試みである。グローバリゼーションのもとで国民国家的規制が後退し、一方で軍事と治安が国家の前面に出てくるなかで、生存と自由、人権の尊重を確保することが市民論の軸としても重要だ。このとき法律家や専門家は、生起する課題への接近・解決の端緒のための市民的協同を媒介するものとして、重要な意義をもつことになる。専門家・専門性は、社会的人間的諸関係が分断され「孤人化」が進む現代にあって、人間性を確認し合ういわば人権保障の機会をつくることこそ重要な役割ではなかろうか。分断と格差が深化するなかでいっそう重要なものとなる。

　プロフェッション「profession」は、辞書によれば「職業」「専門職」と説明され、医師や弁護士のような「資格」と密接である。英米においては、司法にかかわる専門家は資格・職業とつなげて思考される。なお、一方で、profession の語義でもあるラテン語の「professio」は、「pro- 〜の前で、fess- 述べる、公言する」「神の前での信仰告白」であり、そこから

転じた職業についても、聖職を指していた。それは人間に欠くことのできない法学、神学、医学の総体とされていたことから、その基本的な思考が市民生活や公共と密接にかかわっていたことがわかる。「専門（性）」への思考は、職業としてだけでなく公共空間の形成と密接なのである。

2011年の東日本大震災と福島第一原子力発電所の炉心溶融事故は、日本社会のあり様を根底から問い直すこととなった。人間を支えるもの、人間たらしめるものは何か、家族、地域社会の基盤は何なのか、生産・経済活動の基礎としてのエネルギー政策など、社会をかたちづくるあらゆるものの根源を問い直す機会となった。震災、原発事故を機にいわゆる「専門家」の人々がさまざまに登場したが、市民は翻弄されるばかりであった。専門性は、本来、市民と切り結ぶ接点を見出す努力が不可欠なのだ。

著名な憲法学者の樋口陽一氏は、安全保障法案（2015年）の上程・審議過程での首相や政権の言説について、「知」の要素を切り落とした異様な仕方と評し、知の遺産への無関心、むしろそれを壊すことに熱心な政治のありかたを痛烈に批判する。そのなかで、専門知は時に暴走、政治の従者にもなりうるが、これへの批判は専門知の外側からの「専門家の資質と職業倫理への厳しい視線」（「市民知」）以外にないとする。

専門性に対する信頼の回復のプロセスは、今後の社会のありかたを考える過程でもある。その時、いわゆる専門領域にある人々と市民は、相互に説明と考える契機を生み出すことが求められる。このとき、人権とその保障のありかたの視点は不可欠だろう。人間の生存と発展の諸条件を、法にかかわる人々との共同のなかで構想していくことが求められている。

一人の「市民」として、自らのなかに生起する疑問の塊を見つめ、「問いをたてる」ことがいま大切だと思われる。その「問い」は、迷い、とまどい等、人間としての葛藤のなから生まれる。それを生み出す契機として、「社会に生起する事実」をさまざまな視点から見つめることが不可欠だ。人権の普遍性についての国際的な視野からの問い直し、事実への冷静で科学的な検証可能性からの接近、また、一人ひとりの人間性と社会性の尊重の視線等々は、生起する事実・事態へ迫っていく力となるだろう。また、そうしたなかで生起する社会的葛藤は、社会の担い手としてのそれでもあろう。「学び」は、社会に開かれたものである。人間を値踏みし、「力」への依存を進める安心・安全の呪縛をとき、信頼の関係づくりの一歩が求められている。課題を前にして、多様な人や組織、専門家・専門性との協同

は、かけがえのない一人の人間としての尊厳と人間性の回復をさぐる「人間の共同社会」「知の共和国」への一歩でもある。それは、新たな市民的公共性を生み出す契機になると思われる。

参考文献

桜木澄和「マグナ・カルタの〝古きよき基本法〟への展開と法理の構造」比較法雑誌102（1977）

横山晃一郎『誤判の構造――日本型刑事裁判の光と影』（日本評論社、1985年）

内田博文『刑法学における歴史研究の意義と方法』（九州大学出版会、1997年）

小田中聰樹『人身の自由の存在構造』（信山社、1999年）

内田博文「『市民的治安主義』の拡大」『法の科学』29号（2000年）

石塚伸一編『現代「市民法」論と新しい市民運動――21世紀の市民像を求めて』（現代人文社、2003年）

フランク・パブロフ／藤本一勇訳『茶色の朝』（大月書店、2003年）

村井敏邦『民衆から見た罪と罰――民間学としての刑事法学の試み』（花伝社、2005年）

生活安全条例研究会『生活安全条例とは何か――監視社会の先にあるもの』（現代人文社、2005年）

樋口陽一「〈戦後70年〉に考える――知の破壊 VS『知の共和国』」法律時報87巻12号（2015年）

あとがき　本書の成り立ちと九州フォーラム

　本書の執筆者は九州フォーラムのメンバーである。九州大学の大学院で刑事法を学んだ者および現に学んでいる者、そして、これらの者と問題意識を共有し、研究活動等でも交流の深い刑事法研究者とで、相互研鑽の場も兼ねた研究会をもてないかという話が順調に進み、1999年10月27日～28日、大分県の由布院で、初回の研究会がもたれることとなった。会の趣旨等を考慮して、本研究会を「九州フォーラム」と称することとされた。翌年度の刑法学会分科会テーマの「現代社会における刑法の機能と犯罪論の展開」のほか、同年10月29日に大分市で開催予定の九州弁護士会連合会主催のシンポジウム「犯罪被害者の救済と保護」も取り上げられ、活発な議論が交わされた。これが九州フォーラムの成立の経緯である。本書に結びつく「市民と刑事法」の検討もこの研究会から始められている。

　第2回目のフォーラムは2001年1月26日～28日に「刑法学会ワーク・ショップ・刑事立法過程」、「中止未遂」、「少年法改正」、「精神保健福祉法の改正」をテーマに、また、第3回目は2002年2月14日～16日に「市民的治安主義の拡大と捜査の変容」、「少年事件における逆送問題」、「被疑者公的弁護制度」、「弁護の空白」をテーマとして、いずれも国宝の金印が発見された福岡市の志賀島で開催された。2003年3月22日～23日に九州大学法学部研究室等を会場に開かれた第4回目では、個別報告をもとに議論が深められた。

　本書初版の出版に向けて全体討論が開始されたのは、2004年9月18日～20日に志賀島で開催された第5回目のフォーラムからである。以来、この全体討論は、2005年1月20日（西南学院大）、5月28日～29日（西南学院大学合宿所）、7月29日～31日（天神アクロス）、9月18日（神戸）と重ねられた。そして、ようやく初版出版の運びとなった。

　執筆にあたって自問自答したのは、日本の刑事法を少しでもより良いものに変えていく主体は誰かということである。国や専門家だけではない。

　市民一人ひとりも主体になりえる。これが私たちの答えである。「市民による市民のための市民の刑事法」というような主張がなされているのもこの点に関わる。法曹養成を教育目的に掲げるロースクールに対して、法学部の意義は市民のための法学教育を行う点にあると説かれることも多い。世論調査によれば、市民の司法参加には賛成が7〜8割だとか。それでは「市民」とは何か。「国民」や「個人」とどう違うのか。私たちは「市民」といえるのか。しかし、「市民」概念がブラックホールのままでは、これらの質問に答えることはできない。市民のための法学教育といってもその内容は曖昧模糊としている。市民の司法参加といっても何が何だか分からない。ブラックホールの「市民」概念では、主体になることも不可能であろう。「市民」とは何か、この点も私たちが留意したところである。

　九州フォーラムの議論の多くは、風早八十二先生、佐伯千仭先生、桜木澄和先生、横山晃一郎先生をはじめ多くの先学に負っている。これらの碩学が高く掲げた学問の灯を九州の地でも燈し続けていきたい。これがフォーラムの原点であり、原動力でもある。本書はそのささやかな一歩であるが、読者との交流を通して、フォーラムの小さな灯がその明るさを増すことを願ってやまない。

　版を重ね、今回、第5版を出版することができたのも読者のおかげである。改めて感謝の意を表したい。最近の刑事法をとりまく状況の大きな変化を刑事立法ラッシュの動きを含めてフォローするとともに、この状況に応じるようにコラム等についても入れ換えを行ったこと。そして、コロナ禍とわたしたちや再審について新たに章を起こしたこと。これが今回の改訂の主な点である。

　本書の出版にあたっては、日本評論社の柴田英輔氏に刊行の全般にわたって大変お世話になった。ここに記して感謝の意を表したい。

事項索引

272

執筆担当者一覧

〈市民〉と刑事法　第5版
──わたしとあなたのための生きた刑事法入門

2006年3月20日　第1版第1刷発行
2008年2月20日　第2版第1刷発行
2012年2月20日　第3版第1刷発行
2016年3月31日　第4版第1刷発行
2022年2月28日　第5版第1刷発行

編　者──内田博文・佐々木光明
発行所──株式会社　日本評論社
〒170-8474 東京都豊島区南大塚3-12-4　電話03-3987-8621（販売）
　　　　　　　　　振替00100-3-16　　　03-3987-8592（編集）
　　　　　　　　　https://www.nippyo.co.jp/

印刷所──株式会社　平文社
製本所──株式会社　難波製本
装　丁──銀山宏子

検印省略　© 2022 UCHIDA Hirofumi, SASAKI Mitsuaki　　Printed in Japan
ISBN 978-4-535-52564-1